LA VÉRITABLE HISTOIRE
D'ALEXANDRE LE GRAND

LA VÉRITABLE HISTOIRE D'ALEXANDRE LE GRAND

Textes réunis et commentés

par

Jean Malye

LES BELLES LETTRES

2004

*Pour consulter notre catalogue
et découvrir nos nouveautés
www.lesbelleslettres.com*

Tous droits de traduction, de reproduction et d'adaptation
réservés pour tous les pays.

© 2004, Société d'édition Les Belles Lettres
95, boulevard Raspail 75006 Paris.
www.lesbelleslettres.com

ISBN : 2-251-44269-3

Bande-annonce

ALEXANDRE LE GRAND ACTEUR

Curieusement, le cinéma ne s'est intéressé qu'une seule fois à ce personnage exceptionnel digne d'une saga aussi spectaculaire que *Le Seigneur des Anneaux*. Aragorn avant l'heure ?

Dans les années 50, le réalisateur américain Robert Rossen parvint à imposer un grand projet qui lui tenait à cœur : faire son film sur Alexandre. Révéler sa vision de cet être hybride tiraillé pendant toute sa courte existence entre l'humain sensible, mais aussi cruel et ivre de pouvoir, et le divin détaché des hommes, missionné pour rassembler les peuples de la planète Terre autour d'un culte unique, le sien. Lui qui a dû découvrir tout au long de son voyage initiatique tant de sagesses si différentes, des paroles pleines d'avenir de Yahvé à Jérusalem à la méditation brahmane en Inde où l'on s'immolait déjà par le feu. Robert Rossen élabora donc un scénario à partir des témoignages écrits parvenus jusqu'à nous depuis l'Antiquité.

Malheureusement, les traces des instantanés pris sur le vif par des compagnons qui l'ont suivi se sont perdues à jamais dans les poussières du temps. Seuls quelques passages subsistent dans des récits élaborés bien après la mort d'Alexandre par des historiens grecs et latins.

Le Grec Plutarque écrit au IIe siècle après J.-C. une vie parallèle à celle de César où il peint un portrait saisissant d'Alexandre, né d'un dieu et d'une mortelle et qui révèle, dès son enfance, un caractère fougueux, généreux et fort sans pour autant réfréner une tendance à l'attendrissement et aux larmes, preuve à l'époque de la vigueur du héros à exprimer, par son corps, sa force autant dans la peine que dans le combat. Pas des pleurs de femmelette, mais des plaintes qui proviennent du plus profond d'un cœur brisé, comme savait si bien l'exprimer son héros Achille devant Troie.

Le Latin Quinte-Curce (Ier siècle ap. J.-C.) et les deux Grecs Diodore de Sicile (Ier siècle av. J.-C.) et Arrien (IIe siècle ap. J.-C.) nous retracent presque pas à pas le célèbre périple de cette foule immense et hétéroclite qui le suivit, tel un prophète armé jusqu'aux bords du monde, là-bas, à des milliers de kilomètres de son foyer, la rude et barbare Macédoine. Soldats des phalanges, mais aussi des cités affiliées à la ligue de Corinthe qui déclara la guerre aux Perses, cuisiniers, serviteurs, esclaves, techniciens du génie pour élever des machines de siège et de combat sur place ou poser des ponts sur des fleuves impétueux, charpentiers et marins pour créer une flotte en quelques mois afin d'explorer des rives inconnues et souvent hostiles, artistes et athlètes pour le plaisir et courtisanes pour le repos des guerriers, marchands et parasites prêts à racheter butin et esclaves, scientifiques, botanistes et géomètres engagés pour décrire les espèces rencontrées et pour métrer les distances parcourues autant sur terre que sur mer, femmes rencontrées et aimées sur le chemin et enfants fruits de ces unions, et, enfin, compagnons fidèles sûrement tous amoureux de ce beau jeune homme blond et fascinant, excités à la pensée de combattre à ses côtés pour le protéger et lui permettre d'aller toujours plus loin. Sans compter, chariots transportant nourriture, bagages, armes et fourrage et les troupeaux de chevaux, de chameaux, de mulets et d'animaux d'abattage... C'est vrai, la plupart des êtres qui constituaient cette marée humaine et qui déferlaient sur le territoire ennemi étaient irrésistiblement attirés par les richesses qu'Alexandre leur avait fait miroiter. Et ils ne seront pas déçus !

Ces historiens décrivent, quelques siècles plus tard donc, ce voyage organisé, ponctué de batailles sanglantes menées par Alexandre lui-même chevauchant son fidèle Bucéphale, toutes contre des Barbares en surnombre, dont il sortira toujours vainqueur. De sièges épuisants et longs, l'obligeant, comme à Tyr, à construire et reconstruire sous la tempête un isthme artificiel entre la côte et la ville posée sur une île (comme ces cinéastes acharnés à se battre contre les éléments qui emportent leurs décors gigantesques, de Coppola à Gilliam). De massacres hallucinés, de saccages et d'incendies de villes rayées de la Terre jusqu'à leurs dernières pierres, mais aussi de fondations de nouvelles cités comme Alexandrie d'Égypte, de nouveaux comptoirs comme toutes les autres Alexandries dont certaines existent encore sous d'autres noms. De traversées de déserts et d'escalades de neiges éternelles, de paysages magnifiques, sous une chaleur écrasante ou par − 30°C. De fêtes grandioses, de banquets bien arrosés, de complots déjoués sous la torture. De joie, de plaisir, d'inattendu, de mystère, de vengeance, de souffrance, de blessures, de maladies et de morts tragiques...Et tout cela en 10 ans, le temps de rendre éternel celui qui fascinera César, Louis XIV et Napoléon... Avant Robert Rossen qui signa un film bien sobre, sans effets spéciaux, sans bataille aux milliers de figurants, une vision presque intimiste d'Alexandre. Quelques colonnes doriques en plein air derrière un Démosthène éructant, et c'est l'Athènes orgueilleuse, une tente chamarrée dans un désert quelconque, et nous voilà transportés en Perse au cœur du vaste camp de Darius. Tous les acteurs de la vie du héros y sont présents, sa mère possessive

Olympias jouée par Danielle Darrieux, maquillée comme dans *Madame de...*, son père Philippe incarné par Fredric March campant à merveille un être rustre et alcoolique, jaloux de son fils, Claire Bloom la nouvelle, belle et jeune épouse de Philippe, devenant la confidente sensible d'Alexandre. Quant à Richard Burton, il ne se défend pas si mal en petite jupette dans l'interprétation tout en retenue de ce personnage complexe insatisfait de la vie, mal dans son rôle de meneur d'hommes et de l'Histoire. Trop humain pour être divin !

Déjà nous sont annoncés pour 2004 deux nouveaux films sur le sujet, et dont le premier *Action* a bien eu du mal à se faire entendre, malgré la notoriété de leurs réalisateurs et des acteurs qui y joueront. Serait-ce le succès de *Gladiator* qui fait s'intéresser tout à coup la machine hollywoodienne à cette culture si loin d'elle, que l'on peut recycler à coups d'effets spéciaux ? Besoin d'argent ou de racines ?

Sera-t-il, devant l'objectif d'Oliver Stone, un premier James Dean, fauché à 33 ans en pleine gloire et à l'aube d'une vie pleine de grands projets ?

Un être fragile *addicted* qui s'est perdu dans ces nouveaux plaisirs de Barbares inimaginables pour un descendant de berger, dont les ambitions lui ont monté à la tête et l'ont dépassé pour le punir et le condamner à disparaître trop vite avec ses péchés de surhomme ? Lui qui tue, dans un de ces nombreux banquets, ces exutoires à tant de moments forts et terribles, ces réunions bien arrosées de jeunes guerriers après le combat, fiers d'avoir survécu encore une fois aux côtés de leur bien aimé, savourant pleinement la vie après avoir côtoyé l'atroce mort, ces séances de « jalouseries » où les convives passent leur temps à se chamailler à coups de bons mots bien assénés pour attirer le regard amusé et charmeur du chef. Ce chef qui, un soir donc, dans un accès d'éthylisme, abat de sang-froid Kleitos le Noir, son héros de jeunesse, le frère de sa nourrice, pour une parole déplacée. Lui que la mort approche sur la pointe de ses pieds squelettiques pour faucher son cheval, son chien – dont il donnera en souvenir les noms à deux villes fondées en Inde – et bientôt l'amour de sa vie, Héphaistion, son ami d'enfance qui l'aura suivi jusqu'au bout du monde et qui mourra en territoire ennemi à Ecbatane, non en combattant mais en souffrant sur un grabat de malade, terrassé par la nature ou par les excès d'une ultime beuverie – Alexandre aimait organiser des concours d'endurance à la boisson et certains en mouraient. À moins que ce ne fut par Cratère, cet autre compagnon qui aura passé son temps à le jalouser. Le roi pleurera longtemps son bien-aimé, pendant des semaines. Il restera, allongé par terre près de son corps, à gémir et à se lamenter inlassablement. Une nuit, il se tailladera les cheveux en signe de deuil. Plutarque nous dit même que, dans son inconsolable chagrin, il fera exécuter Glaucos, l'incompétent médecin, et que : « ... cherchant dans la guerre une diversion à sa douleur, il partira, et se mettant à traquer des hommes comme à la chasse, il soumettra la tribu des Cosséens et massacrera tous ceux qui étaient en âge de combattre. On appellera cela le sacrifice à Héphaistion... Il fera tondre tous les chevaux et tous les mulets en signe de deuil et abattre les remparts des villes alentour. » Il demandera aux cités de participer financièrement aux funérailles. Il fera transporter le corps à Babylone, la nouvelle capitale, édifier un mausolée immense et superbe à l'aide des briques cuites du mur d'enceinte de la ville et fera appel aux plus talentueux artistes pour le décorer. Ne sont-ce pas là les belles preuves d'un amour inconsolable ? Enfin, il ordonnera à tous les habitants de l'Asie d'entrer en deuil avec lui en éteignant le feu que les Perses qualifiaient de « sacré », geste qu'ils avaient coutume de faire uniquement à la mort du Grand Roi. Mauvais présage ? Il fera lui-même un sacrifice au « Dieu Héphaistion » comme l'oracle d'Ammon venait justement de le prescrire en faisant abattre dix mille bêtes et organisera des fêtes somptueuses pour régaler le peuple. Puis Alexandre saura que la mort s'intéresse maintenant à lui. Lobes de foie absents, sombres prédictions de mages chaldéens, inconnus se substituant à lui en ceignant son diadème et en s'asseyant sur son trône. Alors, entouré de « sacrificateurs, d'exorcistes, de devins et de gens qui le remplissaient de sottises et de terreurs », nouvel Achille abandonné par son Patrocle, il se livrera à elle quelque temps plus tard, piqué peut-être par un vulgaire petit moustique porteur de la malaria et main vengeresse d'un dieu suprême, qui aura décidé de mettre un terme sans appel à la vie de débauché, de tueur et d'ambitieux de ce jeune humain présomptueux et énervant, qui aura osé rêver rassembler tous les habitants de la Terre autour d'un seul dieu vivant. Serait-ce aussi la solution à tous nos problèmes ? Un seul gouvernement, une seule armée, un seul président aimé, craint, un seul gourou vénéré qui aura trouvé la paix absolue et qui nous la fera partager. Folie qui dépasse de loin les conceptions de son vieux précepteur Aristote ! Ou tout simplement a-t-il été éliminé froidement par des rivaux, des mécontents, d'autres ambitieux ou par des résistants ennemis qui auront mis bien du temps à réagir ?

Nous possédons le récit sans explication de sa lente et émouvante agonie au jour le jour provenant des Éphémérides, ce journal de bord tenu par l'un de ses compagnons.

Symbolisera-t-il le méchant Yankee, franchissant en armes les frontières d'un pays d'Orient, en représailles à d'intolérables agressions sur son propre territoire ? Remarquez bien l'allusion appuyée : Athènes incendiée par les Perses = deux tours pulvérisées par des Barbares. Capitaliste avide des richesses qui l'attendent et qui feront de lui le maître du monde. Autre allusion martelée : tissus, pierres précieuses, or, bijoux, argent corruption = or noir irakien. De nos jours, quand on possède plusieurs voitures, surtout des 4x4, on voit comme le trésor de Darius ce liquide si convoité. Au fait, Alexandre découvrit du pétrole en Perse et avec lui ses propriétés, qu'il testa avec ses copains sur un esclave qui faillit mourir de ses brûlures. *Jackass* avant l'heure ?

Sera-t-il pour Baz Luhrmann un héros de comédie musicale new look, amoureux branché prônant l'amour des hommes, un amour sincère et beau, tel qu'il existait dans l'Antiquité, seule expression sentimentale possible dans une liberté totale de franchise, quand le rapport aux femmes était synonyme d'intérêt, quand elles servaient de sceau pour garantir un pacte de non-agression, d'union entre deux peuples, ou pour produire des héritiers ? Des hommes qui, comme dans le Bataillon Sacré de Thèbes, avaient chacun un amant plus âgé à défendre au combat. Ainsi le dépassement de soi décuplait le courage pour mieux remporter la victoire. C'est d'ailleurs dans cette ville que Philippe, le père d'Alexandre, envoyé comme otage entre 15 et 18 ans, découvrit l'efficacité tactique de la phalange et de ses sarisses. Et c'est ainsi qu'il introduira dans son armée ces hérissons compacts, disciplinés et mobiles dans la bataille. Ces poignées de soldats pénétrant de leurs longues lances cette foule serrée qui les attaquera à grands cris et qui, comme des tanks obstinés sûrs de leur blindage, permettront à Alexandre de battre les Perses en surnombre.

Alexandre épousera des femmes perses dans un but politique et, à Suse, il ordonnera même à ses compagnons de suivre son exemple en prenant épouse mède afin de consolider l'intégration de la culture grecque au sein des peuples conquis. Et réciproquement.

Le cinéma se met enfin à s'intéresser à cette figure aux mille visages faite pour des acteurs comme Colin Farrell ou Leonardo DiCaprio et dont les aventures fabuleuses peuvent permettre aux ordinateurs de se surpasser. Entre les hallucinations de sa mère possédée par des serpents, les présages surréalistes interprétés par les devins, une éclipse terrorisante avant l'assaut, la vision magique d'un aigle survolant Alexandre en pleine bataille jusqu'au combat contre les éléphants du géant indien Poros. Légolas en rougirait. Sans oublier les paysages grandioses (filmera-t-on en Nouvelle-Zélande ?) Babylone reconstituée et Persépolis détruite dans les flammes après le massacre de ses habitants, et les affrontements titanesques à 5 contre 1, ou les cortèges de folie bachique en Carmanie, dans la licence la plus totale, avec des milliers de figurants dupliqués à l'infini de l'imagination.

Les scénaristes payés pour pondre le synopsis le plus vendeur vont-ils retourner aux sources ou vont-ils ingurgiter des bribes de ce fabuleux destin à travers le filtre d'une biographie, américaine de surcroît ? Ou oserons-nous les imaginer feuilletant des traductions sérieuses et annotées pour s'imprégner de l'atmosphère de cette époque où tout était permis à celui qui décidait de sa vie et pour créer devant nous, avec une équipe d'une centaine de techniciens et d'acteurs aux ordres d'un *film maker*, les décors, les costumes, les scènes, en un mot les images mises en musique qui nous feront revivre ces textes authentiques, en tout cas parce qu'il n'y en a pas d'autre et qu'ils ont été écrits par des artistes de génie nous offrant, eux aussi leur mise en scène de faits réels transportés par le temps ?

Ou rien de tout cela ? Alors c'est à vous maintenant de vous faire votre propre cinéma, votre propre cadrage, votre ambiance, votre musique, vos effets numériques, votre distribution en fonction de vos références et de vos goûts propres. Tout le matériel imaginaire est à votre disposition. Je vous livre simplement mon découpage fait d'extraits de ces textes mémorables. À vous de jouer ! Action ou moteur ! Et bon film !

Outre des extraits des œuvres de Plutarque, Diodore de Sicile, Quinte-Curce, Arrien, Justin, Aulu-Gelle, Athénée, Pline l'Ancien, je n'ai pas résisté au plaisir de vous faire partager d'extraordinaires passages du *Roman d'Alexandre* attribué au premier propagandiste du conquérant, Callisthène, neveu d'Aristote et compagnon d'Alexandre qui en fit son historiographe avant de le condamner à mort, pour une question de proskynèse, ce geste de dévotion purement perse imposé par lui-même à ses compagnons macédoniens fiers de leurs traditions. Épopée romancée tissée de batailles et de complots, d'amours et de trahisons et peuplée d'homme et d'animaux fabuleux, où l'on perçoit la lente élaboration de la légende née du vivant d'Alexandre. Ce texte descend d'un roman original qui fut plusieurs fois adapté, et qui connut au cours des siècles diverses rédactions. Le *Roman d'Alexandre* eut un immense succès et donc plusieurs versions : arménienne, syriaque, persane, byzantine et enfin latine, qui est à l'origine de la légende médiévale d'Alexandre, à partir du XIIe siècle dans toute l'Europe.

J. M.
Juin 2004.

Les mesures antiques ont été converties en mètre et kilomètre soit 1 stade = 180 m. 1 plèthre = 30 m. 1 brasse = 1,80 m. 1 coudée = 0,45 m. 1 pied = 0,30 m. 1 paransage = 5 400 m.

ITINÉRAIRE SOMMAIRE

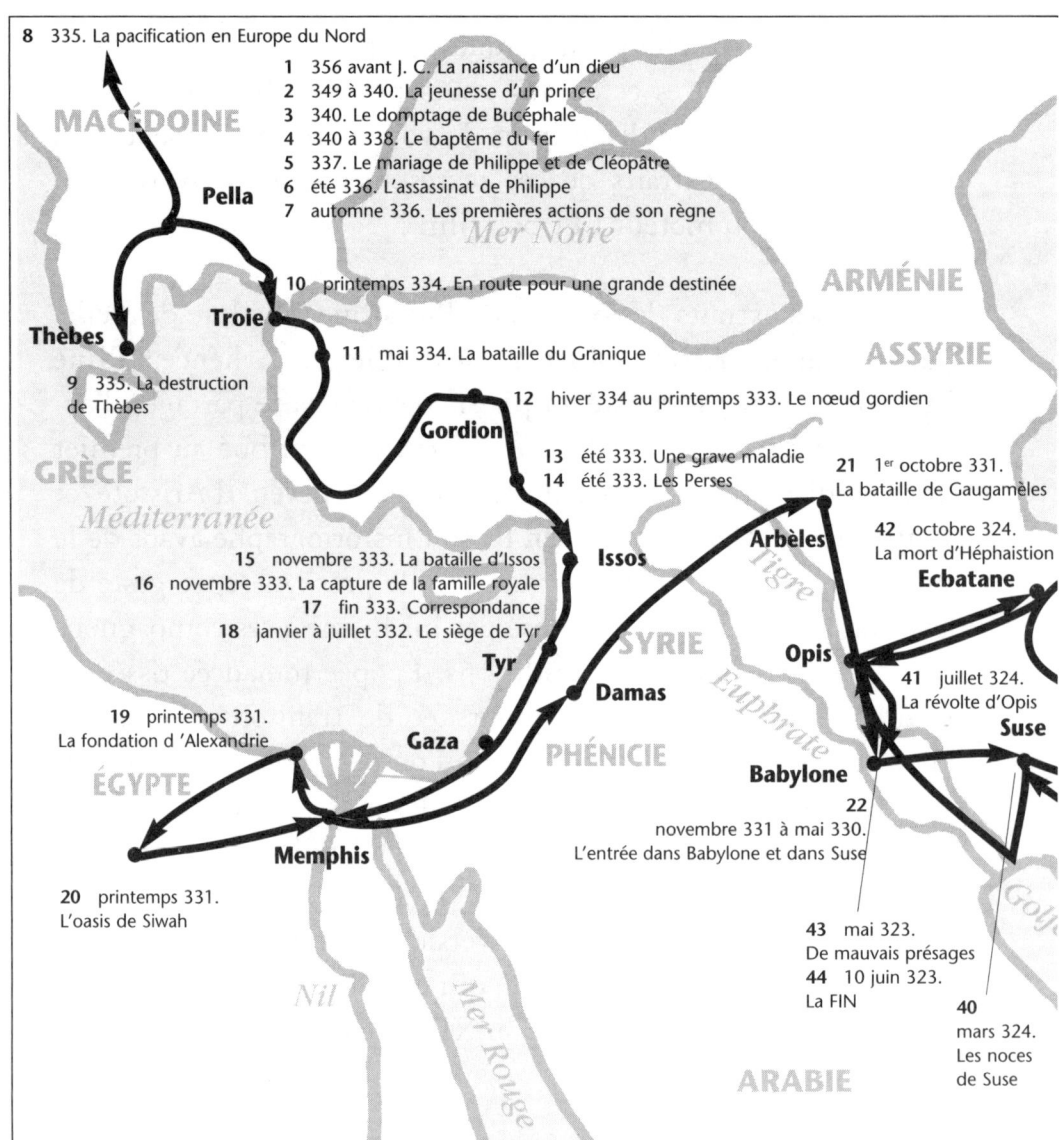

ITINÉRAIRE D'ALEXANDRE

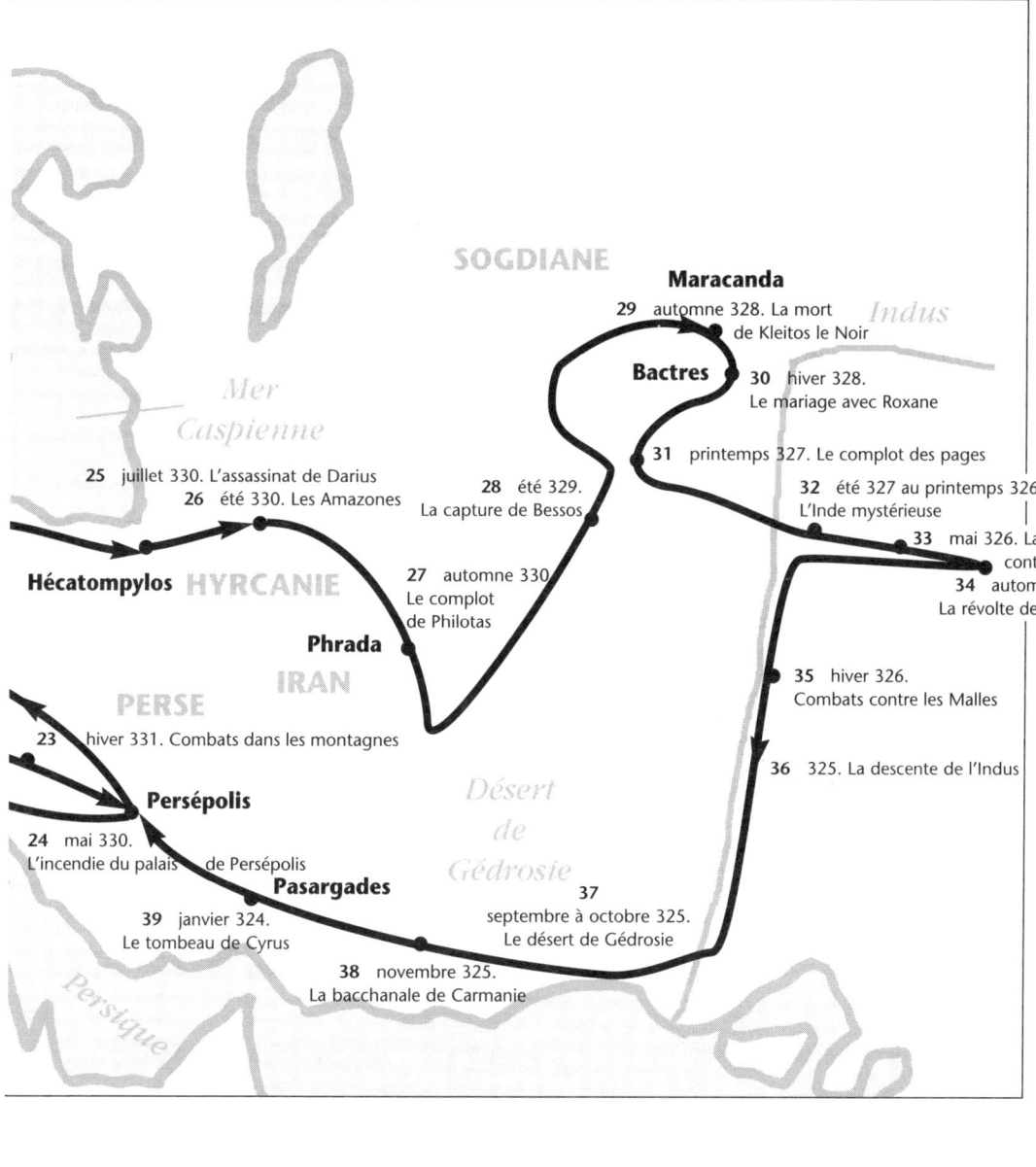

Séquence 1

LA NAISSANCE D'UN DIEU

356 avant Jésus-Christ

Personnages :

Philippe, roi de Macédoine, beau jeune homme athlétique de 25 ans, admirant la culture athénienne, mais incapable de réfréner la rudesse et l'exubérance de ses origines montagnardes. Bon vivant et buveur invétéré, Démosthène le traitera d'éponge. Ambitieux et courageux au combat, le même orateur dira de lui : « Quel homme ! Pour l'amour du pouvoir et de la domination, il s'est fait pocher un œil, casser une épaule et paralyser un bras et une jambe. » Il est déjà peut-être aux yeux des Grecs le chef providentiel que tout le monde hellénique attend pour museler une bonne fois pour toutes ces Perses corrupteurs de cités qui convoitent leurs terres.

Olympias, âgée de 19 ans, fille orpheline du feu roi Néoptolème Ier d'Épire appartenant à la tribu des Molosses, rudes bergers des montagnes situées au sud-ouest des domaines de Philippe. Mystique fervente, bacchante adepte des rites orgiaques d'Orphée et de Dionysos. Femme fascinante et ardente aimant participer à ces débauches sexuelles et aux danses sacrées, le corps enlacé par des serpents.

Aristandros de Telmessos, devin de Lycie, qui accompagnera Alexandre en Asie.

... Et **Nectanébo**, le dernier pharaon d'Égypte (359-341) avant l'invasion des Perses.

Ambiance magique et cosmique à Pella, capitale de la Macédoine.

La version officielle :

Alexandre, du côté paternel, descendait d'Héraclès par Caranos, et, du côté maternel, d'Éaque par Néoptolème[1] : c'est là un fait parfaitement admis. On dit que Philippe, ayant été initié aux mystères de Samothrace en même temps qu'Olympias, alors qu'il était encore adolescent, et elle, une enfant orpheline de père et de mère, s'éprit d'elle et arrangea aussitôt leur mariage, avec le consentement d'Aryppas, frère d'Olympias. Or, avant la nuit où ils furent enfermés dans la chambre nuptiale, la jeune femme crut qu'il tonnait, que la foudre tombait sur son ventre et qu'à la suite de ce coup un grand feu s'allumait qui, après s'être fractionné en flammes répandues de toutes parts, se dissipa. De son côté, Philippe, quelque temps après son mariage, se vit lui-même en songe mettant un sceau sur le ventre de sa femme, et il lui sembla que l'empreinte de ce sceau représentait un lion. La plupart des devins s'inquiétèrent de cette vision et pensèrent que Philippe devait surveiller plus étroitement sa femme ; seul, Aristandros de Telmessos dit que la femme était enceinte, puisqu'on ne scelle point ce qui est vide, et qu'elle l'était d'un enfant au grand courage et à la nature de lion. En outre on vit un jour un serpent étendu auprès d'Olympias endormie, et l'on dit que c'est ce qui affaiblit le plus l'amour et la tendresse de Philippe, au point qu'il n'alla plus que rarement partager le lit de sa

---

1. Fils d'Achille, le héros de la Guerre de Troie, lui-même petit-fils d'Éaque.

femme, soit qu'il craignît d'être victime de sa part de quelques maléfices ou de quelques philtres, soit qu'il eût scrupule à l'approcher parce qu'elle s'unissait à un être supérieur. Olympias elle-même, étant plus ardente que d'autres à rechercher l'extase et se laissant emporter de façon plus barbare aux délires inspirés, traînait avec elle dans les cérémonies bachiques de grands serpents apprivoisés qui se glissaient souvent hors du lierre et des vans mystiques pour s'enrouler autour des thyrses et des couronnes des femmes, ce qui terrifiait les hommes[2].

Cependant Philippe, après avoir vu l'apparition, envoya à Delphes Chairon de Mégalopolis, qui lui rapporta, dit-on, un oracle par lequel Apollon lui recommandait de sacrifier à Ammon et de vénérer ce dieu entre tous ; l'oracle ajoutait que Philippe perdrait un de ses yeux[3], celui qu'il avait appliqué à la fente de la porte pour épier le dieu qui, sous forme de serpent, était couché avec sa femme. Quant à Olympias, alors qu'elle prenait congé d'Alexandre qui partait pour son expédition, elle lui révéla seule à seul le secret de sa naissance et l'engagea à avoir des sentiments dignes de son origine.

Quoi qu'il en soit, Alexandre naquit le 6 du mois d'Hécatombéon, que les Macédoniens appellent Lôios, le jour même où fut incendié le temple d'Artémis à Éphèse. Tous les mages qui se trouvaient en séjour à Éphèse[4], voyant dans la destruction du temple le

---

2. L'écrivain grec Lucien dira : « Ils virent à Pella d'énormes serpents, très doux et apprivoisés au point que les femmes les élèvent, qu'ils dorment avec les enfants, qu'on peut marcher dessus et les froisser sans les irriter, qu'ils tètent au sein comme les nourrissons. Ils pullulent dans ce pays, et c'est sans doute de là qu'est sortie jadis la légende si répandue d'Olympias : pour moi, c'est un de ces serpents qui dormit avec elle quand elle était enceinte d'Alexandre. »

3. Philippe eut en effet un œil crevé par une flèche alors qu'il assiégeait Méthoné en −354.

4. 20 juillet −356.

présage d'un autre malheur, couraient çà et là en se frappant le visage et en criant que ce jour avait engendré un fléau et une calamité de grande importance pour l'Asie. Cependant Philippe, qui venait de prendre Potidée, reçut trois nouvelles presque en même temps : il apprit que les Illyriens avaient été vaincus par Parménion[5] dans une grande bataille, qu'il avait eu un cheval de course vainqueur à Olympie et qu'un fils, Alexandre, lui était né. Tout cela lui causa naturellement beaucoup de joie, et son exaltation fut encore augmentée par les devins, selon qui l'enfant dont la naissance coïncidait avec trois victoires serait invincible.

Plutarque, Vie d'Alexandre, 2, 1 – 3, 9.

La version romancée :

Ce Nectanébo était expert dans l'art magique et c'est en recourant à la puissance de cet art, et parce qu'il surpassait, par sa magie, tous les peuples, qu'il régnait pacifiquement. Car, si jamais une force de guerre l'attaquait, il ne rassemblait pas d'armées, n'ourdissait pas de ruses de guerre, ne préparait pas de corps d'armées et ne fatiguait pas ses gardes en affrontements militaires ; mais, disposant un bassin magique, il y pratiquait une divination. Il versait de l'eau de source dans le bassin, et de ses propres mains il pétrissait des petits bateaux et des figures humaines en cire et les disposait dans le bassin, puis il se revêtait d'un habit de prophète, tenant dans la main

---

5. Général de Philippe qui fera partie de l'expédition en Perse et sera condamné à mort avec son fils Philotas par Alexandre pour avoir été soupçonné de complot contre lui (voir séquence 27, p. 247).

une baguette d'ébène, et, debout, il invoquait les « dieux », particuliers aux enchantements, les esprits aériens et les génies souterrains. Et, par son incantation, les personnages de cire prenaient vie. Ainsi il plongeait les petits bateaux dans le bassin, et aussitôt que ceux-ci étaient au fond, en mer, les bateaux des ennemis qui venaient l'assaillir sombraient, grâce à la grande expérience de l'homme dans l'art magique. Son règne se déroulait donc en paix.

Mais, au bout d'un temps considérable, des espions vinrent devant Nectanébo lui annoncer l'approche d'une grande nuée guerrière, d'armées de guerriers sans nombre marchant contre l'Égypte. Et, s'avançant vers Nectanébo, son général lui dit :

— Salut, roi, à présent laisse de côté tous tes procédés pacifiques et tiens-toi prêt aux affrontements guerriers. Car une grande nuée de Barbares nous menace : ce n'est pas un seul peuple qui marche contre nous, mais des milliers de gens. Laisse donc de côté la plupart de tes occupations ; et réfléchis à ton salut !

Quand le général eut dit ces mots à Nectanébo, pris d'un grand rire, le roi Nectanébo lui répondit :

— Tu parles bien et convenablement quand tu montes la garde dont tu as le commandement, mais tu viens de parler en lâche et non en guerrier. Car la force ne réside pas dans le nombre mais la guerre dépend de l'ardeur : ainsi, un seul lion capture bon nombre de biches, et un seul loup ravage bon nombre de troupeaux de brebis. Par conséquent, toi, va avec les armées que tu commandes veiller à ta ligne de bataille : car moi, d'un seul mot, je ferai disparaître sous le voile de la mer la foule innombrable des Barbares.

Sur ces mots, Nectanébo renvoya son général en chef.

Puis, se levant lui-même, il entra dans son palais, et, une fois seul, recourant de nouveau au même procédé, il se concentra sur le bassin. Et il voit que les dieux égyptiens pilotent les vaisseaux des assaillants barbares et que les armées de fantassins sont guidées par ces dieux mêmes. Alors Nectanébo, en homme fort expérimenté qu'il était en magie et accoutumé à converser avec ses dieux, en apprenant d'eux que les dernières heures de la royauté égyptienne approchaient, après avoir caché beaucoup d'or dans son poitrail, s'être rasé les cheveux et la barbe et déguisé sous un autre vêtement, s'enfuit par la bouche de Péluse[6]. Après avoir débarqué, il arrive à Pella de Macédoine où il s'établit quelque part, dispensant aux gens des prédictions astrologiques en tant que prophète égyptien.

Les Égyptiens allèrent demander à leurs « divinités », si l'on peut dire, ce qu'était devenu le roi d'Égypte. Car toute l'Égypte avait été ravagée par les Barbares. Alors leur dieu qu'ils prétendent présent dans le sanctuaire du *Serapeum* leur rendit cet oracle :

– Ce fugitif reviendra en Égypte en roi, sous l'aspect, non pas d'un vieillard, mais d'un jeune homme, et il soumettra à son autorité nos ennemis les Perses.

Et les Égyptiens cherchaient ensemble ce que cette parole signifiait. Et sans en avoir trouvé le fin mot, ils inscrivent cependant l'oracle qui leur avait été donné sur le socle de la statue de Nectanébo.

De son côté Nectanébo, dès son arrivée en Macédoine, s'acquit une célébrité générale. Il se montrait également précis dans ses consultations, de sorte que même la reine Olympias, qui avait entendu parler de lui, vint le visiter nuitamment, alors que son mari Philippe était parti à la guerre. Et quand elle eut appris de lui ce qu'elle désirait, elle se retira. Et quelques jours plus tard, elle l'envoya chercher et lui ordonna d'entrer auprès d'elle.

---

6. Aboutissement du bras oriental du Nil, premier port fortifié à défendre l'Égypte.

Nectanébo, à la voir si plaisante d'aspect, se mit à désirer sa beauté et, tendant la main vers elle, il lui dit :

— Salut, reine de Macédoine.

Elle répliqua :

— Salut à toi aussi, excellent prophète, approche et viens t'asseoir. Et elle continua. Tu es le maître égyptien chez qui ceux qui en ont fait l'épreuve ont trouvé une vérité sans faille. Moi aussi, j'ai été convaincue par tes prédictions. Grâce à quel type de consultation révèles-tu donc la vérité ?

Il répondit :

— Sache d'abord que l'éventail en est multiple, reine : il y a les tireurs d'horoscopes, les interprètes de signes, les interprètes de songes, les ventriloques, les astrologues, ceux qu'on appelle les mages, et tous ont le pouvoir de prédire.

Et en disant ces mots, il lança à Olympias un coup d'œil perçant. Olympias lui dit alors :

— Prophète, serais-tu paralysé en me voyant ?

Il répondit :

— Oui, maîtresse. Car j'ai en mémoire la prophétie que j'ai reçue de mes propres dieux : « tu as à consulter pour une reine ». Et voilà que c'est advenu en vérité. Par conséquent, continue à me dire ce que tu veux savoir.

Et, plongeant la main dans son poitrail, il en sortit une tablette dont la parole ne peut exposer le fonctionnement, faite d'or et d'ivoire, et portant les sept étoiles et un horoscope. Et le Soleil était en cristal, la Lune en acier, Zeus en pierre de ciel, Arès en hématite, Cronos en serpentine, Aphrodite en saphir, Hermès en émeraude, et l'horoscope en marbre blanc. Olympias, émerveillée par la somptuosité de la tablette, s'assied auprès de Nectanébo et, après avoir ordonné à tous de s'éloigner, elle lui dit :

— Prophète, consacre ta consultation à notre descendance commune à Philippe et moi.

La rumeur suivante courait en effet à son sujet : si Philippe revenait de la guerre, il la répudierait et en épouserait une autre. Nectanébo lui dit alors :

— Dispose ton ciel de naissance, dispose aussi celui de Philippe.

Et que continue à faire Nectanébo ? Il dispose également son propre ciel de naissance à côté de celui d'Olympias et, après les avoir examinés, il lui dit :

— Ce n'est pas un mensonge, la rumeur que tu as entendue à ton sujet. Mais je peux t'aider, en tant que prophète égyptien, à ne pas être répudiée par Philippe.

Elle demanda :

— Comment le peux-tu ?

Il répondit :

— Tu as à t'unir à un dieu venu sur terre, à concevoir de lui et à mettre au monde un fils, et à le nourrir, et à avoir également en lui le vengeur des fautes commises par Philippe à ton égard.

Et Olympias lui dit :

— Mais à quel dieu ?

Il répondit :

— Ammon de Libye.

Et Olympias lui dit encore :

— Quel aspect a donc ce dieu ?

Il répondit :

— L'âge moyen, avec une chevelure et une barbe d'or, et portant des cornes qui prennent naissance sur son front, et elles aussi semblant en or. Il faut te tenir prête, comme une reine, pour lui. Car aujourd'hui même, en songe, tu verras ce dieu s'unir à toi.

Elle lui dit alors :

– Si je fais ce songe, je t'adorerai à genoux, non comme un magicien mais comme un dieu.

Nectanébo sort alors de chez la reine et va prendre des herbes provenant du désert et qu'il savait propres aux songes. Et après les avoir pressées, il en façonna une poupée en forme de femme sur laquelle il inscrivit le nom d'Olympias. Puis, après avoir allumé des lampes et y avoir versé le suc tiré des plantes, il se mit à invoquer par des serments les génies conçus à cette fin, en sorte qu'Olympias fût visitée par des apparitions. Et celle-ci voit le dieu Ammon, cette nuit même, l'enlacer et lui dire en se levant d'auprès d'elle :

– Femme, tu portes en ton ventre un enfant mâle qui est ton vengeur.

Quand elle se leva de son sommeil, Olympias s'émerveilla, et bien vite elle envoya chercher Nectanébo, à qui elle dit :

– J'ai bien vu le songe et celui que tu m'as désigné comme le dieu Ammon. Mais je te demande, prophète, de m'unir à nouveau à lui. Préoccupe-toi de savoir quand il sera sur le point de me visiter, afin de me montrer, de mon côté, plus convenablement apprêtée pour recevoir l'époux.

Il répondit :

– Sache d'abord, maîtresse, que ce que tu as vu n'était qu'un songe. Mais quand il viendra en personne devant tes yeux, il pourvoira à tes nécessités. Si pourtant ton pouvoir l'ordonne, donne-moi une place pour dormir, afin que je le rende favorable à ton sujet.

Elle dit alors :

– Vois dans ma chambre, prends-y une place. Et si j'ai la fortune d'être enceinte de ce dieu, je t'honorerai grandement, en reine, et je te traiterai comme le père de l'enfant.

Nectanébo lui dit :

— Pour répondre à ta demande, maîtresse, avant l'entrée du dieu il y a ce signe annonciateur : si, assise le soir dans ta chambre, tu vois un serpent ramper vers toi, ordonne à tous de sortir. De ton côté, garde-toi d'éteindre les feux des lampes que j'ai préparées et que je te donne maintenant à allumer en l'honneur du dieu, comme je sais le faire. Monte sur ton lit royal, tiens-toi prête, voile entièrement ton visage et ne regarde qu'à la dérobée le dieu que tu as vu en songe te visiter.

Et sur ces mots Nectanébo s'en va dehors. Et le lendemain, Olympias lui donne une chambre tout près de la sienne.

Nectanébo ajusta alors sur son corps une très délicate toison de bélier, avec des cornes sur les tempes, le tout semblant en or. Il prit un sceptre en ébène, un habit blanc et un manteau d'un extrême raffinement, qui imitait la peau de serpent. Et il fait son entrée dans la chambre où reposait Olympias, allongée sur son lit, et entièrement cachée sous les couvertures. Mais elle regardait du coin de l'œil. Et elle le voit qui entre et elle n'eut point peur, car il semblait bien être le même qu'elle avait vu en songe. Les lampes étaient allumées et Olympias avait voilé son visage. Alors Nectanébo, après avoir déposé son sceptre, monte dans son lit et s'unit à elle. Puis il lui dit :

— Persévère, femme, tu as dans ton ventre un enfant mâle qui est ton vengeur et le roi de tout l'univers habité, le maître du monde.

Et Nectanébo sortit de la chambre, en reprenant son sceptre, et il va cacher toute sa panoplie de charlatan.

Le matin venu, Olympias s'éveille, et pénètre dans la pièce où se trouvait Nectanébo, et elle le tire du sommeil. Une fois debout, il dit :

– Bonjour, reine, que m'annonces-tu ?
Elle répondit :
– Comment cela peut-il t'échapper, prophète ? Je m'en émerveille ! Ce dieu va-t-il revenir auprès de moi ? Car j'en ai eu du plaisir.
Il lui répondit :
– Écoute, reine, je suis le prophète de ce dieu. Donc, chaque fois que tu le veux, donne-moi cette pièce pour que j'y dorme sans être dérangé, afin d'y faire la purification habituelle à son intention, et il viendra auprès de toi.
Elle dit alors :
– Prends possession de cette pièce immédiatement.
Et elle ordonna qu'on lui remît les clefs de la chambre. Il cacha sa panoplie de charlatan dans un endroit secret, et il entrait chez Olympias chaque fois qu'elle le désirait, supposé, à ses yeux, être le dieu Ammon.
Mais, jour après jour, son ventre s'arrondissait, et Olympias dit à Nectanébo :
– Si Philippe s'en revient et me trouve enceinte, que puis-je dire ?
Et Nectanébo lui dit :
– N'aie crainte, maîtresse, car dans cette épreuve, le dieu Ammon viendra à ton secours, en apparaissant à Philippe par des songes et en lui révélant les événements, en sorte de te rendre irréprochable vis-à-vis de Philippe.
C'est ainsi qu'Olympias se laissait abuser par Nectanébo, grâce à son pouvoir magique.
Ensuite, Nectanébo prit un faucon des mers, l'ensorcela, et tout ce qu'il voulait dire en songe à Philippe, il le dit à l'animal, après l'y avoir préparé par des artifices magiques. Alors le faucon des

mers envoyé par Nectanébo vint à la faveur de la nuit là où se trouvait Philippe, et lui parla en songe. Philippe, en voyant le faucon qui lui parlait, se réveilla fort troublé. Bien vite donc, il envoya chercher un interprète de songes, un Babylonien de grand renom ; il lui raconte la prophétie, et dit :

— J'ai vu en rêve un dieu, fort beau, à la barbe et à la chevelure blanches, portant près des tempes des cornes semblant l'une et l'autre en or, et tenant un sceptre à la main, qui s'insinuait nuitamment chez mon épouse Olympias, montait dans son lit et s'unissait à elle. Puis en se levant il lui dit : « Femme, tu as conçu un enfant mâle qui t'affranchira et vengera la mort de son père. » J'ai également rêvé que je la cousais avec du fil de papyrus et que je la scellais de mon propre sceau. L'anneau était en or, portait une pierre, et dans la pierre une intaille figurait le soleil, une tête de lion et un petit javelot. Et tandis que j'avais ces visions, il me sembla voir un faucon apparaître à mes côtés qui, de plus, au moyen de ses ailes, me tira de mon sommeil. Que me révèle ce rêve ?

L'interprète de songes lui dit alors :

— Roi Philippe, salut. C'est la vérité, ce que tu as vu en songe. Car le sceau appliqué à la nature de ta femme est un gage de foi, montrant aussi que ta femme a conçu un enfant : car personne ne va sceller de bouteille vide, mais on la scelle pleine. Quant au fait que tu l'aies cousue avec du papyrus, le papyrus ne pousse nulle part ailleurs qu'en Égypte. C'est donc que la semence est égyptienne, et non pas de basse extraction, mais d'origine brillante et fameuse, à cause de l'anneau d'or. Quoi de plus fameux, en effet, que l'or, par le moyen duquel les dieux eux-mêmes sont adorés ? De plus, le cachet figurant le soleil, et en dessous une tête de lion et un petit javelot : cet enfant près de naître ira jusqu'au levant, en portant la guerre contre tous, comme un lion, et en soumettant les villes au pouvoir de sa lance, en raison du petit javelot gravé en dessous. Et puisque tu as vu un dieu ayant à la fois des cornes de bélier et la chevelure blanche, il s'agit du dieu de Libye, Ammon.

Quand l'interprète analysa ainsi le songe, Philippe l'écouta sans plaisir.

Cependant Olympias s'inquiétait, ne se fiant pas à Nectanébo pour ce qu'il manigançait au sujet de Philippe. Mais Philippe, s'en revenant de guerre, vit sa femme bouleversée, et il lui dit :

— Femme, pourquoi es-tu bouleversée de ce qui est arrivé ? La faute vient d'ailleurs, comme cela m'a été révélé en songe, pour que tu sois à l'abri de tout reproche ; devant tous les hommes, nous autres rois, nous avons le pouvoir, mais devant les dieux, nous ne l'avons plus ; tu n'as pas eu pour amant quelque homme du peuple, mais quelqu'un de la plus noble distinction.

Et par ces mots, Philippe rasséréna Olympias. De son côté, Olympias se mit à rendre grâces au prophète qui avait annoncé les événements à Philippe.

Quelques jours après, Philippe, se trouvant avec Olympias, lui dit :

— Tu m'as abusé, femme, tu n'es pas enceinte des œuvres d'un dieu, mais de quelqu'un d'autre, et il tombera entre mes mains !

Or Nectanébo, entendant ces mots, alors qu'on donnait un grand banquet au palais, et que tous festoyaient avec le roi Philippe en l'honneur de son retour, tandis que le roi Philippe, seul, restait morose à cause de la grossesse de sa femme Olympias, devant tous, donc, Nectanébo, se transformant en un serpent encore plus grand que le premier, entra au milieu de la salle du festin et émit un sifflement si terrible que les fondations du palais en furent ébranlées. Les convives du roi, à la vue du serpent, bondirent dehors, en proie à la terreur, mais Olympias, reconnaissant son amant, lui tendit sa main droite et le serpent se souleva, y posa son menton, se lova et alla jusqu'aux genoux d'Olympias, et, sortant sa langue fourchue, il lui fit un baiser, le serpent témoignant ainsi sa tendresse devant les spectateurs. Et tandis que Philippe était partagé entre le blâme, mais aussi l'émerveillement et une méditation sans fin, le serpent se transforme alors en aigle, qui disparut, inutile de dire où. Alors Philippe, revenu de sa peur, réfléchit et dit :

— Femme, c'est comme un témoignage, dans le procès qui t'est fait, que j'ai vu le dieu te secourir dans le danger. Mais quel dieu, voilà maintenant ce que je ne sais, car il m'a montré l'aspect à la fois du dieu Ammon, d'Apollon et d'Asclépios.

Olympias lui répondit :

— Comme il me l'a révélé quand il s'est uni à moi, c'est le dieu Ammon de toute la Libye.

Alors Philippe, voyant cela, se réjouit qu'on pût appeler plus tard graine de dieu l'enfant de sa propre femme.

Quelques jours plus tard, alors que Philippe était assis dans un jardin de ses domaines royaux – des multitudes d'oiseaux remarquables habitaient l'endroit –, voilà que soudain un oiseau plongeant dans le poitrail du roi Philippe y pondit un œuf. Et celui-ci, roulant hors en de son poitrail, tomba et alla se briser sur le sol. Il s'en échappa un petit serpent qui, s'enroulant autour de l'œuf, cherchait à nouveau à entrer d'où il était sorti. Et, rentrant sa tête à l'intérieur de la coquille, il mourut. Bouleversé, le roi Philippe envoya chercher un interprète de signes et lui raconta l'événement. L'interprète lui dit, sous l'inspiration de la divinité :

— Roi, tu auras un fils qui fera le tour du monde entier, soumettant tous les hommes à sa propre puissance mais qui, en retournant vers son royaume natal, mourra rapidement. Car le serpent est un animal royal, tandis que l'œuf d'où est sorti le serpent est l'image de l'univers. Donc, après avoir fait le tour du monde et désireux de rentrer là d'où il était parti, il n'y est point parvenu et il est mort avant.

Or donc l'interprète, quand il eut expliqué le présage et reçu une récompense du roi Philippe, s'en alla.

Et, comme le moment d'accoucher était arrivé pour Olympias, assise sur la chaise de parturiente, elle entre dans les douleurs de l'enfantement. Mais, à ses côtés, Nectanébo, ayant mesuré les parcours célestes, l'exhortait à ne pas se presser pour accoucher, et après avoir brassé les éléments cosmiques, en recourant à son pouvoir magique, il prenait connaissance de leurs forces présentes et il lui dit :

– Femme, retiens-toi et domine les forces émanant de la nature. Car si tu accouchais maintenant, c'est à un esclave du plus bas rang, à un prisonnier de guerre ou à un grand monstre que tu donnerais naissance.

Lorsque la femme fut tourmentée de nouveau par les contractions et ne parvint plus à supporter les élancements qui se multipliaient, Nectanébo lui dit :

– Encore un peu de courage, femme. Car si tu accouchais maintenant, l'enfant serait un eunuque sans avenir.

Puis, usant à la fois d'encouragements et de paroles efficaces, Nectanébo enseignait à Olympias à bloquer de ses mains les voies naturelles. De son côté, en recourant à ses procédés magiques, il empêchait l'accouchement de la femme. Enfin, quand il eut à nouveau observé les trajets célestes des éléments cosmiques, il sut que le monde tout entier occupait le milieu du firmament, et il vit une clarté descendant du ciel, comme lorsque le soleil est au zénith, et il dit à Olympias :

— Pousse maintenant le cri de l'accouchement !

Et lui-même alors lui ordonna d'accoucher, et il lui dit :

— Tu es en train d'enfanter un roi, le maître du monde !

Alors Olympias, après avoir mugi plus fort qu'une vache, accoucha d'un enfant mâle avec la faveur de la fortune. Quand l'enfant arriva sur la terre, il y eut des coups de tonnerre se faisant écho et des cascades d'éclairs, de sorte que l'univers entier en fut ébranlé.

Le matin venu, en voyant l'enfant mis au monde par Olympias, Philippe déclara :

— Je voulais d'abord ne pas l'élever parce qu'il n'est pas de mes œuvres, mais puisque je constate qu'il s'agit bien de semence divine, et que l'accouchement a eu un retentissement cosmique, qu'il soit élevé en mémoire de mon fils, qui est mort, et qui m'était né de ma précédente épouse [7]. Et qu'il soit appelé Alexandre.

Et comme Philippe avait parlé de la sorte, l'enfant fut l'objet de tous les soins. Il y eut également fête couronnée dans toute la Macédoine, et à Pella, et en Thrace.

Pseudo-Callisthène, *Le Roman d'Alexandre*, I, 1, 1 – 13, 2

---

7. Ce texte est le seul à prêter à Philippe un premier fils légitime, et le détail est invérifiable.

Séquence 2

LA JEUNESSE D'UN PRINCE

De 349 à 340

Personnages :

Alexandre, entre 7 et 16 ans, intelligent et parfois même d'une intelligence arrogante. Déjà en conflit avec son père et avec l'image du père.

Une **ambassade perse** médusée.

Philippe, un peu dépassé par le génie de son fils. Est-ce parce qu'il n'est pas son père ?

Léonidas : à 7 ans, après avoir été élevé par la nourrice Laniké, mère de celui qui deviendra un de ses meilleurs amis, Kleitos le Noir, Alexandre quitte le gynécée et est confié à un précepteur sévère, Léonidas, parent de sa mère Olympias. Il lui enseigne comment endurer la fatigue et supporter les privations. Plutarque fait dire à Alexandre (22, 10) : « Il visitait les coffres qui contenaient mes couvertures et mes vêtements, et les ouvrait pour voir si ma mère n'y avait pas placé quelque chose de luxueux ou de superflu. » Plus tard, le conquérant se vengera à sa façon après le siège de Gaza en distribuant le butin amassé. D'après Plutarque (25, 6) : « Il expédia à Léonidas, son précepteur, 500 talents d'encens et cent de myrrhe, en souvenir de l'espoir qu'il lui avait inspiré dans son enfance : il paraît, en effet, que Léonidas, voyant un jour

Alexandre, lors d'un sacrifice, empoigner l'encens à pleines mains pour le faire brûler, lui avait dit : "Alexandre, quand tu auras conquis le pays qui produit les aromates, tu pourras répandre ainsi l'encens à profusion, mais à présent, sers-toi de ce que tu possèdes avec parcimonie." C'est pourquoi Alexandre lui écrivit alors : "Je t'envoie de l'encens et de la myrrhe en quantité, pour que tu cesses de lésiner à l'égard des dieux." »

Lysimaque : sous le titre de pédagogue, il enseigne à Alexandre la lutte, la course, la musique, la poésie, l'écriture et le calcul. Il lui fait découvrir l'*Iliade*. Achille deviendra son modèle, son héros auquel il essaiera de s'identifier toute sa vie. Il emportera en Perse une édition annotée par Aristote qu'il transportera dans une cassette et dont il relira des passages pour se détendre avant de s'endormir. D'après Plutarque, Lysimaque accompagnera Alexandre. Il relate cette anecdote qui a eu lieu au cours du siège de Tyr (24, 10-14) : « Vers le milieu du siège, il fit une expédition contre les Arabes qui habitent près de l'Anti-Liban, et c'est alors qu'il risqua sa vie à cause de son précepteur Lysimaque, qui avait voulu l'accompagner en disant qu'il n'était ni plus faible ni plus vieux que Phoenix [8]. Quand on approcha du pays montagneux, Alexandre laissa là les chevaux pour continuer la route à pied, et le gros des troupes prit beaucoup d'avance. Alors que le soir tombait et que l'ennemi n'était pas loin, Lysimaque fatigué perdit courage. Alexandre ne put se résoudre à l'abandonner ; il le soutint et le réconforta sans s'apercevoir qu'il était coupé de son armée avec une poignée d'hommes et qu'il avait à passer la nuit dans l'obscurité et par un froid rigoureux, en des lieux difficiles. Il vit alors au loin

---

8. Précepteur d'Achille dans l'*Iliade*.

un grand nombre de feux que les ennemis avaient allumés çà et là. Confiant dans son agilité et habitué à payer de sa personne pour encourager les Macédoniens dans l'embarras, il courut sur ceux qui entretenaient le feu le plus rapproché, et il frappa de son épée deux Barbares assis près du brasier, saisit un tison et le rapporta aux siens. Ceux-ci allumèrent un grand feu et causèrent aussitôt à une partie des ennemis une telle frayeur qu'ils prirent la fuite ; les autres étant venus les attaquer, ils les mirent en déroute et purent bivouaquer en sécurité. Tel est le récit de Charès [9]. »

Aristote, 41 ans : à 13 ans et jusqu'à 20 ans, Alexandre suit l'enseignement d'Aristote. Philippe l'a sûrement connu dans sa jeunesse à la cour de Pella comme fils de Nicomaque, médecin d'Amyntas III, le père de Philippe. Après avoir suivi l'enseignement de Platon, le philosophe se met au service du tyran d'Atarnée, en

---

9. Témoin oculaire des aventures d'Alexandre et auteur d'une *Histoire d'Alexandre* disparue, Charès de Mytilène n'était pas présent au siège de Tyr. Préposé à l'introduction des invités à la cour de Darius, il se mit au service du Macédonien vers 330, après la mort du roi perse. Il faisait partie de « l'héritage » reçu de Darius, au même titre que les objets précieux qu'Alexandre récupéra quand il succéda, de fait, au Grand Roi. Il fut nommé officiellement grand chambellan par Alexandre, pour s'occuper de sa domesticité, de son confort et de son service personnel. Grâce à lui, cité par Plutarque, Arrien, Athénée, Pline et Aulu-Gelle, nous connaissons de précieux détails sur la vie quotidienne de son maître, sur les noces de Suse (voir séquence 40, p. 387) dont il géra vraisemblablement les préparatifs et le déroulement, sur les fameux concours de boisson qui laissaient souvent sur le carreau quelques buveurs tués par l'excès. Il est un témoin précieux des coutumes perses, il cite le titre d'Officier de bouche qui goûtait les plats pour garantir la sécurité des rois. On apprend qu'Alexandre aimait rire en faisant des batailles de pommes et qu'il aimait boire frais et essayait de faire des provisions de neige à cet effet.

Asie Mineure. Mais son protecteur est tué par les Perses et il doit s'enfuir. Philippe fait appel au fugitif pour se charger de l'éducation de son fils et d'autres enfants nobles de la cour comme Héphaistion qui deviendra l'amant préféré d'Alexandre, le confident de tous ses secrets. Aristote développera chez le prince son goût pour la culture hellénique, à travers l'enseignement de la littérature grecque, des Tragiques, des poètes lyriques comme Pindare et bien sûr Homère. Il éveillera sa curiosité à la réflexion philosophique, aux modes de pensée étrangère (le conquérant dialoguera avec des Brahmanes en Inde, voir séquence 32, p. 309), aux sciences et à la nature. Alexandre partira dans son long périple en Asie accompagné de son livre préféré et entouré d'érudits chargés de consigner le moindre renseignement sur la faune, la flore et les peuples rencontrés.

Ambiance studieuse à Pella et à Miéza, lors de promenades instructives sous les frondaisons.

Dès l'enfance, sa maîtrise de soi se laissait entrevoir dans le fait qu'en dépit de sa fougue et de son violent emportement dans presque toutes ses activités il était peu sensible aux plaisirs du corps et n'y touchait qu'avec une grande retenue ; l'amour de la gloire tenait son esprit dans une gravité et une magnanimité au-dessus de son âge. En effet, il ne recherchait pas la renommée indistinctement, quelle qu'en fût la source ou la nature, comme Philippe, qui tirait vanité, en vrai sophiste, de son talent pour la parole et faisait graver sur ses monnaies les victoires de ses chars à Olympie. Au contraire, comme les gens de son entourage demandaient à Alexandre s'il ne voudrait pas disputer le prix du stade à Olympie, car il était rapide à la course :

– Oui, dit-il, si je devais avoir pour concurrents des rois.

Il est certain qu'en général il avait de l'aversion pour l'engeance des athlètes et, bien qu'il eût institué de très nombreux concours d'acteurs tragiques, de joueurs de flûte et de joueurs de cithare, et même de rhapsodes, et aussi des compétitions pour toute espèce de chasse et d'escrime, il ne se soucia guère d'offrir des prix pour le pugilat ou le pancrace.

Des ambassadeurs du roi des Perses étant arrivés alors que Philippe était absent, Alexandre les reçut et, ayant lié connaissance avec eux, les subjugua par la gentillesse de son accueil, et parce qu'il ne leur posait pas de question puérile ou frivole : il s'informait de la longueur des routes et de la manière de voyager en Haute-Asie, de la personne du roi, de sa conduite à la guerre, de la bravoure et de la puissance des Perses, si bien que les ambassadeurs furent émerveillés et pensèrent que les talents si vantés de Philippe n'étaient rien en comparaison de l'envergure et du génie de son fils. D'ailleurs, chaque fois que l'on annonçait que Philippe avait pris une ville célèbre ou remporté quelque éclatante victoire, il ne montrait aucune joie à l'apprendre et disait à ses compagnons :

– Enfants, mon père prendra tout d'avance et ne me laissera rien de grand et de brillant à accomplir avec vous !

Et, de fait, comme il n'était avide ni de plaisir ni de richesse, mais de prouesse et de gloire, il pensait que, plus il recevrait de son père, moins il aurait à gagner par lui-même. C'est pourquoi, persuadé que Philippe, en augmentant ses conquêtes, épuisait à son profit les belles actions à faire, il préférait recueillir une royauté où il trouverait, non pas de l'argent, du luxe et des délices, mais des combats, des guerres, des occasions de gloire.

Nombreux étaient naturellement ceux qui prenaient soin de lui, sous le nom d'éducateurs, pédagogues et maîtres. Ils étaient tous placés sous l'autorité de Léonidas, homme de mœurs austères, qui était parent d'Olympias ; bien que lui-même ne repoussât pas le titre de pédagogue, qui comporte l'idée d'une belle et noble tâche, les autres, par égard pour sa dignité et sa parenté, l'appelaient l'éducateur et le gouverneur d'Alexandre. L'office et le titre de pédagogue étaient assumés par Lysimaque, originaire d'Acarnanie. Il n'avait aucune distinction, mais, parce qu'il se donnait à lui-même le nom de Phoenix, à Alexandre celui d'Achille et à Philippe celui de Pélée, il était en faveur et occupait la seconde place.

Philippe, constatant que son fils avait une nature inflexible et qu'il luttait contre toute contrainte, mais se laissait aisément conduire à son devoir par la raison, essayait lui-même de le persuader plutôt que de le commander, et, comme il ne se fiait pas entièrement aux maîtres chargés de son instruction littéraire et scientifique pour le surveiller et le former (la tâche, pensait-il, était trop grande et exigeait, comme dit Sophocle, « à la fois plusieurs freins et plusieurs gouvernails »), il fit venir le plus illustre et le plus savant des philosophes, Aristote, à qui il donna des honoraires magnifiques et dignes de lui : en effet, il releva de ses ruines la ville de Stagire, patrie d'Aristote, qu'il avait lui-même détruite, et la repeupla avec ses citoyens exilés ou réduits en esclavage. Il assigna au maître et à l'élève, pour y passer leur temps dans l'étude, le Nymphée de Miéza, où l'on montre aujourd'hui encore les bancs de pierre et les promenades ombragés d'Aristote [10]. Alexandre, à ce qu'il paraît, n'apprit pas seulement la morale et la politique, mais il eut part aussi aux leçons

---

10. Un Nymphée est un sanctuaire consacré aux Nymphes et souvent entouré d'un jardin. Miéza se trouvait dans les environs de Pella. Plutarque a sans doute visité l'endroit.

secrètes et plus profondes que les philosophes désignaient spécialement comme « acroamatiques [11] » et « époptiques », et qu'ils se gardaient de divulguer. En effet, alors qu'Alexandre était déjà passé en Asie, ayant appris qu'Aristote avait publié des livres traitant de ces matières, il lui écrivit au nom de la philosophie une lettre pleine de franchise, dont voici le texte : « Alexandre à Aristote, salut. Tu as eu tort de publier tes leçons acroamatiques. Car en quoi serons-nous supérieurs aux autres, si les doctrines que tu nous as enseignées deviennent communes à tout le monde ? Pour moi, je préférerais me distinguer par la connaissance des plus grands biens plutôt que par la puissance. Porte-toi bien. » Aristote, pour consoler Alexandre de son ambition déçue, se justifie au sujet de ces écrits en disant qu'ils étaient publiés sans l'être, et il est vrai, en effet, que son traité de métaphysique n'est d'aucune utilité pour quiconque désire enseigner ou s'instruire : ce n'est qu'un aide-mémoire à l'usage de disciples déjà complètement formés.

Il me semble que le goût d'Alexandre pour la médecine lui venait d'Aristote plus que d'aucun autre. Loin de se contenter de la théorie, il soignait aussi ses amis malades et leur prescrivait des traitements et des régimes, comme on peut le voir par ses lettres. Il avait aussi un goût inné pour la littérature et pour la lecture. Il considérait l'*Iliade* comme un viatique pour la valeur guerrière, et il l'appelait ainsi ; il emporta la recension qu'Aristote avait faite de ce poème et qu'on appelle l'édition « de la cassette ». Il l'avait toujours sous son oreiller avec son épée, au témoignage

---

11. Il s'agit de l'enseignement ésotérique que les philosophes donnaient à leurs disciples uniquement par voie orale et qui ne figurait dans aucun livre. Cet enseignement était censé comporter une sorte d'initiation.

d'Onésicrite [12]. Comme il ne pouvait trouver d'autres livres en Haute-Asie, il invita Harpale à lui en envoyer ; celui-ci lui expédia les œuvres de Philistos, un grand nombre de tragédies d'Euripide, de Sophocle et d'Eschyle, et les dithyrambes de Télestès et de Philoxène. Au début, il admirait Aristote et, comme il le disait lui-même, il ne l'aimait pas moins que son père, parce que, si l'un lui avait donné la vie, l'autre lui avait appris à bien vivre. Mais, par la suite, il en vint à le traiter plutôt en suspect, non pas au point de lui faire du mal, mais ses attentions n'avaient plus la vivacité affectueuse d'autrefois, ce qui était le signe qu'il se détachait de lui. Cependant, cet ardent amour de la philosophie qui s'était implanté en lui de bonne heure et avait grandi avec lui ne disparut pas de son âme, comme en témoignent les honneurs accordés à Anaxarque, les cinquante talents envoyés à Xénocrate, et le vif intérêt qu'il montra pour Dandamis et Calanos [13].

Plutarque, 4, 8 – 5, 8 ; 7, 1 – 8, 5.

12. Originaire d'Astypalée, pilote du navire personnel d'Alexandre, il deviendra chef pilote de la flotte conduite par Néarque. Il se présente comme un philosophe disciple de Diogène et sera l'interlocuteur des gymnosophistes, Brahmanes rencontrés par Alexandre en Inde. Il rédigea, peu de temps après la mort de son roi un ouvrage peut-être intitulé *L'éducation d'Alexandre*. Principale source de Plutarque et d'Arrien.

13. Brahmane philosophe indien qui rencontra Alexandre et le suivit à Babylone. Atteint d'une maladie incurable, il s'immola par le feu en présence d'Alexandre et de son armée (Voir séquence 32, p. 309).

Séquence 3

LE DOMPTAGE DE BUCÉPHALE

340

Personnages :

Alexandre à 16 ans, en pleine arrogance assurée.

Philonicos, Thessalien de Pharsale, vendeur de chevaux.

Philippe à 42 ans, fier de son fils indomptable.

Pourquoi pas **une partie de la cour** – courtisans, amis, précepteur – spectatrice et subjuguée. S'ils avaient eu un appareil photo, ils auraient sûrement immortalisé ce moment hautement symbolique...

Le cheval Bucéphale, âgé de 16 ans. « Ce cheval était marqué d'une tête de bœuf ce qui explique son nom. D'autres disent qu'il était noir de robe et portait sur la tête une tache blanche qui ressemblait surtout à une tête de bœuf », dit Arrien (*Anabase* V, 19, 5).

Ambiance bucolique et conviviale dans la plaine qui entoure Pella et où coule le fleuve Lydias qui prend sa source dans le lac Borboros au pied de la capitale et qui se jette dans la mer Égée. Par ce canal naturel, s'acheminent les navires marchands pour venir accoster aux quais du port qui s'étend sur les rives de l'étendue d'eau, contre le promontoire où se dresse la fière citadelle.

Un jour, le Thessalien Philonicos amena à Philippe Bucéphale, qui était à vendre pour treize talents. On descendit dans la plaine pour essayer ce cheval, et on le trouva rétif et tout à fait intraitable : il ne se laissait pas monter, et ne supportait la voix d'aucun des écuyers de Philippe, mais se cabrait contre tous. Comme Philippe, impatienté, donnait l'ordre de l'emmener parce qu'il le jugeait absolument sauvage et indomptable, Alexandre, qui était présent, dit :

– Quel cheval ils perdent, parce que, faute d'habileté et de courage, ils ne savent pas en tirer parti !

Tout d'abord Philippe garda le silence, mais, comme Alexandre continuait à murmurer et à se désoler, il lui adressa la parole :

– En blâmant comme tu le fais des gens plus âgés que toi, crois-tu donc en savoir plus qu'eux et être mieux capable de manier ce cheval ?

– Certes, répondit Alexandre, je le manierais mieux qu'un autre.

– Et, si tu n'y parviens pas, à quelle peine te soumettras-tu pour ta témérité ?

– Par Zeus, répliqua-t-il, je paierai le prix du cheval.

Ces mots provoquèrent le rire, puis le père et le fils conclurent entre eux le pari. Aussitôt Alexandre courut au cheval et, saisissant la bride, le tourna face au soleil, car il avait observé, semble-t-il, que l'animal était effarouché par la vue de son ombre qui se projetait et dansait devant lui. Il le flatta et le caressa un moment ainsi, tant qu'il le vit furieux et haletant, puis, rejetant tranquillement sa chlamyde, il sauta sur lui et l'enfourcha fermement. Alors, tirant légèrement de côté et d'autre le mors avec les rênes, il le modéra sans le frapper ni lui déchirer la bouche. Puis, voyant qu'il abandonnait son attitude menaçante et qu'il avait envie de courir, il le lança à bride abattue en le pressant d'une voix plus hardie et en le frappant du talon. Philippe et son entourage étaient d'abord restés muets d'angoisse ; mais lorsqu'Alexandre, tournant bride, revint vers eux avec aisance, joyeux et fier, tous l'acclamèrent à grands cris, et son père, dit-on, versa des larmes de joie, puis, quand Alexandre eut mis pied à terre, il le baisa au front et dit :

– Mon fils, cherche un royaume à ta taille : la Macédoine est trop petite pour toi.

Plutarque 6.

Bucéphale mènera fidèlement Alexandre vers toutes ses victoires jusqu'au soir de cette sanglante bataille de mai 326 contre l'Indien Poros (voir séquence 33, p. 327).

Le cheval du roi Alexandre était Bucéphale, de tête et de nom. Charès a écrit qu'il fut acheté treize talents et offert en cadeau à Philippe. Sur ce cheval, il m'a paru digne de rappeler que, lorsqu'il avait été équipé et harnaché pour le combat, il ne supportait d'être monté par nul autre que le roi. Sur ce cheval, il faut aussi rappeler que, lors de la guerre indienne, alors qu'Alexandre le montait et accomplissait bien des prouesses, il l'avait jeté en plein dans la formation ennemie sans trop de prévoyance, et des traits pleuvaient de partout sur Alexandre ; le cheval était percé de profondes blessures sur le cou et le flanc mais, bien que moribond et déjà presque exsangue, il emporta au galop le roi loin du cercle de ses ennemis et, lorsqu'il l'eut mis à l'abri des traits, il s'écroula sur place ; rassuré pour son maître sain et sauf, il mourut avec, eût-on dit, un soulagement quasi humain.

Aulu-Gelle, V, 2, 1.

À la suite de la bataille contre Poros, Bucéphale mourut, non pas tout de suite, mais un peu plus tard, alors qu'on le soignait de ses blessures, à ce que disent la plupart des auteurs – mais, selon Onésicrite, de vieillesse et d'épuisement, car il avait 30 ans au moment de sa mort. Alexandre en fut profondément affecté, pensant n'avoir perdu rien de moins qu'un familier ou un ami. Il bâtit en son honneur sur les bords de l'Hydaspe une ville qu'il appela Bucéphalie. On dit aussi qu'ayant perdu un chien nommé Péritas, qu'il avait élevé lui-même et qu'il aimait, il donna son nom à une ville qu'il fonda.

Plutarque, 61

Séquence 4

LE BAPTÊME DU FER

De 340 à 338

Personnages :

Alexandre à 16-18 ans, courageux et fougueux jeune combattant.

Philippe à 43-44 ans, initiant son fils à tuer des hommes après l'avoir entraîné à traquer des animaux à la chasse.

Les phalanges et la cavalerie macédoniennes.

La tribu thrace des Maides, voisine des Péoniens, habitant sur le haut cours du Strymon.

L'armée athénienne...

... L'armée thébaine et son fameux bataillon sacré constitué d'amants, les plus jeunes protégeant les plus âgés. Ce qui décuplait la force des combattants et permettait ainsi de remporter plus sûrement et plus rapidement la victoire...

... Et leurs alliés à la bataille de Chéronée remportée en août 338 par les Macédoniens. Diodore de Sicile (*Bibl. Hist.* XVI, 86) raconte qu'Alexandre, avec l'assistance de plusieurs généraux expérimentés, commandait l'aile gauche de l'armée et provoqua la première brèche dans le front ennemi. Perte de l'hégémonie d'Athènes et suprématie macédonienne. En 337, les cités grecques, sauf Sparte, se réunissent pour constituer la Ligue de Corinthe. Les Grecs sont unifiés. La guerre contre la Perse est proclamée.

Scènes viriles et sanglantes. Guérilla et bataille rangée. Des milliers de combattants battent le fer et s'embrochent autour du roi macédonien et de son jeune héritier.

À l'époque de l'expédition de Philippe contre Byzance, Alexandre avait 16 ans ; resté en Macédoine comme dépositaire du pouvoir et du sceau royal, il soumit ceux des Maides qui étaient en rébellion ; il prit leur ville, en chassa les Barbares, y établit des colons de diverse provenance et lui donna le nom d'Alexandropolis. À Chéronée, il prit part en personne à la bataille contre les Grecs, et l'on dit qu'il se jeta le premier sur le bataillon sacré de Thèbes. On montrait encore de nos jours sur les bords du Céphise un vieux chêne qu'on appelle le chêne d'Alexandre, près duquel il avait fait alors dresser sa tente ; non loin de là se trouve la tombe commune des Macédoniens. Ces exploits le rendirent naturellement très cher à Philippe, au point que celui-ci prenait plaisir à entendre les Macédoniens donner à Alexandre le titre de roi et à lui-même, Philippe, celui de général.

Plutarque, 9, 1 – 4.

Séquence 5

LE MARIAGE DE PHILIPPE ET DE CLÉOPÂTRE

337

Personnages :

Alexandre à 19 ans en pleine crise d'ado, prenant parti pour sa mère contre son ivrogne et goujat de père.

Philippe, barbu, boiteux (cuisse transpercée en 339 au cours d'une embuscade près de Sofia), infirme d'un bras (gravement touché lors de la campagne contre le roi d'Illyrie en 345 et omoplate éclatée à Périnthe en 340) borgne (œil perdu à Méthoné en 354, puni pour avoir espionné Olympias derrière la porte de sa chambre, comme l'avait prédit l'oracle de Delphes avant la naissance d'Alexandre ? voir séquence 1, p. 19), envoûté à 45 ans par le démon de midi ou voulant se venger de l'affront subi à la naissance d'Alexandre en répudiant Olympias.

Olympias, 38 ans, jalouse et intrigante.

Cléopâtre, jeune fille de moins de 20 ans (« Elle était beaucoup trop jeune pour lui » estimait Plutarque) appartenant à la haute noblesse macédonienne. Sûrement têtue, ambitieuse et jalouse, elle voulait être reine à la place d'Olympias et non rester une épouse secondaire.

Attale, général macédonien et oncle de Cléopâtre.

Démarate, Corinthien hôte de Philippe et partisan de la Macédoine à Corinthe.

Pixodaros, satrape de Carie. En 340, il chasse sa sœur Ada du pouvoir et, depuis la mort du roi de Perse Ochos en 338, veut gagner son indépendance. Il recherche alors un appui du côté de la Macédoine. Plus tard en 333, lors de la prise d'Halicarnasse, Alexandre rétablira Ada sur son trône. Celle-ci l'adoptera pour fils.

Arrhidée, fils de Philippe et de la Thessalienne Philinnè de Larissa, sa première épouse. Il était mentalement diminué et le bruit courait qu'Olympias, prête à tout pour réserver le trône royal à son fils Alexandre, lui avait donné étant petit un poison lent qui détruisait son cerveau à petit feu. (voir p. 415)

Aristocratos, envoyé de Pixodaros.

Thessalos, acteur tragique envoyé d'Alexandre.

Philotas, fils de Parménion, général macédonien. Il deviendra le commandant de la cavalerie des Hétaïres, la garde rapprochée d'Alexandre formée de ses meilleurs compagnons.

Harpale, ami d'enfance d'Alexandre. Il sera chargé de gérer le financement de l'expédition en Perse. En 324, il trahira Alexandre et s'enfuira à Athènes avec 6 000 mercenaires grecs et 5 000 talents.

Néarque, ami crétois proche d'Alexandre. Il deviendra l'amiral de sa flotte. Et un lieutenant au caractère bien affirmé, obéissant et autoritaire. Au cours du douloureux retour de l'expédition vers

Babylone, il ramènera les navires de l'Indus à l'Euphrate en descendant les fleuves jusqu'à l'océan Indien et en naviguant dans le golfe Persique. Il écrira une *Histoire d'Alexandre* qui ne nous est pas parvenue. Certains extraits ont été repris surtout par Arrien, Strabon et Pline l'Ancien. L'essentiel de son récit privilégie le contenu de sa mission : explorer le littoral, îles et mouillages, mœurs des riverains, productions du pays. Son texte regorge de détails géographiques, botaniques, zoologiques, climatiques, astronomiques et ethnographiques.

Érigyios, ami d'Alexandre originaire de Mytilène. Il deviendra Hétaïre et commandant.

Ptolémée, ami d'enfance d'Alexandre. Du même âge que lui et apparenté à la maison royale, il fut élevé avec lui. Il prendra petit à petit de l'importance tout au long de l'expédition. Il fera partie des Hétaïres mais n'obtiendra un commandement qu'en cours de route entre Suse et Persépolis, vers 330. Dès lors il montera en grade et sera incorporé parmi les somatophylaques, les gardes du corps d'Alexandre. Sa spécialité, les opérations de commandos. Fils de Lagos, il deviendra roi d'Égypte à la mort d'Alexandre et fondera la dynastie des Lagides. Ce sera lui qui volera, sur le chemin du retour en Macédoine, le sarcophage contenant la momie d'Alexandre pour le déposer à Alexandrie dans un tombeau magnifique, le Séma, et instaurer un culte royal officiel. Il écrira lui aussi une *Histoire d'Alexandre* en 305, date de son accession à la royauté. Elle aussi ne nous parviendra que par extraits retranscrits surtout par Arrien. Œuvre de propagande, elle servira surtout à légitimer l'avenir politique de son auteur. L'action militaire est au cœur de son ouvrage dans lequel il décrit précisément la structure de l'armée macédonienne.

Ambiance électrique saturée de ressentiments, de rancœur et d'amertume. Crises de nerfs, provocations, insultes d'ivrogne, poings levés, crêpage de chignons et « agrippage » de tuniques.

Mais les désordres de la maison de Philippe, dont les mariages et les amours causaient des troubles qui, du gynécée, s'étendaient par contagion en quelque sorte au royaume, firent naître une foule de griefs et de violentes querelles, qu'aggravait l'humeur difficile d'Olympias, femme jalouse et coléreuse, qui excitait Alexandre. La dispute la plus éclatante fut causée par Attale au mariage de Cléopâtre, une jeune fille que Philippe épousait, s'étant épris d'elle malgré la différence d'âge. Attale, qui était l'oncle de Cléopâtre, ayant trop bu après le festin, invita les Macédoniens à demander aux dieux qu'il naquît de Philippe et de Cléopâtre un héritier légitime du royaume. Là-dessus, Alexandre en fureur s'écria :

– Et moi, misérable, me prends-tu donc pour un bâtard ?

Et il lui lança une coupe à la tête.

Alors Philippe se leva, dégaina son épée et s'avança vers son fils. Par bonheur pour tous les deux, la colère et le vin le firent trébucher et choir. Sur quoi Alexandre l'insulta :

– Voilà, mes amis, l'homme qui se préparait à passer d'Europe en Asie : en passant d'un lit à un autre, il est tombé à la renverse !

Après cette scène d'ivresse, Alexandre emmena Olympias, l'établit en Épire et séjourna lui-même en Illyrie. Sur ces entrefaites le Corinthien Démarate, qui était un hôte de la maison et avait son franc-parler, arriva auprès de Philippe. Celui-ci, après les premières salutations et les compliments d'usage, lui demanda ce qu'il en était de la concorde entre les Grecs. Vraiment, Philippe, répondit :

— Démarate, il te sied bien de t'inquiéter de la Grèce, toi qui as rempli ta propre maison de telles dissensions et de tels malheurs !

Alors Philippe, rentrant en lui-même, l'envoya chercher Alexandre, qui revint, persuadé par Démarate.

Cependant Pixodaros, satrape de Carie, cherchant à s'insinuer par un mariage dans l'alliance de Philippe, voulut faire épouser sa fille aînée par Arrhidée, fils de Philippe, et envoya à cet effet Aristocritos en Macédoine. Alors Alexandre entendit à nouveau ses amis et sa mère tenir des propos de nature calomnieuse : Philippe projetait, disaient-ils, d'assurer le trône à Arrhidée par un mariage brillant et une grande position. Bouleversé à cette idée, Alexandre envoie en Carie l'acteur tragique Thessalos pour représenter à Pixodaros qu'il devrait laisser de côté ce bâtard dont l'esprit était dérangé, et conclure plutôt cette union avec Alexandre. Ce projet plaisait beaucoup plus que le précédent à Pixodaros. Mais Philippe, informé de l'affaire, emmenant avec lui un des amis et des familiers de son fils, Philotas, fils de Parménion, se rendit dans la chambre d'Alexandre pour le réprimander sévèrement et l'accabler d'injures amères : c'était, dit-il, se conduire de façon basse et indigne des biens dont il jouissait que de souhaiter devenir le gendre d'un Carien, esclave d'un roi barbare. Puis il écrivit aux Corinthiens de lui envoyer Thessalos enchaîné. Quant aux autres compagnons d'Alexandre, il en bannit de Macédoine plusieurs : Harpale et Néarque, ainsi qu'Érigyios et Ptolémée. Plus tard, Alexandre les rappela et les combla des plus grands honneurs.

Plutarque 9, 5 – 10, 5.

Séquence 6

L'ASSASSINAT DE PHILIPPE

Été 336

Personnages :

Philippe à 47 ans, au faîte de sa gloire, ayant enfin réalisé son rêve : rassembler les cités grecques autour de lui en étant nommé hégémone par la Ligue de Corinthe. Il organise un mariage politique pour se faire un allié de l'Épire. Il a apparemment rétabli la paix partout, même dans sa maison. Il peut maintenant faire la fête avant de passer en Perse pour casser du Barbare.

Olympias à 39 ans, de retour de son exil chez son frère Alexandre. Un compromis a été accepté par les deux époux sous la pression de leur fils et des sujets macédoniens. Elle est toujours aussi intrigante et manipulatrice.

Alexandre, réconcilié avec son père et de retour à Pella après une fugue à Lynceste chez le roi Pleurias, un ennemi de Philippe.

Alexandre (attention, un deuxième), frère d'Olympias et roi d'Épire.

Cléopâtre (attention une deuxième), 19 ans, fille de Philippe et d'Olympias.

Pausanias, noble macédonien et garde du corps de Philippe.

Attale, général macédonien et oncle de Cléopâtre, l'épouse de Philippe.

Ambiance de fête. On prépare un mariage dans la joie des retrouvailles… jusqu'à l'instant tragique.

Pendant que la Grèce réunit ses forces, il célèbre l'hymen de sa fille Cléopâtre et d'Alexandre, qu'il avait placé sur le trône d'Epire. La pompe de ces fêtes répondit à la grandeur du prince qui donnait sa fille, et de l'époux qui la recevait : des jeux magnifiques avaient été préparés, et Philippe se rendait au théâtre, sans gardes, marchant entre les deux Alexandre, son gendre et son fils, lorsque Pausanias, jeune seigneur macédonien, qui n'excitait aucun soupçon, le poignarda dans un passage obscur où il s'était posté, et changea en un jour de tristesse et de deuil ce jour d'allégresse publique. Pausanias, dans la fleur de sa jeunesse, avait été déshonoré par la violence d'Attale, qui, non content de ce premier outrage, l'avait enivré dans un festin, pour le sacrifier à sa brutalité et à celle de tous les convives. Ce jeune homme, devenu le mépris et la risée de ses compagnons, ne put supporter cette infamie, et s'en plaignit souvent à Philippe ; mais, écarté sous de vains prétextes, raillé par le roi lui-même, et voyant son ennemi élevé au rang de général, il tourna son ressentiment contre le roi et assouvit dans le sang d'un juge inique la vengeance qui ne pouvait atteindre son ennemi.

On croit aussi qu'il avait été aposté par Olympias, mère d'Alexandre, et que ce jeune prince lui-même n'ignorait pas le complot formé contre la vie de son père : on disait que, si Pausanias était irrité de ses affronts, la reine n'avait pu pardonner à Philippe son divorce et son nouvel hymen ; qu'Alexandre avait craint aussi de trouver un rival dans un fils de sa marâtre ; que déjà, dans un repas, on l'avait vu insulter Attale, puis son père lui-même, qui, le poursuivant l'épée à la main, avait à peine accordé sa vie aux prières de ses amis ; que, réfugié avec sa mère en Epire, près de son oncle, et bientôt en Illyrie, il avait longtemps refusé de céder à la voix de son père, qui le rappelait, et aux pressantes sollicitations de sa famille ; qu'Olympias avait excité son frère, le roi d'Epire, à faire la guerre à Philippe, et qu'elle l'y eût déterminé si le roi ne l'eût prévenu en lui offrant la main de sa fille ; enfin, la mère et le fils, indignés contre Philippe, avaient, disait-on, engagé Pausanias, qu'irritait l'impunité d'Attale, à commettre ce crime affreux. Du moins est-il certain qu'Olympias fit préparer des chevaux pour assurer la fuite de l'assassin. Au bruit de la mort du roi, elle accourut à l'instant, sous prétexte de remplir son devoir en célébrant ses funérailles ; et, la nuit même de son arrivée, elle plaça une couronne d'or sur la tête de Pausanias, qu'elle trouva attaché au gibet : elle seule pouvait montrer tant d'audace, du vivant du fils de Philippe. Peu de jours après, elle fit détacher le cadavre du meurtrier, le brûla sur les cendres de son époux, lui éleva un tombeau dans le même lieu, et força la multitude superstitieuse à l'honorer chaque année par des sacrifices funèbres. Cléopâtre, que Philippe avait épousée à sa place, vit sa fille égorgée dans ses bras : elle-même fut réduite à se pendre ; et sa rivale, contemplant son corps inanimé, assouvit ses regards d'une vengeance achetée par le plus affreux des crimes. Enfin, elle consacra à Apollon, sous le nom de Myrtale, qu'elle avait porté dans son enfance, le poignard qui avait frappé le roi, et sembla vouloir prouver à tous, par la publicité de cette conduite, que le meurtre de son époux était son ouvrage.

Justin, *Histoire universelle*, IX, 6-7.

Séquence 7

LES PREMIÈRES ACTIONS DE SON RÈGNE

Automne 336

Personnages :

Alexandre à 20 ans, enfin libre de mater tout le monde en montrant ce qu'il sait faire.

Attale, oncle de Cléopâtre, la veuve de Philippe.

Parménion, général de Philippe, d'une cinquantaine d'année.

Hécatée, tyran de Cardia.

Démosthène, âgé de 48 ans, le plus important orateur grec, fervent patriote athénien. Dans ses *Harangues* comme la *Première Philippique*, il s'attaque à Philippe, l'agresseur de sa cité. Victime d'un procès en corruption (il acceptera de l'argent d'Harpale le secrétaire infidèle d'Alexandre) il sera exilé, reviendra à Athènes après la mort d'Alexandre puis s'enfuira, poursuivi par Antipater, le nouveau roi de Macédoine, et mettra fin à ses jours en 322 en s'empoisonnant dans l'île de Calaurie. Les Athéniens ne prenaient pas Alexandre au sérieux. Démosthène le traitait d'enfant et l'appelait Marsyas de Pella, en faisant allusion au personnage ridicule du même nom, héros d'un poème attribué à Homère.

« Et d'abord faut-il rappeler que Philippe, faible et humble au début, est devenu puissant, que les Grecs sont en défiance et en discorde les uns avec les autres, que, s'il était alors invraisemblable qu'étant si petit il devînt si grand, il l'est bien moins aujourd'hui, après tant de succès déjà obtenus, qu'il mette encore tout le reste sous sa domination ? Non, tout cela et tous les faits analogues que je pourrais énumérer, je le passerai sous silence. Mais ce qui me frappe, c'est que tous aujourd'hui – à commencer par vous –, oui, tous lui concèdent ce qui, de tout temps, a fait le sujet de toutes les guerres en Grèce. Quoi donc ? Le droit d'agir arbitrairement, celui de mutiler et de détrousser à son gré tous les Grecs l'un après l'autre, celui d'attaquer les villes et de les réduire en esclavage. [...]

Et pourtant tous les actes injustes qui ont pu être commis, soit par les Lacédémoniens pendant ces 30 années, soit par nos ancêtres en 70 ans, n'égalent pas, Athéniens, le mal que Philippe, depuis moins de 13 ans qu'il a émergé de son obscurité, a infligé aux Grecs ; ou plutôt, ils ne sont rien en comparaison. » Démosthène, *IIIe Philippique*, II, 21.

Ambiance frénétique de nettoyage façon *Parrain* et de négociation musclée à la Poutine.

Cette année-là, Alexandre hérita du trône et commença par infliger aux meurtriers de son père le châtiment qu'ils méritaient. Puis, après avoir consacré tout le soin possible à la sépulture de l'auteur de ses jours, il régla les affaires du royaume beaucoup mieux que l'on ne s'y attendait généralement. Tout jeune encore, et méprisé par certains en raison de sa jeunesse, il se concilia d'abord la faveur du peuple par des déclarations appropriées. Il déclara en effet que seul le nom du roi avait changé et que les affaires ne seraient pas plus mal conduites qu'elles ne l'avaient été quand son père les administrait. Ensuite, il donna avec affabilité audience aux ambassades, exhortant les Grecs à lui maintenir, comme un héritage, la loyauté dont ils avaient fait preuve envers son père.

Quant aux soldats, il leur faisait faire continuellement prises d'armes, manœuvres et exercices militaires, instaurant ainsi une prompte obéissance dans son armée.

Ayant un compétiteur possible en la personne d'Attale, le frère[14] de cette Cléopâtre que Philippe avait épousée en secondes noces, il décida de lui ôter la vie. C'est qu'il était né de Cléopâtre un petit enfant, qu'elle avait donné à Philippe quelques jours avant la mort du roi. Attale avait été dépêché en Asie avec l'avant-garde, pour assurer le commandement des troupes aux côtés de Parménion. Aimant rendre service et gagnant la sympathie des soldats par son abord affable, il jouissait d'une grande popularité dans l'armée. Aussi Alexandre avait-il raison de prendre garde qu'il ne lui disputât un jour le pouvoir, avec le soutien de la fraction de la Grèce qui lui était hostile. C'est pourquoi, choisissant l'un de ses Compagnons, Hécatée, il le fit partir pour l'Asie avec un nombre suffisant de soldats et l'ordre de ramener de préférence Attale vivant : si l'affaire ne pouvait être menée à bien, il le ferait périr le plus rapidement possible. Hécatée passa donc en Asie où il rejoignit Parménion et Attale, guettant l'occasion favorable d'accomplir la mission qui lui avait été confiée.

Ayant appris que beaucoup de Grecs penchaient en faveur de la révolte, Alexandre fut saisi d'une grande anxiété. En effet, comme

---

14. Non le frère mais l'oncle de Cléopâtre.

Démosthène menait une politique anti-macédonienne, les Athéniens avaient appris avec joie la mort de Philippe et ne voulaient plus laisser aux Macédoniens le commandement des Grecs. Envoyant des émissaires à Attale, ils conclurent avec lui un accord secret d'assistance mutuelle, et ils excitaient de nombreuses cités grecques à revendiquer leur liberté.

Les Étoliens décrétèrent le retour des bannis de l'Acarnanie, qui avaient connu l'exil à cause de Philippe. À l'instigation d'Aristarque, les gens d'Ambracie chassèrent la garnison établie par Philippe et donnèrent à leur cité une constitution démocratique. Tout comme eux, les Thébains décrétèrent l'expulsion de la garnison qui occupait la Cadmée et décidèrent de ne pas accorder à Alexandre le commandement des Grecs. Les Arcadiens, qui étaient les seuls Grecs à ne pas avoir accordé le commandement à Philippe, n'obéissaient pas non plus à Alexandre. Parmi les autres cités du Péloponnèse, on songeait à l'indépendance chez les Argiens, les Éléens, les Lacédémoniens et quelques autres peuples. Nombre de peuplades qui habitent au-dessus de la Macédoine songèrent aussi à se soulever, et les Barbares qui vivent dans cette région étaient en proie à une grande agitation.

Mais, en dépit des grandes difficultés et des graves menaces avec lesquelles le royaume était aux prises, Alexandre, très jeune encore, régla contre toute attente les affaires publiques en peu de temps, quelque difficiles qu'elles fussent. Il gagna la sympathie des uns par la persuasion en s'entretenant avec eux. La crainte qu'il inspirait remit d'autres dans le droit chemin. C'est de vive force, enfin, que certains furent soumis et assujettis à son autorité.

Il commença par rappeler aux Thessaliens l'antique parenté qui les unissait depuis Héraclès. Leur ayant ainsi remué le cœur par

Les premières actions de son règne 63

des paroles aimables et par de grandes promesses, il les convainquit de lui accorder, par un décret de la Confédération thessalienne, le commandement qu'il avait reçu de son père en héritage. Après eux, il se ménagea la sympathie des peuples voisins, qu'il amena à une loyauté identique. Puis il s'avança jusqu'aux Thermopyles et réunit le Conseil des Amphictyons, qu'il convainquit de lui accorder par un décret fédéral l'hégémonie de la Grèce.

Mais, pour terroriser ceux qui refusaient d'obéir, il prit la tête de l'armée macédonienne en formidable arroi. À marches forcées, il arriva en Béotie et établit son camp à proximité de la Cadmée, jetant la terreur dans Thèbes. Vers le même moment, à la nouvelle que le roi s'était avancé jusqu'en Béotie, les Athéniens se départirent du mépris dans lequel ils le tenaient antérieurement. La rapidité du jeune homme et l'énergie qui apparaissait dans ses actes inspirèrent en effet une grande crainte à ceux qui lui étaient hostiles. De ce fait, tout en décrétant de transporter à l'intérieur de la ville les biens qu'ils avaient à la campagne et de consacrer aux remparts tout le soin possible, les Athéniens envoyèrent des députés à Alexandre pour le prier de leur pardonner de ne pas lui accorder rapidement le commandement.

Démosthène faisait lui aussi partie de l'ambassade. Mais, au lieu de se rendre auprès d'Alexandre avec les autres députés, il revint sur ses pas, sitôt atteint le Cithéron, et regagna Athènes, soit que la politique anti-macédonienne qu'il avait menée lui inspirât des craintes, soit qu'il voulût demeurer irréprochable aux yeux du roi des Perses. On dit en effet qu'il avait reçu des Perses beaucoup d'argent pour mener une politique anti-macédonienne. Sur ce point, on dit qu'Eschine lui aussi, reprochant à Démosthène sa corruption, déclara dans un discours : « Présentement, pour sûr, l'or du Roi a noyé ses dettes. Mais cela même ne suffira pas, car jamais fortune n'a contenté l'âme d'un scélérat. » Alexandre répondit aimablement aux députés athéniens, libérant ainsi le peuple de la grande frayeur qu'il éprouvait.

Alexandre ordonna d'autre part aux ambassades et aux délégués de se rendre à Corinthe. Quand les membres ordinaires de l'assemblée furent réunis, le roi s'adressa à eux en termes mesurés et convainquit les Grecs de décréter « qu'Alexandre serait général en chef de la Grèce, muni des pleins pouvoirs, et que l'on engagerait en commun la guerre contre les Perses, en raison des crimes dont ils s'étaient rendus coupables envers les Grecs ». Après avoir obtenu cette charge, le roi s'en retourna en Macédoine avec son armée.

Diodore de Sicile, *Histoire universelle*, XVII, 2, 1 – 4, 9.

Séquence 8

LA PACIFICATION EN EUROPE DU NORD

335

Personnages :

Alexandre, général en chef à 21 ans, teste ses troupes.

Son armée au grand complet : archers, frondeurs, hoplites de la phalange, cavalerie dont ses gardes du corps (agéma) et ses compagnons (Hétaïres), hypaspistes (fantassins légers et rapides placés à gauche des compagnons), machines et flotte de guerre, et alliés, les Agrianes, (ou Agriens), corps d'infanterie d'élite d'origine thrace placé aux ailes dans les batailles et souvent utilisé dans des opérations ponctuelles comme troupes de choc.

Ses fidèles généraux, Philotas, Héraclide, Sôpolis, Nicanor, Méléagre, Philippe, Perdiccas et Coènos.

Des peuples barbares et belliqueux : Tribalies, Illyriens, Thraces, Gètes (4 000 cavaliers et 10 000 fantassins), Taulanties, Autariates.

Syrmos, roi des Triballes.

Kleitos (attention un deuxième), fils de Bardylis.

Glaucias, roi des Taulanties.

Langaros, roi des Agrianes, allié d'Alexandre.

Ambiance de campagne pacificatrice au nord de la Macédoine. Raids, embuscades, marches forcées, traversée du Danube. Massacres.

Au printemps, dit-on, il marcha vers la Thrace contre les Triballes et les Illyriens, parce qu'il avait appris que les Illyriens et les Triballes fomentaient une révolte et, comme ces deux peuples étaient limitrophes, il ne jugeait pas bon de les laisser derrière lui autrement que bien affaiblis, surtout au moment où il préparait une expédition si loin de sa patrie. Parti d'Amphipolis, il marcha vers la Thrace, celle des Thraces nommés les Indépendants, ayant à sa gauche la ville de Philippes et le mont Orbèle. On dit qu'il franchit le fleuve Nestos et qu'il parvint le onzième jour au mont Hémon

Lui-même escalada le sommet, franchit l'Hémon et marcha contre les Triballes. Il tomba sur le fleuve Lyginos, situé à plus de 5 km du Danube pour celui qui se dirige vers l'Hémon. Syrmos, le roi des Triballes, était depuis longtemps informé de l'expédition d'Alexandre : il envoya les femmes et les enfants de son peuple traverser le Danube et s'installer sur une île au milieu du fleuve. Le nom de cette île est Peukè. Sur elle s'étaient réfugiés depuis déjà longtemps les Thraces, limitrophes des Triballes, qui fuyaient l'avancée d'Alexandre ; et Syrmos lui-même s'y était réfugié avec ses proches. Mais la grande majorité des Triballes s'était repliée en arrière au bord du fleuve, à l'endroit même d'où Alexandre s'était élancé la veille. Lorsqu'il apprit leur mouvement, il fit lui-même demi-tour et marcha à nouveau contre les Triballes, les trouvant déjà en train d'installer leur camp. Les Triballes, surpris dans leurs préparatifs, se rangèrent en ligne de bataille devant le bois qui borde le fleuve. De son côté, Alexandre rangea la phalange en profondeur et la conduisit, il ordonna aux archers et aux frondeurs de courir en avant et de cribler les Barbares de flèches et de pierres, pour voir s'il pourrait les faire sortir du bois et les attirer en terrain dégagé. Les Triballes, lorsqu'ils furent à portée de traits, coururent sous les coups au-devant des archers pour en venir aux mains avec eux, ayant, archers eux aussi, le corps nu. Lorsqu'Alexandre les eut sortis du bois, il ordonna à Philotas de conduire la cavalerie de Haute Macédoine et de charger leur secteur droit, là où ils s'étaient le plus avancés dans leur course. A Héraclide et Sôpolis, il donna l'ordre de conduire la cavalerie de Bottie et d'Amphipolis contre leur aile gauche. Il prit la tête de la phalange d'infanterie, avec le reste de la cavalerie devant elle, et la mena contre leur centre. Jusqu'à ce qu'on fût à portée de trait, les Triballes tinrent bon. Mais lorsque la phalange se jeta sur eux à toute force et en rangs serrés, lorsque les cavaliers leur tombèrent dessus, non plus à coups de javelots mais en les poussant d'un peu partout avec les chevaux eux-mêmes, ils battirent en retraite à travers les bois jusqu'au fleuve. 3 000 d'entre eux périrent au cours de cette retraite, mais peu d'entre eux furent pris vivants, parce qu'il y avait devant le fleuve une forêt touffue et que la nuit tombante empêcha les Macédoniens de se livrer à une poursuite efficace. D'après Ptolémée, 11 cavaliers et autour de 40 fantassins trouvèrent la mort. Trois jours après cette bataille Alexandre arriva au bord du Danube... Là, il trouve les grands navires de guerre venus pour lui de Byzance par la mer Noire et le fleuve. Il les remplit d'archers et d'hoplites et fit voile vers l'île où Triballes et Thraces s'étaient réfugiés ; il tenta alors un débarquement de force. Les Barbares vinrent à leur rencontre au bord du fleuve, là où les navires avaient mouillé. Les bateaux étaient peu nombreux et l'armée embarquée peu importante ; quant à l'île, elle était dans sa plus grande partie entourée de falaises à pic, et le courant du fleuve, emprisonné dans un goulet d'étranglement, était à hauteur de l'île violent et rendait l'accès difficile. Alors Alexandre ramena ses navires et franchit le Danube pour affronter les Gètes.

Il avait vu que les Gètes, qui habitaient de l'autre côté du Danube, s'étaient rassemblés en grand nombre sur la rive pour le repousser s'il traversait – il y avait 4 000 chevaux et plus de 10 000 hommes – mais en même temps il éprouva le désir d'aller au-delà du Danube. Il embarqua donc en personne sur la flotte ; les peaux dont on faisait des tentes, il les fit remplir de paille sèche et il fit venir toutes les embarcations faites d'un seul tronc disponibles dans la région – il y en avait d'ailleurs un grand nombre parce que les peuples riverains du Danube les utilisent pour la pêche dans le fleuve, éventuellement pour faire leurs expéditions fluviales les uns chez les autres et la plupart d'entre eux s'en servent aussi pour la piraterie –, ayant donc fait venir le plus grand nombre possible de ces bateaux, il fit traverser tout ce qu'il pouvait de l'armée par un moyen de ce genre : traversèrent en même temps qu'Alexandre jusqu'à 1 500 cavaliers et 4 000 fantassins.

Ils traversèrent de nuit, là où s'étendait un immense champ de blé ; grâce à lui ils passèrent inaperçus en débarquant sur la rive. À l'aube Alexandre conduisit ses hommes à travers le champ, en ordonnant aux fantassins de coucher le blé avec leurs sarisses tenues à plat et de cheminer ainsi jusqu'aux terres non cultivées. Tant que la phalange progressait à travers le champ, les cavaliers suivaient ; mais dès qu'ils eurent quitté la terre cultivée, Alexandre prit lui-même la tête de la cavalerie sur l'aile droite, et il donna l'ordre à Nicanor de conduire la phalange placée en rec-

La pacification en Europe du Nord

tangle. Les Gètes n'attendirent même pas la première offensive de la cavalerie : l'audace d'Alexandre leur semblait extraordinaire, d'avoir aussi facilement franchi le plus grand des fleuves, le Danube, en une seule nuit et sans y avoir jeté un pont ; la masse compacte de la phalange était terrifiante également, et très violente l'offensive des cavaliers. Ils se réfugient tout d'abord dans leur cité, sise pour eux à plus de 5 km du Danube. Mais lorsqu'ils virent Alexandre conduire en toute hâte la phalange le long du fleuve, afin que ses fantassins ne puissent nulle part être encerclés par une embuscade des Gètes, et conduire aussi ses cavaliers de front, les Gètes quittent à nouveau leur cité mal fortifiée, en faisant monter sur les chevaux tous les enfants et toutes les femmes que les montures pouvaient porter. Ils se lancent alors vers le désert, le plus loin possible du fleuve. Alexandre s'empare de la cité et de tout le butin que les Gètes avaient laissé. Et ce butin, il le confie à Méléagre et à Philippe, afin qu'ils le ramènent en arrière ; lui-même rase la cité, sacrifie sur la rive du Danube à Zeus Sauveur, à Héraclès et au Danube lui-même qui ne l'avait pas empêché de traverser, et il ramène au camp, le même jour, tous ses hommes sains et saufs.

Alexandre marcha en direction des Agrianes et des Péoniens. Là, des messagers vinrent le rencontrer pour lui annoncer que Kleitos, fils de Bardylis, s'était révolté et que Glaucias, le roi des Taulanties, s'était joint à lui. Ils lui annonçaient aussi que les Autariates l'attaqueraient en chemin ; en prévision, il décida alors de lever le camp très vite. Langaros, le roi des Agrianes, appréciait visiblement Alexandre, du vivant même de Philippe. Il avait conduit en personne une ambassade auprès de lui, et il était alors à ses côtés, avec les hypaspistes les plus beaux et les mieux équipés dont il pût disposer. Lorsqu'il sut qu'Alexandre s'interrogeait sur les Autariates, qui ils étaient et quel était leur nombre, il lui dit qu'il ne devait pas tenir compte des Autariates, car ils étaient les plus inaptes à la guerre de tous les peuples de la région : il attaquerait lui-même leur pays, pour qu'ils aient leurs propres affaires à s'occuper. À la demande d'Alexandre il les attaqua donc, s'empara de leur région et la pilla.

Les Autariates s'occupèrent donc de leurs affaires et Langaros reçut de grandes marques d'honneur de la part d'Alexandre ; il reçut aussi des cadeaux, de ceux qu'un roi de Macédoine pouvait considérer comme les plus beaux. Alexandre promit même de lui donner en mariage sa propre sœur, Cyna, lorsqu'il serait de retour à Pella. Mais Langaros, revenu chez lui, mourut de maladie. Alexandre progressa le long du fleuve Érigon pour marcher vers la cité de Pellion : Kleitos s'en était emparé parce que c'était la position la plus forte de la région. Lorsqu'Alexandre arriva à proximité, il établit son camp près du fleuve Éordaïque et il décida d'attaquer les remparts le lendemain. Les hommes de Kleitos occupaient les montagnes autour de la cité, en position dominante et couvertes de bois, pour pouvoir attaquer de partout les Macédoniens s'ils attaquaient la cité. Mais Glaucias, le roi des Taulanties, n'était pas encore là. Alexandre attaqua alors la cité. Les ennemis immolèrent trois jeunes garçons et autant de jeunes filles ainsi que trois béliers noirs, puis ils s'élancèrent pour en venir aux mains avec les Macédoniens. Mais alors même qu'ils étaient en pleine mêlée, ils abandonnèrent les positions qu'ils tenaient, pourtant fortes, si bien que leurs victimes furent laissées gisant sur le sol. Ce même jour, Alexandre les enferma dans la cité et, dressant son camp devant le rempart, il décida de les couper de l'extérieur par une fortification. Mais le lendemain arrivait Glaucias, le roi des Taulanties, avec d'énormes forces. Alexandre renonça alors à prendre la cité avec ses forces disponibles, car beaucoup d'hommes s'y étaient réfugiés, en état de se battre, et beaucoup d'hommes aussi autour de Glaucias pourraient le harceler s'il s'attaquait au rempart. Il envoya Philotas avec autant de cavaliers nécessaires pour sa protection et avec les attelages du campement pour aller au ravitaillement. Glaucias, apprenant le départ du convoi de Philotas, se lança contre eux ; il s'empara des hauteurs tout autour de la plaine, là où les hommes de Philotas devaient aller au ravitaillement. Alexandre, quand on lui annonça le danger que couraient les cavaliers et les attelages, si la nuit devait les surprendre, prit avec lui les hypaspistes, les archers, les Agrianes et environ 400 cavaliers pour se porter en toute hâte à leur secours. Le reste de l'armée, il la laissa devant la cité, pour éviter que, si toute l'armée se repliait, les gens de la cité ne fassent une sortie et ne se mêlent aux hommes de Glaucias. Glaucias comprit alors qu'Alexandre approchait et il abandonna les hauteurs ; les hommes de Philotas, sains et saufs, purent alors regagner le campement en toute sécurité. Mais les hommes de Kleitos et de Glaucias semblaient isoler encore Alexandre sur un terrain difficile ; ils occupaient en effet, avec une foule de cavaliers, les hauteurs bien situées, ainsi qu'avec de nombreux lanceurs de javelots, des frondeurs et un nombre non négligeable d'hoplites ; et les hommes enfermés dans la cité pouvaient attaquer les soldats au moment de leur départ ; de plus, les lieux par lesquels Alexandre devrait passer paraissaient étroits, couverts de bois, resserrés du côté du fleuve ; et de l'autre côté il y avait une montagne très élevée, avec des précipices escarpés. Si bien que le passage ne laissait même pas avancer les soldats en colonne par quatre.

Alexandre plaça alors son armée en donnant à la phalange une profondeur de 120 rangs. Il disposa à chacune des deux ailes 200 cavaliers et leur demanda de garder le silence et d'exécuter rapidement les ordres. Tout d'abord il ordonna aux hoplites de tenir leurs lances bien droites, puis, au signal, de les incliner pour la charge, pour les pencher ensuite tantôt à droite tantôt à gauche, en les gardant bien serrées. La phalange, il la fit avancer rapidement, en la conduisant en oblique d'une aile à l'autre. Il les plaça ainsi en ordres multiples, leur fit prendre plusieurs formations en peu de temps, et ayant placé la phalange en forme de coin du côté gauche, il la lança sur les ennemis. Ceux-ci étaient, depuis un bon moment déjà, pleins d'admiration devant la rapidité et le bon ordre des manœuvres ; à ce moment-là, ils n'attendirent même pas l'approche des hommes d'Alexandre : ils abandonnèrent les premières hauteurs. Alexandre ordonna alors aux Macédoniens de pousser leur cri de victoire et de faire du bruit en frappant leurs boucliers avec leurs lances. Les Taulanties, encore plus effrayés par ce bruit, ramenèrent en toute hâte leur armée dans la cité.

Alexandre, ayant vu que quelques ennemis occupaient une colline qui se trouvait sur son chemin, ordonna à ses Gardes du corps et à ses Compagnons autour de lui de prendre leurs boucliers, de monter sur leurs chevaux et de se rendre sur cette colline. Rendus là, si les occupants du lieu résistaient, la moitié d'entre eux devaient mettre pied à terre et se battre contre les fantassins en se mêlant aux cavaliers. Mais les ennemis, en voyant l'attaque d'Alexandre, abandonnèrent la colline et se replièrent de chaque côté des montagnes. Alors Alexandre prit possession de la colline avec ses Compagnons, et il fit venir les Agrianes, les archers, au nombre d'environ 2 000. Il ordonna aux hypaspistes de traverser le fleuve, avec à leur suite les bataillons macédoniens. Lorsqu'ils auraient traversé, ils se placeraient en ordre de bataille, pour que la phalange paraisse, sitôt le fleuve franchi, en rangs serrés. Lui-même en avant-poste sur la colline observait l'offensive des ennemis. Ceux-ci, ayant vu les forces d'Alexandre traverser le fleuve, dévalaient les monts pour attaquer les hommes d'Alexandre qui seraient les derniers à se replier. Comme ils approchaient, Alexandre s'élança avec ses hommes et la phalange poussa son cri de victoire avec l'intention de traverser le fleuve. Alors les ennemis, devant tous ces hommes qui s'élançaient contre eux, se replièrent et s'enfuirent ; Alexandre conduisit alors les Agrianes et les archers au pas de course vers le fleuve, et c'est lui qui, le premier, fit la traversée. Lorsqu'il vit les ennemis harceler les derniers hommes de ses troupes, il fit installer sur la rive les machines de guerre et ordonna de tirer le plus loin possible, avec autant de traits que les machines pouvaient en lancer ; il donna l'ordre aussi aux archers de lancer leurs flèches du milieu du fleuve, car eux aussi s'étaient avancés. Les hommes de Glaucias n'osaient pas approcher à portée des traits ; aussi, dans ces conditions, les Macédoniens franchirent le fleuve en toute sécurité, si bien que personne ne fut tué lors de ce repli.

Trois jours après ces événements, Alexandre apprit que les gens de Kleitos et de Glaucias bivouaquaient dans de mauvaises conditions, sans gardes pour les protéger à tour de rôle, sans palissade ni fossé, dans l'idée qu'Alexandre s'était replié dans la panique, et leur formation était étirée en longueur, position peu efficace. Aussi Alexandre franchit-il le fleuve sans être vu, emmenant avec lui les hypaspistes, les Agrianes, les archers et le bataillon de Perdiccas et de Coènos. Il avait donné l'ordre au reste de l'armée de suivre. Mais comme il avait vu une occasion d'attaquer, sans même attendre que tous soient réunis il lança les archers et les Agrianes. Ceux-ci tombèrent sur l'ennemi à l'improviste, placés en ligne et en attaquant de flanc, là où ils pourraient frapper de la manière la plus décisive des ennemis en position d'extrême faiblesse. Ils tuèrent les uns encore couchés, ils en capturèrent d'autres facilement alors qu'ils s'enfuyaient, si bien que la plupart furent faits prisonniers et massacrés soit sur place, soit au cours de leur repli plein de désordre et de panique. Bon nombre d'entre eux furent aussi capturés vivants. Les hommes d'Alexandre se lancèrent à leur poursuite jusqu'aux montagnes des Taulanties. Ceux d'entre eux qui purent s'enfuir s'en tirèrent en se délestant de leurs armes. Kleitos se réfugia d'abord dans la cité, puis il y mit le feu et partit auprès de Glaucias chez les Taulanties.

Arrien, *Anabase*, I, 1, 4 – 6, 10.

Séquence 9

LA DESTRUCTION DE THÈBES

335

Personnages :

Alexandre, excédé de voir encore les Thébains jouer double jeu entre les Athéniens et les Perses. Il écrira plus tard à Darius : « …Tu as envoyé de l'argent aux Lacédémoniens et à certaines autres cités grecques, qui n'en ont pas voulu, mais les Lacédémoniens, oui… » (Arrien, *Anabase*, II, 14, 6).

Son armée bien chauffée, 30 000 fantassins et 3 000 cavaliers.

Les habitants de Thèbes, déjà mouchés par Philippe mais toujours aussi bêtement arrogants.

Les Athéniens derrière Démosthène, toujours aussi remonté contre les Macédoniens.

Arcadiens, Argiens, Éléens et Péloponnésiens, prêts au soulèvement pour aider Thèbes.

Thespiens, Platéens, Orchoméniens, Grecs alliés d'Alexandre et nourrissant vengeance contre les Thébains. Ceux-ci avaient détruit les villes de Platées et de Thespies en 373, celle de Orchomène en 364, massacrant les hommes et vendant les femmes et les enfants (Diodore XV, 79, 5-6). Orchomène et Platées venaient d'être restaurées par Philippe.

Ambiance de siège, d'affrontements sans merci, de vengeance aveugle, de règlement de compte sanglant…

Les Thébains, qui s'efforçaient de déloger la garnison macédonienne de la Cadmée, étaient en train d'assiéger la citadelle quand le roi arriva soudain devant la ville et établit son camp à proximité de Thèbes : toute son armée l'accompagnait. Avant l'arrivée du roi, les Thébains avaient entouré la Cadmée de fossés profonds et de palissades serrées si bien que, de l'extérieur, on ne pouvait faire parvenir ni ravitaillement ni secours. Ils avaient envoyé d'autre part des ambassadeurs aux Arcadiens, aux Argiens et aux Éléens, pour leur demander du secours. Ils négocièrent pareillement avec Athènes la conclusion d'une alliance militaire et, comme Démosthène leur avait fait don d'une quantité d'armes, ils armaient ceux qui n'en possédaient pas. Parmi les Grecs appelés à la rescousse, les Péloponnésiens firent partir des soldats pour l'Isthme. Puis, comme on s'attendait à l'arrivée du roi, ils tergiversèrent et demeurèrent dans l'expectative. Quant aux Athéniens, ils décrétèrent, à l'instigation de Démosthène, que l'on porterait secours aux Thébains. Toutefois, ils n'envoyèrent pas de troupes et attendirent pour voir en faveur de qui la guerre tournerait. De son côté, le commandant de la garnison macédonienne de la Cadmée, Philotas,[15] apporta d'autant plus de zèle à la mise en état des remparts qu'il voyait les grands préparatifs que faisaient les Thébains en vue du siège, et il apprêta une quantité de projectiles de toutes sortes.

---

15. Autre que le général d'Alexandre. D'après Arrien, deux des officiers commandant la garnison, Amyntas et Timolaos, avaient été tués par les révoltés.

La destruction de Thèbes 77

Quand le roi fut arrivé de Thrace à l'improviste avec toute son armée, les Thébains purent désormais mettre en doute la venue de leurs alliés, tandis que chacun reconnaissait la supériorité évidente de l'armée ennemie. Les chefs politiques thébains tinrent alors conseil et délibérèrent sur l'opportunité de la guerre : on décida unanimement de lutter jusqu'au bout pour l'indépendance. Le peuple ratifia leur décision, chacun étant plein d'ardeur et prêt à combattre.

Demeurant pour l'heure l'arme au pied, le roi donna aux Thébains le temps de se consulter et de changer d'avis. Il croyait en effet qu'une seule cité n'aurait pas l'audace d'affronter sur le terrain une armée aussi considérable que la sienne ! En cette occasion, Alexandre disposait en effet de plus de 30 000 fantassins et d'au moins 3 000 cavaliers. Tous étaient gens entraînés aux périls de la guerre, qui avaient fait campagne avec Philippe et qui, dans presque toutes les batailles, étaient demeurés invaincus. C'est précisément la confiance que leur valeur et leur ardeur inspiraient à Alexandre qui avait conduit celui-ci à projeter la destruction de l'empire des Perses. Dans ces conditions, si les Thébains avaient cédé aux circonstances et engagé des négociations avec les Macédoniens pour parvenir à un accord de paix, le roi aurait accueilli avec plaisir leur requête et accordé tout ce qu'on lui aurait demandé : il désirait être débarrassé des troubles qui avaient lieu en Grèce pour avoir les mains libres dans la guerre contre les Perses.

En fait, quand il se rendit compte que les Thébains le méprisaient, il décida d'anéantir la ville et d'arrêter ainsi dans leur élan, par cet acte de terrorisme, les audacieux qui songeaient à la révolte. C'est pourquoi il prépara son armée au combat et fit proclamer « que les Thébains qui le désiraient pouvaient déserter auprès de lui et bénéficier de la paix dont les Grecs jouissaient en commun ». Mais les Thébains, rivalisant avec lui, firent proclamer du haut d'une tour élevée une déclaration contraire : « Quiconque voulait, avec les Thébains et le Grand Roi, libérer les Grecs et déposer le tyran de la Grèce, n'avait qu'à venir à eux ! » Alexandre en fut profondément blessé. Au comble de la colère, il décida d'infliger aux Thébains les pires châtiments. C'est ainsi que, dans un accès de sauvagerie, il réunit des machines de siège et prépara tout le reste en vue de la guerre.

Informés de la gravité des dangers courus par les Thébains, les Grecs étaient navrés à la pensée des malheurs qu'ils s'attendaient à les voir éprouver. Pourtant, ils n'osaient porter secours à cette ville, car c'était elle-même qui, par témérité et irréflexion, s'était vouée à une destruction qui ne faisait de doute pour personne. Mais, dans leur assurance, les Thébains acceptaient la guerre de bon cœur. Des avertissements donnés par les devins et des signes envoyés par les dieux les embarrassaient toutefois.

On vit tout d'abord une fine toile d'araignée tendue dans le sanctuaire de Déméter. Elle avait la dimension d'un manteau et montrait à sa périphérie un cercle irisé semblable à l'arc-en-ciel céleste. L'oracle de Delphes leur donna à ce propos la réponse que voici :

– Ce signe, les dieux le manifestent à tous les mortels, aux Béotiens surtout, ainsi qu'à leurs voisins.

Quant à l'oracle national des Thébains, il rendit cette réponse :

– Une toile se tisse pour le bonheur de l'un et le malheur de l'autre.

Ce signe survint donc trois mois avant l'arrivée d'Alexandre devant Thèbes. Au moment même où le roi approchait, on vit de la sueur sur les statues de l'agora : elles étaient couvertes de grosses gouttes. En outre, on vint rapporter aux magistrats que le marais d'Onchestos laissait échapper un son quasi semblable à un mugissement et qu'à Dircé un frisson sanglant courait à la surface de l'eau. D'autres arrivèrent de Delphes, révélant que l'on voyait du sang sur le toit du temple construit par les Thébains avec les dépouilles des Phocidiens.

Les spécialistes de l'interprétation des signes affirmèrent que la toile d'araignée annonçait le départ des dieux qui abandonnaient la cité ; la coloration de l'arc-en-ciel, une tempête de calamités diverses ; la sueur des statues, une épreuve hors de l'ordinaire ; le sang apparu en de nombreux endroits, un grand carnage qui aurait lieu dans la ville. Puisque les dieux annonçaient clairement les malheurs que la cité allait connaître, ils conseillaient de ne pas courir le risque de voir une bataille décider de l'issue de la guerre. Mieux valait chercher dans des pourparlers une solution plus sûre.

Les Thébains ne se laissaient cependant pas abattre. Au contraire, leur courage les poussait en avant, et ils se rappelaient mutuellement le jour glorieux de Leuctres ainsi que les autres batailles rangées où, miraculeusement, leur courage leur avait valu une victoire inespérée. Dans leur exaltation, les Thébains se ruèrent donc, avec plus de courage que de prudence, vers la ruine générale de leur patrie.

Trois jours au total suffirent au roi pour achever les préparatifs du siège. Il divisa alors son armée et la répartit en trois corps : le premier avait l'ordre d'attaquer les retranchements établis devant la ville, le second de se ranger en bataille face aux Thébains, tandis que le troisième demeurerait en réserve pour relever la division qui viendrait à faiblir. De leur côté, les Thébains rangèrent leurs cavaliers à l'intérieur du retranchement et opposèrent les affranchis, les bannis et les métèques aux assaillants des remparts, tandis qu'eux-mêmes se préparèrent à livrer bataille devant la ville aux Macédoniens que commandait le roi, malgré leur supériorité numérique. Femmes et enfants couraient se rassembler dans les sanctuaires et suppliaient les dieux de sauver la cité du péril.

Les Macédoniens approchèrent et chaque unité se jeta sur l'objectif particulier qui lui avait été fixé. Les trompettes donnèrent alors le signal du combat, tandis que dans chaque camp les troupes poussaient en même temps le cri de guerre et lançaient contre l'adversaire les armes de trait légères. Celles-ci furent bientôt épuisées et tout le monde en vint au corps à corps. Un grand carnage commença alors. Il était en effet difficile de résister à la pression des Macédoniens, en raison de leur nombre et du poids de la phalange. Mais les Thébains demeuraient fermes face au danger, car ils l'emportaient par la force physique et la pratique assidue des luttes du gymnase, leur courage désespéré constituant d'ailleurs pour eux un avantage. Aussi les blessés étaient-ils nombreux de chaque côté, tandis que beaucoup de combattants tombaient morts, de blessures reçues par devant. Au cours des corps à corps auxquels la bataille donnait lieu, tout n'était que grondements et cris, et l'on s'exhortait, les Macédoniens « à ne pas ternir honteusement leur bravoure passée », les Thébains « à ne pas laisser leurs enfants et leurs parents courir le risque d'être réduits en esclavage, ni leur patrie succomber corps et biens sous les coups furieux des Macédoniens ! Ils devaient au contraire se rappeler les batailles de Leuctres et de Mantinée, ainsi que les actions d'éclat, partout célèbres, auxquelles elles avaient donné lieu ! » La valeur incomparable des combattants eut donc pour effet que la bataille demeura longtemps indécise.

Diodore, XVII, 8, 3 – 11, 5.

Mais Ptolémée, fils de Lagos, dit que Perdiccas qui s'était vu confier avec son unité la garde du camp et installé pas très loin de la palissade ennemie, sans attendre d'Alexandre le signal de l'attaque, se lança de lui-même et le premier contre la palissade, l'arracha et se jeta contre la garnison thébaine. Amyntas, fils d'Androménès, le suivit, parce qu'il était associé au commandement de Perdiccas ; il prit la tête lui aussi de son unité lorsqu'il vit que Perdiccas avait progressé à l'intérieur de la palissade. Voyant cela, Alexandre, pour leur éviter d'être isolés et mis en danger par les Thébains, prit la tête du reste des troupes. Il donna aux archers et aux Agrianes le signal de courir à l'intérieur de la palissade, tandis qu'il retenait à l'extérieur la garde et les hypaspistes. Perdiccas voulut forcer en personne la deuxième palissade, mais il fut blessé, tomba sur place et fut ramené en piteux état au campement ; il se remit difficilement de sa blessure.[16] De leur côté, ses soldats, joints aux archers d'Alexandre, enfermèrent les Thébains dans l'étroit défilé qui conduisait au sanctuaire d'Héraclès. Ils poursuivirent les Thébains qui se dirigeaient vers l'Héracléion, mais lorsque ces mêmes Thébains firent volte-face en hurlant, les Macédoniens s'enfuirent. Le Crétois Eurybôtas, chef des archers, est tué, et avec lui environ 70 archers. Les autres s'enfuirent jusqu'à la garde macédonienne et aux hypaspistes royaux. Alors Alexandre s'aperçut que ses hommes fuyaient et que les Thébains, en les pour-

---

16. Ptolémée ne perd pas une occasion de calomnier Perdiccas qui, après l'expédition en Perse, voulut lui enlever la satrapie d'Égypte et mourut dans son entreprise. Perdiccas est présenté ici comme une tête brûlée qui n'attend pas les ordres d'Alexandre et prend des initiatives malheureuses. Diodore, lui, le fait agir sur l'ordre d'Alexandre (*Bibl. Hist.* XVII, 12, 3) et il sort vainqueur de son assaut.

suivant, avaient rompu leur formation ; il jeta donc contre eux la phalange en ordre de bataille. Les soldats repoussent les Thébains à l'intérieur des portes. Et il y eut parmi eux une telle peur panique qu'ils passèrent les portes pour se précipiter en ville sans pouvoir les fermer. Alors tous les Macédoniens qui étaient au contact des fuyards passèrent les portes avec eux et leur tombèrent dessus, les remparts étant vides de tous les avant-postes à pourvoir. Arrivés près de la Cadmée, les uns longent l'Amphéion avec ceux qui gardaient la Cadmée et descendent rejoindre le reste de la ville, les autres, sur les remparts déjà occupés par les Macédoniens qui poursuivaient les fuyards, les franchissent et courent sur l'agora. Pendant un petit moment les Thébains rangés en ligne de bataille résistèrent près de l'Amphéion. Mais lorsque les Macédoniens les pressèrent de toutes parts, et Alexandre avec eux qui surgissait ici et là, les cavaliers thébains déboulèrent à travers la ville et se précipitèrent dans la plaine, tandis que les fantassins se sauvaient chacun pour soi. Alors la rage s'empara non tant des Macédoniens que des Phocidiens, des Platéens et des autres Béotiens, et ils massacrèrent dans une mêlée totale les Thébains qui ne résistaient pas, leur tombant dessus pour les uns dans leur maison, pour d'autres alors qu'ils faisaient front, pour d'autres encore alors qu'ils étaient suppliants dans les sanctuaires, n'épargnant ni les femmes ni les enfants.

Arrien, *Anabase*, I, 8.

La destruction de Thèbes

La ville se trouva prise de cette manière et l'on assista à toutes sortes de scènes pénibles à l'intérieur des remparts. En raison de leur arrogante proclamation, les Macédoniens traitaient en effet les Thébains plus durement qu'un ennemi ne le fait d'ordinaire. Ils se portaient avec force menaces contre ces infortunés et tuaient sans merci tous ceux qu'ils venaient à rencontrer. Mais les Thébains gardèrent jusqu'au bout une âme éprise de liberté et ils étaient si loin de tenir à l'existence qu'ils engageaient le combat quand ils rencontraient l'adversaire et s'offraient à ses coups ! De fait, une fois la ville prise, on ne vit aucun Thébain prier les Macédoniens d'épargner sa vie ni tomber sans noblesse aux genoux du plus fort. Mais si le triste sort de la valeur n'éveillait pas la pitié de l'ennemi, la longueur du jour ne suffisait pas non plus à la sauvagerie de sa vengeance : la ville entière était mise au pillage, les jeunes garçons et les jeunes filles entraînés avec violence, tandis qu'ils invoquaient pitoyablement le nom de leur mère !

Bref, puisque l'on capturait des familles entières, c'était l'esclavage général pour la cité. Parmi les Thébains survivants, les uns, le corps couvert de blessures et rendant l'âme, s'attaquaient aux ennemis et les entraînaient avec eux dans la mort. D'autres, appuyés sur un tronçon de lance, se portaient à la rencontre de l'assaillant et soutenaient opiniâtrement cet ultime combat, faisant plus de cas de la liberté que de leur salut. Ce fut un grand massacre et la ville était partout remplie de cadavres : il n'est personne qui, devant ce spectacle, n'eût pris en pitié le sort de ces infortunés. C'est qu'en effet des Grecs faisaient campagne aux côtés du roi : les Thespiens, les Platéens, les Orchoméniens, d'autres encore, dont les sentiments étaient hostiles aux Thébains. Ils avaient eux aussi fait irruption dans la ville et, devant l'infortune de ces malheureux, ils montraient ouvertement leur haine personnelle.

C'est pourquoi l'on pouvait voir s'accomplir à travers la ville beaucoup d'effroyables atrocités : impitoyablement, des Grecs étaient mis à mort par des Grecs et, malgré la parenté de race, ils étaient massacrés par leurs proches, sans que la communauté de langue fît éprouver à ces derniers la moindre honte. Finalement, quand la nuit les surprit, les maisons avaient été pillées, les enfants, les femmes et les vieillards arrachés, avec les pires sévices, des sanctuaires où ils s'étaient réfugiés.

On tua plus de 6 000 Thébains, on rassembla plus de 30 000 prisonniers, on pilla une quantité incroyable d'objets précieux.

Le roi fit ensevelir les morts macédoniens, qui étaient plus de 500 cents. Puis il réunit les délégués des Grecs et confia au Conseil fédéral le soin de décider quel traitement on devait faire subir à Thèbes. La délibération s'engagea donc et certains, mal disposés à l'égard des Thébains, entreprirent de faire prévaloir l'opinion qu'il fallait leur infliger un châtiment inexorable, en démontrant qu'ils avaient, contre les Grecs, servi les intérêts des Barbares : « Au temps de Xerxès, n'avaient-ils pas combattu aux côtés des Perses et fait campagne contre la Grèce ? Seuls d'entre les Grecs, n'étaient-ils pas honorés comme des bienfaiteurs à la cour de Perse où, devant le Grand Roi, on disposait des fauteuils pour les ambassadeurs thébains ? » Passant en revue d'autres exemples similaires, ils excitèrent contre les Thébains l'esprit des délégués qui finirent par décréter « que l'on détruirait la ville de fond en comble, que l'on vendrait les prisonniers, que dans la Grèce entière les Thébains en exil seraient passibles d'extradition, qu'aucun Grec n'accorderait asile à un Thébain ». Conformément à la décision du Conseil, le roi détruisit la ville de fond en comble, terrorisant ainsi les Grecs qui voulaient se révolter. Il mit également en vente les prisonniers de guerre et réunit ainsi une somme de 440 talents.

Diodore XVII, 13, 1 – 14, 4.

Séquence 10

EN ROUTE POUR UNE GRANDE DESTINÉE

Printemps 334

Personnages :

A 22 ans, **Alexandre**, fébrile, réalise son rêve : fouler enfin le sol de son ennemi.

Une armée considérable et son interminable cortège : cuisiniers, médecins, infirmiers, concubines, acteurs, sportifs, menuisiers, marchands, scientifiques, chevaux de rechange, bêtes de somme et d'abattage, chariots transportant vivres, bagages, armes, machines de guerre en pièces détachées et fourrage.

Une flotte de 180 vaisseaux de guerre.

Aristandros de Telmessos, devin de Philippe et maintenant d'Alexandre.

Antipater nommé régent de Macédoine par Alexandre en son absence.

Ambiance de liesse, de préparatifs faits dans l'excitation d'un départ tant attendu, de recueillement mystique sur le site de Troie, d'enivrante liberté face à un avenir qui est encore à écrire.

Après quoi, le roi et son armée s'en retournèrent en Macédoine. Réunissant alors les chefs militaires ainsi que les plus éminents de ses Compagnons, Alexandre tint conseil avec eux à propos du passage en Asie : à quelle époque fallait-il se mettre en campagne ? De quelle manière devait-on conduire la guerre ? Antipater et Parménion lui conseillaient de commencer par avoir un enfant avant d'entreprendre une tâche de cette ampleur. Mais, étant enclin à l'action et hostile à tout ce qui pouvait le retarder dans ses entreprises, il leur répliqua :

– Quelle honte, si l'homme que les Grecs avaient chargé de conduire la guerre, et qui avait reçu de son père en héritage des armées invincibles, demeurait dans l'inaction à célébrer des noces et à attendre patiemment la naissance d'un enfant !

Après leur avoir indiqué où se trouvait leur avantage et les avoir excités à la guerre par ses discours, il célébra à Dion de Macédoine de magnifiques sacrifices, en l'honneur des dieux, ainsi que les jeux scéniques en l'honneur de Zeus et des Muses qui avaient été institués par Archélaos, l'un de ses prédécesseurs. La fête qu'il célébra dura neuf jours, car il avait consacré à chaque Muse une journée qui portait son nom. Il fit apprêter une tente garnie de 100 lits, où il convia à festoyer ses Compagnons, ses généraux et les ambassadeurs des cités grecques. Les apprêts splendides qu'il avait faits, le grand nombre des personnes reçues à sa table, ainsi que la distribution à toutes les troupes de bêtes destinées aux sacrifices et de tout ce qu'il faut pour faire bombance, voilà qui permit à l'armée de retrouver ses forces !

Alexandre marcha jusqu'à l'Hellespont avec son armée, qu'il fit passer d'Europe en Asie. Lui-même accosta en Troade avec 60 vaisseaux de guerre. Du navire, il jeta sa lance et, l'ayant fichée dans le sol, il fut le premier Macédonien à sauter à terre, déclarant recevoir l'Asie des Dieux comme un bien conquis à la pointe de la lance. Il honora également les tombes d'Achille, d'Ajax et des autres héros par des sacrifices funèbres et autres marques d'honneur en usage. Puis il se livra en personne au dénombrement des troupes qui le suivaient.

Pour l'infanterie, on dénombra 12 000 Macédoniens, 7 000 alliés, 5 000 mercenaires : de tous ceux-là, Parménion avait le commandement. Des Odryses, des Triballes, des Illyriens les accompagnaient, au nombre de 7 000, ainsi qu'un millier d'archers et de soldats appelés « Agriens ». Au total, les fantassins étaient 30 000. Il y avait aussi des cavaliers : 1 800 Thessaliens dont Callas, le fils d'Harpale, avait le commandement. Les autres Grecs étaient 600 au total Érigyios les commandait. Il y avait également 900 cavaliers (Thraces, avant-coureurs et Péoniens) qui avaient Cassandros pour chef. Au total, les cavaliers étaient 4 500. Tel était donc le nombre de ceux qui passèrent en Asie avec Alexandre. Mais des troupes avaient été laissées en Europe sous le commandement d'Antipater : 12 000 fantassins et 1 500 cavaliers.

Puis le roi leva le camp pour quitter la Troade. Comme il était parvenu au sanctuaire d'Athéna, le sacrificateur Aristandros remarqua, gisant à terre devant le temple, une statue d'Ariobarzanès, un ancien satrape de Phrygie. D'autres présages de bon augure s'étant encore produits, il vint trouver le roi, affirmant énergiquement qu'il remporterait la victoire dans un grand combat équestre, surtout si la chance voulait que ce combat eût lieu en Phrygie. Il ajoutait qu'au cours de l'action le roi tuerait de sa propre main un éminent général ennemi. C'était là en effet ce que lui annonçaient les dieux, et particulièrement Athéna, qui apporterait son concours au succès d'Alexandre.

Accueillant avec satisfaction la prédiction du devin, Alexandre accomplit un brillant sacrifice en l'honneur d'Athéna et consacra son propre bouclier à la déesse. Mais il s'appropria le plus solide de ceux qui étaient déposés dans le temple. Il le revêtit et s'en servit dès la première bataille, au cours de laquelle il emporta la décision par sa bravoure personnelle, ce qui rendit sa victoire partout célèbre.

Diodore, XVII, 16, 1 – 18, 1.

Séquence 11

LA BATAILLE DU GRANIQUE

Mai 334

Personnages :

Alexandre, en roi guerrier, combattant aux côtés de ses généraux et de ses Compagnons : Parménion avec ses deux fils, Philotas et Nicanor, Amyntas et son fils Philippe, Perdiccas, Coènos, Callas, fils d'Harpale, Cratère, Méléagre, Ptolémée, Socrate et Démarate.

Hégèloque, commandant des troupes macédoniennes de reconnaissance.

L'armée macédonienne et les troupes fournies par les cités de la ligue de Corinthe : environ 5 000 cavaliers et 40 000 fantassins en tout.

Arétès, écuyer courageux d'Alexandre.

Kleitos le Noir, fils de Dropidès et ami d'Alexandre.

L'ennemi :

L'armée perse, sans son grand roi Darius, flanquée de ses mercenaires grecs commandés par Omarès. 30 000 combattants.

Memnon, stratège grec originaire de Rhodes, et ses fils.

Arboupalès, fils de Darius.

Pharnace, frère de la femme de Darius.

Mithridatès, gendre de Darius.

Spithridatès, satrape de Lydie.

Arsitès, satrape de Phrygie.

Omarès, chef des mercenaires.

Les chefs perses Niphatès, Roisakès, Pétènès.

Mithrobouzanès, gouverneur de Cappadoce.

Ambiance de bataille farouche où la judicieuse tactique d'Alexandre fait mouche contre une armée perse peu cohérente et trop sûre de remporter la victoire sur son terrain. Véritable massacre en règle, mutilations, corps piétinés, jeunesse royale perse fauchée.

À ce moment-là, Alexandre fit route vers le fleuve Granique avec son armée bien rangée : il plaça sa phalange d'hoplites en deux rangs, amena les cavaliers aux deux ailes et ordonna au convoi de bagages de suivre à l'arrière. C'est Hégèloque qui commandait les troupes de reconnaissance, il avait comme cavaliers les porteurs de sarisses et environ 500

La bataille du Granique

fantassins. Alexandre n'était pas loin du fleuve Granique quand des éclaireurs vinrent le rejoindre en toute hâte pour lui annoncer que de l'autre côté du Granique, les Perses étaient rangés en ordre de bataille. Alors Alexandre ordonna à toute son armée de se préparer à la bataille. Mais Parménion s'avança et parla ainsi à Alexandre :

– Il me semble, Roi, dans les circonstances actuelles, qu'il serait bon de camper sur la rive du fleuve, comme nous sommes. Car je ne pense pas que les ennemis, dont l'infanterie est bien inférieure à la nôtre, oseront bivouaquer près de nous ; il sera alors facile à l'armée de traverser au point du jour. Nous les prendrons de vitesse en traversant avant qu'ils se soient rangés en ordre de bataille. Actuellement il me semble qu'il ne serait pas sans danger d'entreprendre cette action, car il est impossible de conduire l'armée de front à travers le fleuve : il y a de nombreux trous, visibles, et ses rives, tu le vois, sont très élevées et escarpées. Ce sont des hommes en désordre, en colonne, formation la plus vulnérable, qui sortiront et seront attaqués par les cavaliers ennemis rangés en phalange. Voilà une première erreur qui serait pénible dans la situation présente et dangereuse pour l'issue de toute la guerre.

Mais Alexandre répliqua :

– Cela, Parménion, je le sais. Mais quelle honte, après avoir franchi facilement l'Hellespont, si ce petit cours d'eau – il dépréciait le Granique avec ce mot-là – nous empêche de le traverser, comme nous sommes. Cela ne serait pas digne de la réputation des Macédoniens, à mon avis, ni digne de ma promptitude à affronter les dangers. Je pense que les Perses reprendront confiance, comme s'ils étaient égaux au combat avec les Macédoniens, s'ils ne subissent rien, tout de suite, qui puisse susciter leur peur.

À ces mots, il envoya Parménion prendre le contrôle de l'aile gauche, lui-même se rendit sur la droite. Il plaça en avant de l'aile droite Philotas fils de Parménion, ayant sous ses ordres les Compagnons cavaliers, les archers et les Agrianes armés de javelots. Juste à côté il plaça Amyntas fils d'Arrabaios, avec les cavaliers porteurs de sarisses, les Péoniens et le bataillon de Socrate. À côté d'eux se placèrent les Compagnons hypaspistes, que conduisait Nicanor, fils de Parménion. Ensuite la phalange de Perdiccas, fils d'Oronte, puis celle de Coènos, fils de Polémocrate, celle d'Amyntas, fils d'Andromènès. Après eux venaient les hommes sous les ordres de Philippe, fils d'Amyntas. Aux premiers rangs de l'aile gauche étaient placés les Thessaliens que conduisait Callas, fils d'Harpale ; venait ensuite la cavalerie alliée avec Philippe, fils de Ménélas. Ensuite les Thraces que commandait Agathon. À leur côté les fantassins (la phalange de Cratère, celle de Méléagre et de Philippe) qui occupaient jusqu'au centre de la formation militaire.

Les cavaliers perses étaient 20 000, les fantassins étrangers mercenaires presque 20 000 aussi. Les cavaliers étaient placés le long de la rive du fleuve sur une large ligne et les fantassins juste derrière eux. Car la rive offrait une position dominante. Là où ils voyaient Alexandre – il était bien visible par l'éclat de ses armes et l'incroyable empressement de son entourage – tourné vers leur côté gauche, ils placèrent en rangs serrés des bataillons de cavalerie sur la rive. Pendant un moment les deux armées, debout sur les rives du fleuve, se tenaient tranquilles, dans la crainte de ce qui allait se passer, et un profond silence régnait de chaque côté. Car les Perses attendaient les Macédoniens, ils attendaient qu'ils se soient engagés dans le lit du fleuve pour les attaquer dès qu'ils en sortiraient. Mais Alexandre bondit sur son cheval et il ordonna aux hommes autour de lui de le suivre et de se comporter en braves : il ordonna d'abord aux cavaliers-éclaireurs et aux Péoniens de s'engager les premiers dans le fleuve avec à leur tête Amyntas, fils

La bataille du Granique

d'Arrabaios, ainsi qu'à une compagnie d'infanterie précédée du bataillon de Socrate, dirigés par Ptolémée, fils de Philippe ; il se trouvait que ce bataillon devait cette journée-là servir de guide à toute la cavalerie. Alexandre lui-même, à la tête de l'aile droite, au son des trompettes et du cri de victoire en l'honneur d'Ényalos, s'engagea dans le lit du fleuve, étirant toujours sa formation en oblique, là où l'entraînait le courant, pour éviter que les Perses ne les attaquent en colonnes au sortir de l'eau, et pour pouvoir au contraire les attaquer en formation la plus compacte possible.

Les Perses, d'en haut, lançaient leurs traits à l'endroit où les premiers des hommes d'Amyntas et de Socrate accostaient : les uns lançaient leurs javelots sur le fleuve depuis la rive, là où elle était en position dominante, tandis que d'autres descendaient et tiraient depuis une zone plus basse qui rejoignait l'eau. Les cavaliers poussaient fort, les uns pour sortir du fleuve, les autres pour les empêcher d'accoster, et une grêle de traits venait des Perses, tandis que les Macédoniens se battaient avec leurs lances. Les Macédoniens, très inférieurs en nombre, souffrirent beaucoup lors de ce premier assaut. Ils résistaient depuis le fleuve, placés en contrebas et sur un sol peu ferme, alors que les Perses étaient en position dominante. C'est d'ailleurs là que l'élite de la cavalerie perse avait pris position, en particulier les fils de Memnon et Memnon lui-même qui affrontait le danger avec eux. Et les premiers Macédoniens à s'être mêlés aux Perses furent mis en pièces, quoique braves, sauf ceux qui purent se replier vers Alexandre qui arrivait. Car Alexandre était déjà tout proche, il entraînait avec lui l'aide droite ; il fut le premier à attaquer les Perses, là où étaient massés la troupe compacte des cavaliers et les chefs perses ; et autour de lui la bataille faisait rage, tandis qu'en même temps les bataillons macédoniens traversaient l'un après l'autre, désormais sans difficulté. On combattait à cheval, mais on eût dit plutôt un combat d'infanterie. On luttait en rangs serrés, cheval contre cheval et homme contre homme, les Macédoniens d'un côté essayant de repousser les Perses définitivement loin de la rive jusqu'à la plaine, les Perses, eux, les empêchant d'accoster et les rejetant dans le fleuve. À la suite de cela, les hommes d'Alexandre prirent l'avantage, du fait de leur vigueur et de leur expérience, du fait aussi qu'ils combattaient avec des javelines de cornouiller contre des javelots.

C'est alors que la lance d'Alexandre se brise en plein combat ; il demande à Arétès, un des écuyers du roi, une autre lance ; mais celui-ci était en difficulté, car sa lance s'était brisée aussi. Il se battait d'ailleurs avec panache, avec la moitié de sa lance brisée. L'ayant montrée à Alexandre, il lui demanda d'en réclamer une autre. Démarate de Corinthe, un des Compagnons, lui donna sa propre lance. Alexandre s'en saisit et, voyant Mithridate, le gendre de Darius, galoper devant les autres et entraîner avec lui un groupe de cavaliers en formation en coin, il s'élança lui-même en avant des autres. Il frappa de sa lance Mithridate en plein visage et l'abattit. Mais au même moment Roisakès attaque Alexandre et le frappe à la tête avec son épée. Un morceau de son casque se brisa, mais le casque arrêta le coup. Alexandre l'abattit à son tour en le frappant de sa javeline à travers la cuirasse, jusqu'à la poitrine. Spithridatès, par derrière, menaçait déjà Alexandre de son glaive, mais Kleitos, fils de Dropidès, le prit de vitesse, le frappa au bras et le lui trancha avec son épée. En même temps tous les cavaliers qui avaient progressé grâce au courant et ne cessaient d'accoster se joignaient aux hommes d'Alexandre.

Les Perses désormais étaient frappés de tous les côtés ; eux-mêmes et leurs chevaux étaient frappés de face à coups de lance et ils étaient repoussés par la cavalerie. Subissant énormément de torts de la part de l'infanterie légère mêlée aux cavaliers, ils cèdent d'abord justement là où Alexandre, au premier rang, affrontait les dangers. Lorsque leur centre céda, la cavalerie se rompit aussi sur chaque aile, et ce fut alors une fuite éperdue. Environ 1 000 cavaliers perses furent tués. Il n'y eut pas de grande poursuite parce qu'Alexandre se retourna vers les mercenaires étrangers. Leur formation restait compacte, telle qu'elle avait été placée au début, peut-être plus par stupeur face aux événements inattendus que par une ferme décision. Entraînant la phalange sur eux et ayant donné l'ordre à la cavalerie de leur tomber dessus de tous côtés, il les massacra, au point que personne ne put s'échapper, excepté ceux qui passèrent inaperçus au milieu des cadavres. Autour de 2 000 ennemis furent capturés. Tombèrent aussi des chefs perses, Niphatès, Pétènès, Spithridatès le satrape Lydien et le gouverneur de Cappadoce Mithrobouzanès ; moururent aussi le gendre de Darius, Mithridatès, Arboupalès, fils de Darius, lui-même fils d'Artaxerxès. Pharnace, frère de la femme de Darius, et le chef des mercenaires Omarès. Arsitès s'enfuit du champ de bataille pour se réfugier en Phrygie, où il mit fin lui-même à ses jours, parce qu'il était chez les Perses tenu pour responsable, dit-on, de cette catastrophe.

Parmi les Compagnons macédoniens, environ 25 furent tués lors de ce premier assaut ; leurs statues de bronze sont dressées à Dion, car Alexandre les commanda à Lysippe, le seul artiste qu'il ait choisi. Pour les autres, plus de 60 cavaliers furent tués, et environ 30 fantassins. Ceux-là, Alexandre les fit ensevelir le lendemain, avec leurs armes et le reste de leur équipement ; il accorda à leurs parents et à leurs enfants l'exemption des impôts fonciers, celle de toutes les contributions individuelles et de tout impôt sur la fortune. Il fit grand cas des blessés, rendant visite à chacun d'entre eux, examinant ses blessures, demandant comment il les avait reçues, lui donnant l'occasion de raconter ce qu'il avait fait et de se mettre en valeur. Alexandre fit aussi ensevelir les chefs perses ; et aussi les mercenaires grecs qui étaient morts en combattant dans les rangs ennemis. Mais les mercenaires capturés, il les fit enchaîner et les envoya en Macédoine pour des travaux forcés, dans la mesure où, au mépris de la décision unanimement prise, ils avaient, quoique Grecs, combattu la Grèce au profit des Barbares. Il envoya également à Athènes 300 panoplies perses en offrande à Athéna sur l'Acropole. Il ordonna qu'y soit placée l'inscription suivante : « Alexandre fils de Philippe et les Grecs, sauf les Lacédémoniens, sur les Barbares qui habitent l'Asie ».

Arrien, *Anabase*, I, 13, 1 – 16, 7.

Séquence 12

LE NŒUD GORDIEN

Hiver 334 au printemps 333

Personnages :

Alexandre, fort de cette première victoire qui le confirme dans ses desseins et l'encourage donc à continuer, s'empare de gré ou de force des villes grecques d'Asie Mineure tenues par les Perses, Ephèse, Milet et Halicarnasse. Puis il remonte vers le nord de l'Anatolie pour hiverner à Gordion. Il y avait peut-être là un oracle qui faisait partie des sanctuaires nationaux comme à Delphes ou à Milet. Quinte-Curce précise : « La ville longe le cours du Sangarius, à égale distance du Pont-Euxin et de la mer de Cilicie. On sait que c'est entre ces deux mers que l'Asie est la plus étroite : chacune d'elles fait pression sur la terre qui devient un isthme resserré. Celui-ci a beau tenir au continent, les flots qui l'entourent en grande partie lui donnent l'apparence d'une île, et, sans l'obstacle de cette mince séparation, les deux mers qu'il maintient écartées se confondraient. » (*Histoires*, III, 12)

La foule des Gordiens et des Macédoniens, témoins fascinés.

Ambiance de recueillement extrême et d'émerveillement digne du moment où le futur roi Arthur descella Excalibur, l'épée magique coincée dans la pierre.

Lorsqu'il arriva à Gordion, Alexandre eut le désir de monter sur l'acropole, là où se trouve le palais de Gordios et de son fils Midas, pour voir le char de Gordios et le nœud du joug de ce char. Sur ce char existe une histoire très répandue chez les indigènes voulant que Gordios ait été un pauvre Phrygien d'autrefois, ayant un petit lopin de terre à travailler avec deux paires de bœufs. Avec une paire Gordios labourait, et avec l'autre il conduisait son char. Un jour, alors qu'il labourait, un aigle s'est posé sur le joug et est resté là jusqu'au soir. Frappé par ce spectacle, Gordios est allé consulter sur ce présage les devins de Telmessos. Car les gens de Telmessos sont réputés pour leurs interprétations des présages et ce don leur est inné, aussi bien chez leurs femmes et leurs enfants. En s'approchant d'un village de Telmessiens, il rencontra une jeune fille en train de puiser de l'eau et il lui raconta l'histoire de l'aigle. Elle – car elle était de la race des devins – lui conseilla de sacrifier à Zeus-Roi après être retourné au même endroit. Gordios lui demanda de s'occuper du sacrifice avec lui pour lui expliquer comment il devait se dérouler ; il sacrifia donc comme elle le lui avait prescrit, l'épousa ensuite et un fils, du nom de Midas, leur naquit. Midas était déjà beau et de noble allure lorsqu'une guerre civile déchira les Phrygiens. Un oracle leur annonça qu'un char leur amènerait un roi et que ce roi mettrait fin à la guerre civile. Ils délibéraient encore entre eux quand survint Midas avec son père et sa mère, et son char s'arrêta devant l'assemblée. Interprétant l'oracle, les Phrygiens reconnurent en lui celui que le dieu leur avait annoncé, celui qui devait venir en char. Ils firent de Midas leur roi, et Midas mit fin à la guerre civile, puis plaça le char de son père sur l'acropole en offrande à Zeus-Roi pour lui avoir envoyé l'aigle. En plus de cette histoire, on raconte autre chose sur ce char, à savoir que

Le nœud gordien   99

celui qui déferait le nœud qui liait le joug au char deviendrait nécessairement le maître de l'Asie. Le nœud était en écorce de cornouiller et aucune extrémité, ni début ni fin, n'apparaissait. Alexandre était dans l'embarras, ne voyant aucune façon de défaire ce nœud et refusant de le laisser intact de crainte que ça ne provoque des troubles dans la foule. Certains disent qu'il défit le nœud en le coupant en deux avec son épée et qu'il le déclara ainsi dénoué. Mais Aristobule dit qu'il retira la cheville du timon, un bout de bois qui traversait le timon de part en part, et qu'en maintenant le nœud il tira et sépara le joug du timon. Comment Alexandre s'y prit avec ce nœud, je ne peux pas vraiment l'assurer. Mais lui et ses hommes s'éloignèrent du char avec l'idée que la prédiction liée à ce nœud à défaire était réalisée. Et le fait est, que cette nuit-là, tonnerre et éclairs dans le ciel lancèrent aussi leur signe. Après ces événements, dès le lendemain, Alexandre sacrifia aux dieux qui lui avaient envoyé de tels signaux et les moyens de défaire le nœud.

Arrien, *Anabase*, II, 3.

Le joug était une curiosité, car bien des nœuds s'y mêlaient les uns aux autres, dans un confus enchevêtrement. Puis, comme les indigènes affirmaient que, d'après la prédiction d'un oracle, celui qui dénouerait le lien inextricable serait le maître de l'Asie, le désir vint au cœur d'Alexandre de réaliser cette prédiction. La foule des Phrygiens et des Macédoniens entourait le roi ; ceux-là, tenus en suspens par l'opération même, et les autres, inquiets de l'assurance si risquée du roi ; car la série de nœuds était si compacte que ni la réflexion ni la vue ne permettaient de saisir d'où partait cet entrelacement et où il se dérobait. Et, en entreprenant de le défaire, Alexandre avait inspiré aux siens la crainte que l'échec de sa tentative ne prît valeur de présage. Sans résultat, Alexandre lutta longuement contre le secret de ces nœuds. « Peu importe, dit-il alors, la façon de les défaire », et, de son épée, il rompit toutes les courroies, éludant ainsi la prédiction de l'oracle, – ou la réalisant.

Quinte-Curce, *Histoires*, III, I, 15 – 18.

Séquence 13

UNE GRAVE MALADIE

Été 333

Personnages :

Alexandre, pour la première fois, en humain fragile.

Philippe d'Arcananie, compagnon de son enfance et médecin attitré.

Parménion, général de la génération de Philippe, le père d'Alexandre.

L'armée macédonienne inquiète.

Suspense et rebondissements.

Le Cydnus traverse la ville en son milieu ; c'était alors l'été : en cette chaude saison, nul endroit ne brûle comme le rivage de Cilicie, sous l'ardeur du soleil ; commençait alors le moment le plus accablant de la journée. La limpidité de l'eau invita le roi, recouvert à la fois de poussière et de sueur, à se baigner bien qu'il eût encore chaud ; il déposa son vêtement, et trouvant aussi tout indiqué de montrer aux siens que des soins corporels modestes et ordinaires lui suffisaient, sous les yeux de l'armée il pénétra dans le fleuve. À peine fut-il entré qu'un frisson subit prit ses membres qui devinrent roides ; puis une pâleur se répandit sur lui, et la chaleur de la vie l'abandonna presque tout entier. C'est une sorte de mourant que ses serviteurs recueillent dans leurs bras et transportent à peu près évanoui dans sa tente. Dans le camp, régnaient une terrible angoisse et déjà presque le deuil. En larmes, on se lamentait : quand le cours des événements se précipitait de la sorte, le roi le plus célèbre que les hommes eussent connu disparaissait et s'éteignait, non pas même fauché par l'ennemi en pleine bataille, mais au cours d'un bain : « Darius s'approchait, vainqueur avant d'avoir vu l'ennemi ; eux, il leur fallait regagner les pays qu'ils avaient parcourus avec la victoire ; mais, par eux ou par leurs ennemis, tout était ravagé. À travers l'étendue des solitudes, ils iraient, et, si personne même ne voulait les poursuivre, faim et misère auraient raison d'eux. Qui les rallierait dans leur fuite ? Qui oserait succéder à Alexandre ? En admettant qu'ils parvinssent à l'Hellespont, qui leur préparerait une flotte pour la traversée ? » Puis, ils reportaient leur pitié sur la personne du roi : cette jeunesse dans sa fleur, cette énergie de caractère, un roi qui était un compagnon d'armes, voilà ce qu'une brutale séparation leur arrachait ; et ils s'oubliaient, dans leurs plaintes. Cependant, la respiration se faisait plus libre, et le roi soulevait les paupières ; reprenant conscience peu à peu, il avait reconnu ses amis qui l'entouraient ; et la virulence de la maladie semblait en régression par le seul fait qu'il en percevait la gravité. Mais la souffrance morale pesait sur sa santé ; car on annonçait que Darius serait en Cilicie dans quatre jours. Il gémissait donc d'être livré garrotté : on lui arrachait des mains une victoire si belle, et il finissait dans l'obscurité sans gloire d'une mort sous la tente. Puis il fit appeler à la fois amis et médecins :

Une grave maladie

— Vous voyez, dit-il, à quel moment critique de ma carrière la fortune m'a surpris. Il me semble que le fracas des armes ennemies frappe mon oreille, et, moi qui ai pris l'offensive, je suis maintenant celui qu'on provoque. Quand il m'écrivait sa lettre si hautaine, Darius avait donc consulté mon Destin ? Mais en vain, si je puis me soigner à ma guise. Ma situation ne tolère pas des remèdes lents et des médecins sans énergie : bien plus, mourir en homme d'action vaut mieux pour moi que tarder à me remettre. Donc, si les médecins peuvent, valent quelque chose, qu'ils sachent que je cherche moins un remède contre la mort que pour la guerre !

Une témérité si aveugle avait frappé tout le monde d'une immense inquiétude. Chacun, suivant son influence, entreprit de le prier de ne pas augmenter le danger par l'impatience, mais de faire confiance aux médecins : « ceux-ci n'avaient pas tort de se défier de remèdes nouveaux, puisque, dans son entourage même, l'ennemi cherchait sa perte à prix d'argent ». En effet, Darius avait fait proclamer qu'il donnerait 1 000 talents à l'assassin d'Alexandre. Aussi estimait-on que personne ne se risquerait à essayer un remède que sa nouveauté pourrait rendre suspect.

Au nombre des médecins réputés, il y en avait un, Philippe d'Acarnanie, qui, de Macédoine, avait accompagné le roi, auquel il était fort dévoué ; compagnon de son enfance, chargé de surveiller sa santé, il chérissait en lui, d'une affection sans pareille, son nourrisson autant que son roi. Il affirma apporter un remède, d'effet non immédiat, mais puissant, et il promit que cette potion curative atténuerait la violence du mal. La promesse ne plaisait à personne sauf à celui qui y risquait sa vie. Il pouvait, en effet, endurer tout plus facilement qu'un retard : les armes, la bataille étaient sous ses yeux, et il estimait que, pour qu'il y eût victoire, il suffisait qu'il fût capable de se tenir debout devant les étendards ; il supportait seulement avec peine de ne pouvoir absorber le médicament avant trois jours : telle était l'ordonnance du médecin. Cependant, il reçoit de Parménion, le plus sûr de ses dignitaires, une lettre qui l'avertissait de ne pas confier son salut à Philippe : Darius l'avait acheté avec 1 000 talents et en lui faisant espérer un mariage avec sa sœur. Cette lettre l'avait jeté dans une anxiété sans bornes ; il pesait dans une évaluation silencieuse les diverses suggestions de la crainte ou de l'espérance : « Dois-je m'obstiner à boire, afin que, si on me donne du poison, je passe pour avoir bien mérité tout ce qui m'arrivera ? Dois-je condamner la loyauté de mon médecin ? Vais-je donc me laisser abattre dans ma propre tente ? Allons, mieux vaut mourir par le crime d'autrui que par une crainte née de moi ! » Longtemps, il pèse le pour et le contre ; puis, sans révéler à personne la teneur de la lettre, il y apposa le sceau de son anneau et la glissa sous l'oreiller qui le soutenait. Deux journées se passèrent à réfléchir ainsi ; puis le jour fixé par le médecin parut, et Philippe, tenant la coupe où il avait délayé le médicament, entra. Alexandre le voit, se soulève sur son lit, et, tenant dans la main gauche la lettre expédiée par Parménion, il prend de l'autre la coupe et la vide intrépidement ; ensuite, il fait lire la lettre à Philippe sans le quitter du regard pendant sa lecture : il pensait qu'il saisirait sur son visage quelques indices de sa conscience. Après avoir terminé sa lecture, Philippe montra plus d'indignation que de peur ; lançant au pied du lit son manteau et la lettre :

— Roi, dit-il, ma vie n'a jamais dépendu que de toi, mais aujourd'hui, si je respire, c'est véritablement, je pense, par ta bouche sacrée et vénérable. L'accusation de parricide, que l'on formule contre moi, s'évanouira avec ta guérison : en te sauvant, j'aurai reçu de toi la vie. Je t'en prie et t'en supplie : abandonne toute

Une grave maladie

crainte, et laisse tes veines absorber le médicament ; détends pour un moment ton esprit que bouleverse l'intempestive sollicitude d'amis assurément fidèles, mais dont le zèle est inopportun.

Cette réponse ne donna pas seulement au roi la sécurité, mais aussi la joie et la plénitude de l'espérance. D'où ces paroles :

– Si les dieux, Philippe, t'avaient laissé libre de choisir le moyen de mettre mes sentiments à l'épreuve, tu en aurais, à coup sûr, pris un autre ; mais tu n'aurais pu en souhaiter aucun de plus décisif que celui dont tu as fait l'expérience. J'avais reçu cette lettre : pourtant, j'ai bu ta préparation ; et maintenant, crois-moi, si j'ai de l'inquiétude, ta justification y a part autant que ma santé.

Cela dit, il tend la main à Philippe.

Mais le médicament agit si vigoureusement que les résultats immédiats confirmèrent l'accusation de Parménion. Haletant, le souffle passait avec difficulté. Philippe essaya tout ce qu'il y avait à tenter. Il appliqua au malade des topiques, le réveilla de sa torpeur en lui faisant sentir ou des aliments ou du vin. Et, dès qu'il le vit revenir à lui, il ne cessa de l'entretenir soit de sa mère et de ses sœurs, soit de la grande victoire qui approchait. Aussitôt que le médicament se fut répandu dans les veines et qu'insensiblement son action salutaire eut pénétré le corps entier, l'esprit d'abord récupéra sa vigueur, puis le corps lui-même, et plus vite qu'on ne le supposait : car trois jours après avoir été en cet état, il se montra aux soldats. Mais l'armée dévorait du regard Philippe autant que le roi : embrassant sa main, chacun individuellement lui rendait grâce comme à un dieu descendu parmi eux. Car il n'est pas facile de dire combien cette nation, outre sa vénération innée pour ses rois, eut pour celui-ci en particulier d'admiration passionnée et de chaude affection.

Quinte-Curce, III, 5, 1 – 6, 17.

Séquence 14

LES PERSES

Été 333

Personnages :

Darius : Darius III Codoman, roi de Perse de 335 à 330, fils d'Arsanès et petit-neveu d'Artaxerxès II. Dernier représentant des Achéménides, chef d'un empire immense unifié s'étendant de la mer Égée à l'Indus et de l'Asie centrale au golfe Persique et à la mer Rouge. Âgé de 47 ans.

« Philippe régnant encore, Ochos gouvernait les Perses et traitait ses sujets avec une brutale cruauté. Comme on le détestait en raison de son caractère désagréable, le chiliarque Bagoas – c'était un eunuque d'un tempérament méchant et agressif – Bagoas, disons-nous, empoisonna Ochos par les soins d'un médecin et fit accéder au trône le cadet des fils du Grand Roi, Arsès. Il fit périr également les frères du Grand Roi, encore très jeunes, afin que, dans son isolement, le jeune homme lui fût soumis encore davantage. Mais le jouvenceau avait horreur de ces actes commis au mépris des lois ! Quand il apparut clairement qu'il avait l'intention de châtier l'instigateur de ces crimes, Bagoas devança ses desseins et fit périr Arsès avec ses enfants, après deux ans de règne. Comme la Maison Royale était désormais éteinte et qu'il n'y avait plus personne à qui la naissance permît d'hériter du pouvoir, Bagoas jeta son dévolu sur l'un de ses amis, nommé Darius, et favorisa son accession au trône. C'était le fils d'Arsanès, lui-même fils d'Ostanès, frère de l'Artaxerxès qui fut roi des Perses. Il advint à propos de ce Bagoas un fait singulier qui mérite d'être mentionné. Poussé par les instincts meurtriers qui lui étaient habituels, il s'efforça de faire périr Darius par le poison. Mais le complot fut dénoncé. Le Grand Roi invita alors Bagoas à sa table, comme pour lui accorder une faveur, et, lui donnant la coupe, il le contraignit à boire le poison.

Si Darius fut jugé digne du trône, c'est qu'il avait la réputation de surpasser tous les autres Perses en bravoure. Un jour en effet que le Grand Roi Artaxerxès guerroyait contre les Cadusiens, l'un d'entre eux, célèbre par sa force et sa bravoure, avait défié en combat singulier l'un des Perses, quel qu'il fût. Personne ne s'étant risqué à relever le défi, Darius fut le seul à affronter le péril, et il tua l'auteur du défi. Aussi reçut-il du Grand Roi une importante gratification à titre de récompense, tandis qu'il remportait auprès des Perses le prix de la bravoure. C'est cette conduite courageuse qui lui valut d'être jugé digne du trône, et le pouvoir lui fut remis, vers le moment où, Philippe étant mort, Alexandre lui succéda sur le trône. » Diodore, XVII, 5, 3 – 6, 2.

Sisigambis, mère de Darius. Fille d'Ostanès, un fils de Darius II, sœur et épouse d'Arsanès.

Stateira, sœur et épouse de Darius, fille d'Arsanès et de Sisigambis.

Memnon, éminent stratège grec qui fit trembler Alexandre.
« Memnon envoya auprès de Darius sa femme et ses enfants, qu'il confia au Grand Roi. Il pensait tout à la fois qu'il avait bien pourvu à leur sécurité et que le Grand Roi, disposant là de bons otages, n'en serait que plus enclin à lui confier le commandement

suprême. C'est précisément ce qui arriva. Darius adressa sur-le-champ une lettre aux habitants des provinces maritimes, ordonnant à tout le monde d'obéir à Memnon. Investi du commandement suprême, celui-ci préparait donc tout le nécessaire pour soutenir un siège dans la ville d'Halicarnasse.

Darius envoya à Memnon une grosse somme d'argent en lui confiant le commandement de l'ensemble des opérations. Ayant réuni de nombreux mercenaires et armé 300 navires, celui-ci déployait une intense activité dans la conduite de la guerre. Il gagna en effet à sa cause les gens de Chios. Puis il fit voile vers Lesbos et soumit facilement Antissa, Méthymne, Pyrrha et Erésos. Après de longues journées de siège, où il perdit beaucoup de soldats, il prit d'assaut non sans mal la grande ville de Mitylène, pourvue d'importants armements et de nombreux défenseurs. L'intense activité du général fut vite connue de tout le monde et la plupart des Cyclades lui envoyèrent des ambassades. La nouvelle parvint d'autre part en Grèce que Memnon allait gagner l'Eubée avec sa flotte, ce qui provoqua l'affolement dans les villes de l'île. Quant aux Grecs partisans de la Perse – les Spartiates étaient du nombre – ils s'agitèrent avec l'espoir d'un changement, dans la situation politique. À prix d'or, Memnon corrompait beaucoup de Grecs qu'il persuadait de faire cause commune avec les Perses. Toutefois, la Fortune ne permit pas à cet homme de déployer plus avant sa valeur. Memnon fut en effet atteint par la maladie et il trépassa, en proie à un mal qui l'avait saisi à l'improviste. La mort de cet homme brisa également l'empire de Darius. » Diodore, XVII, 23, 5 - 6 ; 29, 1 - 4.

Charidème : condottiere athénien qui avait été exilé sur ordre d'Alexandre.

Déploiement de forces impressionnantes en vue d'une revanche menée par le Grand Roi lui-même.

Pour Darius, la nouvelle de la mort de Memnon l'ébranla comme il se devait ; renonçant à tout autre espoir, il décida de combattre lui-même ; il condamnait, en effet, tous les actes de ses généraux, estimant que la conscience avait manqué à plus d'un et la fortune à tous. Il établit donc son camp près de Babylone, et, afin que les troupes eussent plus de cœur pour engager la lutte, il leur fit contempler l'ensemble de ses forces ; l'on établit un retranchement circulaire qui pût contenir une foule de 10 000 hommes en armes, et, selon l'exemple de Xerxès, il dénombra l'armée. Du lever du soleil jusqu'à la nuit, suivant l'ordre de répartition, les régiments entrèrent dans l'enceinte ; de là ils eurent tôt fait d'occuper les plaines de Mésopotamie : foule presque innombrable de cavaliers et de fantassins, et qui paraissait encore plus considérable que son chiffre exact. Il y avait 100 000 Perses, dont un total de 30 000 cavaliers ; les Mèdes avaient 10 000 cavaliers, 50 000 fantassins. Les cavaliers Barcaniens étaient 2 000, armés de doubles haches et de légers boucliers qui donnaient tout à fait l'impression de la *cétra* ; 10 000 fantassins, avec le même armement, suivaient la cavalerie. Les Arméniens avaient envoyé 40 000 fantassins et y avaient ajouté 7 000 cavaliers, les Hyrcaniens, un total de 6 000 cavaliers, excellents pour ces pays, étaient armés 40 000 fantassins ; la majorité portait des lances à pointe de fer, quelques-uns avaient durci des perches au feu ; les accompagnaient, en outre, 2 000 cavaliers, de la même nation. De la Caspienne étaient venus une infanterie de 8 000 hommes et 200 cavaliers. Avec eux il y avait d'autres nations inconnues, qui avaient fourni 2 000 fantassins et deux fois plus de cavaliers. À ces troupes s'ajoutaient 30 000 mercenaires grecs, vaillante jeunesse. Pour les Bactriens, Sogdiens, Indiens, et autres riverains de la mer Rouge, dont Darius même ignorait les noms, la précipitation empêchait qu'on les fît venir.

Rien donc ne manquait moins à Darius que la quantité des soldats ; aussi, fort joyeux de contempler la foule réunie à cette occasion et plein d'espoirs qu'exaltaient les courtisans avec leur légèreté coutumière, se tourna-t-il vers l'Athénien Charidème, bon militaire qui haïssait Alexandre à cause de son exil (car il avait été chassé d'Athènes sur son ordre) ; et il lui demanda s'il le croyait assez bien fourni de troupes pour écraser l'ennemi. Alors Charidème, oubliant sa condition et l'orgueil des rois :

– La vérité, dit-il, peut-être ne veux-tu pas l'entendre ; mais si, moi, je ne te la dis pas maintenant, il ne servira de rien que je te la révèle une autre fois. Ce formidable appareil militaire, cette masse que, tirés de leurs demeures, tant de nations et l'Orient entier constituent, peuvent effrayer tes voisins : y brillent l'or et la pourpre, y resplendissent les armes et une opulence que l'on ne peut imaginer sans l'avoir eue sous les yeux. Mais la ligne macédonienne, farouche, oui, et hirsute, derrière ses boucliers et ses lances abrite des « triangles » inébranlables et une élite compacte de héros. C'est ce qu'ils appellent la phalange, solide formation de fantassins. L'homme y est lié à l'homme, les armes aux armes ; attentifs à tout signe de leur commandant, ils ont appris à suivre les étendards, à maintenir les rangs. L'ordre donné, tous y obéissent : faire front, cerner, déboucher sur une aile, faire demi-tour, les soldats n'y sont pas moins endurcis que les chefs. Et ne crois pas que la passion de l'or et de l'argent les possède : jusqu'ici, c'est à l'école de la pauvreté qu'une telle discipline s'est maintenue ;

harassés, ils ont le sol pour lit ; la nourriture, qu'ils se préparent tout en travaillant, leur suffit ; leur sommeil dure moins que la nuit. Dès lors, les cavaliers thessaliens, les Acarnaniens, les Étoliens, ces troupes invincibles à la guerre, on les repoussera, je pense, avec des frondes et des lances durcies au feu ; égalité de forces, voilà ce qu'il faut. Nous devons chercher du renfort dans le pays qui leur a donné le jour : ton argent et ton or, sers-t'en pour acquérir des soldats !

Darius était de caractère doux et maniable ; mais la fortune gâte souvent même la nature. Aussi, rétif devant la vérité, fit-il traîner au dernier supplice son hôte, venu à lui en suppliant, et qui, plus que jamais, lui donnait d'utiles conseils. Même alors, Charidème ne renonça pas à sa franchise :

– Je sais, dit-il, qui vengera bientôt ma mort ; il te punira d'avoir méprisé mon avis, celui contre qui je l'ai donné. Pour toi, si brusquement transformé par un pouvoir illimité, ton exemple prouvera à la postérité que les hommes, s'ils se remettent à la fortune, perdent jusqu'au souvenir de leur propre nature.

Il criait ainsi, quand on l'égorge, selon l'ordre donné. Par la suite, un tardif repentir envahit le roi, qui, reconnaissant la vérité de ses paroles, le fit ensevelir.

Cependant, fort content et de la réponse des devins qui se répandait dans le peuple et de la vision qui lui était apparue au cours de son sommeil, Darius fait lever le camp en direction de l'Euphrate.

En Perse, un usage ancestral voulait qu'on ne se mît en marche qu'une fois le soleil levé. Dès que le jour brillait, de la tente royale la trompette sonnait le signal ; placée au-dessus de la tente, à un point d'où tout le monde pouvait la voir, l'image du soleil étincelait dans une chasse de cristal. Voici l'ordre de marche. Le feu, qualifié chez eux de « sacré » et « d'éternel », était porté en tête, sur des autels d'argent. Les Mages, auprès de lui, chantaient un hymne national. Derrière les mages, venaient 365 jeunes gens, recouverts de manteaux de pourpre : leur nombre était celui des jours de l'année ; car les Perses ont divisé l'année en autant de jours que nous. Puis un char consacré à Zeus était tiré par de blancs chevaux ; les suivait un cheval d'une taille extraordinaire, appelé cheval du Soleil ; des cravaches dorées et des vêtements blancs paraient les conducteurs des chevaux. Non loin, il y avait 10 chars avec des ciselures en or et argent massifs. Suivait la cavalerie de 12 nations, diverses d'armes et de mœurs. Immédiatement après, marchaient ceux que les Perses appellent les Immortels, environ 10 000 hommes [17]. C'étaient eux surtout qu'un luxe d'une opulence Barbare rendait plus imposants : à eux les colliers d'or, à eux les robes brochées d'or et les tuniques à manches, ornées aussi de gemmes. À un faible intervalle, venaient ceux qu'on appelle « parents du roi », soit 15 000 hommes. Mais cette cohue, parée presque comme les femmes, était remarquable par son luxe plus que par la beauté de ses armes. On nommait Doryphores la troupe qui les suivait immédiatement ; on leur confiait d'ordinaire la garde-robe du roi : ils précédaient le char d'où, pendant le trajet, le roi en personne dominait tout. Sur ses deux flancs, le char était décoré d'images de dieux, hauts-reliefs d'or et d'argent ; par places, des gemmes étincelantes paraient le joug d'où s'élevaient deux statues d'or, hautes d'une coudée, l'une représentant Ninus, l'autre Bélus. Entre elles, un objet sacré : l'aigle d'or qui semblait déployer ses ailes.

---

17. On les appelait Immortels parce que les vides étaient immédiatement comblés afin que le chiffre total restât toujours constant.

Le vêtement du roi se distinguait par une somptuosité extraordinaire : une broderie blanche occupait le milieu d'une tunique de pourpre ; des éperviers d'or, qui paraissaient s'attaquer du bec, rehaussaient la beauté d'un manteau broché d'or ; à une ceinture d'or, nouée à la façon des femmes, était suspendu un cimeterre dont le fourreau n'était qu'une gemme. Le diadème, insigne royal, s'appelait en Perse *cidaris* ; c'était un turban outremer à nuances blanches, qui ceinturait la tête. 10 000 lanciers suivaient le char ; ils portaient des lances à ornements d'argent, des dards aux pointes d'or. À droite et à gauche, 200 de ses parents environ, de la plus haute noblesse, constituaient l'escorte du roi. Fermaient leur marche 30 000 fantassins, que suivaient les 400 chevaux du roi. Puis, à un stade d'intervalle, un char transportait la mère de Darius, Sisigambis ; son épouse était sur un autre. La foule des femmes qui accompagnaient les reines allait à cheval. Puis venaient 15 voitures appelées *armamaxes*. Là étaient les enfants du roi et leurs préceptrices, ainsi que le troupeau des eunuques qu'on ne méprise point en ces pays. Puis c'était le cortège des 360 concubines royales, elles aussi vêtues et parées en reines. Après elles, 600 mules et 300 chameaux transportaient le numéraire royal, accompagnés par un corps d'archers. Les femmes des proches et des amis du roi venaient immédiatement après ce cortège, ainsi que les troupes de vivandiers et de domestiques. Pour clôturer la marche, il y avait enfin les troupes légères, chacune avec son chef.

En face, pour qui regardait les forces macédoniennes, l'aspect était dissemblable ; car chevaux et hommes ne brillaient ni par l'or ni par les étoffes multicolores, mais par le fer et l'airain. Armée prête aussi bien à s'arrêter qu'à avancer, nullement alourdie par la cohue ou les bagages, attentive à tout signal, même à peine esquissé ; pour leur camp, n'importe quel endroit leur agréait, et, pour alimenter l'armée n'importe quelle nourriture. Aussi, dans la bataille, Alexandre put-il compter sur ses soldats. Darius, roi d'une foule énorme, fut réduit par l'étroitesse du terrain où il se battit à un effectif dont il avait méprisé la médiocrité chez l'ennemi.

Quinte-Curce, III, 2 ; 3, 7 – 28.

Séquence 15

LA BATAILLE D'ISSOS

Novembre 333

Personnages :

Alexandre et son armée de 30 000 hommes, effectif réduit par la nécessité de laisser des garnisons dans les cités conquises.

Côté Macédoniens :

Parménion le vieux général fidèle.

Nicanor, l'un des fils de Parménion, commandant les hypaspistes, les fantassins légers. Héroïque officier du Granique, d'Issos et plus tard de Gaugamèles (voir séquence 21, p. 169), il mourra de maladie en Hyrcanie.

Coènos, fils de Polémocratès, commandant une compagnie de Pezétaïres, le corps des Hétaïres d'infanterie.

Perdiccas, fils d'Oronte, commandant lui aussi une compagnie de Pezétaïres. Alexandre verra en lui son successeur en lui confiant son sceau à sa mort (voir séquence 44, p. 411).

Méléagre, commandant lui aussi des Pezétaïres.

Ptolémée (voir p. 51).

Amyntas, fils d'Andromènès, commandant également des Pezétaïres.

Cratère, Hétaïre comme les six précédents, l'une des plus grandes personnalités de l'entourage d'Alexandre. Après la mort de Parménion, il deviendra le conseiller militaire le plus en vue.

Côté Perses :

Darius et son armée supérieure en nombre, d'après Plutarque et Arrien, 600 000 hommes, d'après Diodore et Justin, un demi-million et, pour Quinte-Curce, 300 000.

Nabarzanès, chiliarque de Darius, le plus haut dignitaire de la cour, et l'un des meilleurs officiers. Energique, il continuera la lutte après la mort de Darius.

Thimodès, chef des mercenaires grecs à la solde des Perses. L'élite de l'armée.

Aristomédès, originaire de Phères, général thessalien qui s'enfuira à Chypre et en Égypte après la défaite d'Issos avec Amyntas (un deuxième), le fils d'Antiochos et l'ami d'Alexandre, qui, après s'être brouillé avec lui, était passé du côté de Darius.

Oxatrès, frère de Darius, qui se ralliera à Alexandre après la mort du Grand Roi.

Atizyès, satrape de la Grande Phrygie. Il avait commandé un contingent de cavalerie au Granique.

Rhéomithrès, l'un des généraux perses du Granique.

Sabacès, satrape d'Égypte.

Amyntas (le deuxième, ami d'Aristomédès, voir plus haut), le fils d'Antiochos.

Sisigambis et Stateira, la mère et l'épouse de Darius, et les autres femmes.

Drypetis, fille de Darius.

Ochos, fils de Darius, âgé de 6 ans.

... et sûrement **Stateira**, la fille aînée de Darius portant le même prénom que sa mère. Alexandre l'épousera à Suse (voir séquence 40, p. 387).

Pour la première fois, les deux adversaires mythiques s'affrontent dans une mêlée sanglante où leurs proches tentent de les protéger au péril de leur vie. Alexandre chevauche Bucéphale et Darius est debout sur son char de combat.

Cependant, après qu'il eut envoyé à Damas de Syrie toute sa fortune et ses objets les plus précieux sous la garde d'une faible escorte, il conduisit le reste de ses troupes en Cilicie, emmenant à la suite de l'armée, selon la coutume nationale, sa femme et sa mère. Ses filles aussi, avec son jeune fils, accompagnaient leur père. Par hasard, ce fut au cours de la même nuit qu'Alexandre parvint aux gorges qui donnent accès en Syrie, et Darius à l'endroit qu'on appelle Pyles Amaniques. Les Perses ne doutèrent pas qu'abandonnant Issos après l'avoir occupé les Macédoniens s'enfuyaient ; car ils avaient surpris quelques blessés et des malades, incapables de suivre la marche. Poussé par la barbare férocité de ses courtisans déchaînés, Darius leur fit couper ou brûler les mains à tous, et les fit mener partout pour qu'ils se rendissent compte de ses forces ; quand ils eurent tout contemplé suffisamment, il les invita à rapporter à leur roi ce qu'ils avaient vu. Il lève donc le camp, traverse le fleuve du Piliane, avec l'intention de talonner ceux qu'il croyait en fuite. Mais les soldats aux mains coupées pénètrent dans le camp macédonien, et annoncent que Darius suit dans une course effrénée. On ne les croyait guère ; aussi Alexandre envoie-t-il en avant des éclaireurs avec ordre d'explorer les régions côtières pour savoir si Darius était là en personne ou si l'un de ses préfets avait donné l'impression que toute l'armée arrivait. Mais, comme les éclaireurs revenaient, on aperçut au loin l'immense multitude. Ensuite, dans toutes les plaines, des feux commencèrent à briller, et tout parut s'embraser dans un incendie continu : car cette multitude désordonnée, à cause surtout des bêtes de somme, se déployait sur un large espace. Alexandre donna aux siens, sans tarder, l'ordre d'établir le camp sur place, heureux de voir réalisé son ardent désir d'engager le combat de préférence dans ce défilé.

Mais, comme il arrive quand approche le moment de la décision suprême, la confiance se mua en inquiétude. Il craignait cette même fortune dont le souffle l'avait porté à de si belles réussites, et non sans motif, ce qu'il lui devait lui rappelait combien elle varie : il ne restait qu'une nuit pour retarder l'heure d'un tel risque. Par contraste, il songeait que la récompense était plus grande que le danger : « s'il n'était pas sûr de gagner, il savait du moins qu'il mourrait avec honneur et glorieusement ». Il ordonna donc à ses soldats de se reposer, et, ensuite, d'être, à la troisième veille, prêts au combat, et sous les armes. Pour lui, il monta sur la cime d'une haute montagne et, dans le flamboiement de torches nombreuses, il fit, suivant l'usage de son pays, un sacrifice aux dieux protecteurs de l'endroit. Déjà, pour la troisième fois, selon la prescription d'Alexandre, la trompette avait averti le soldat, prêt aussi bien pour une marche que pour la bataille. Ils reçurent l'ordre d'avancer vivement et, à l'aube, ils arrivèrent au défilé qu'on avait décidé d'occuper. Les éclaireurs rapportaient que Darius était à 54 km de là. Alors Alexandre fait arrêter la marche, et, après avoir pris ses armes, il dispose lui-même son front de bataille.

Des paysans effrayés annoncèrent à Darius l'arrivée de l'ennemi ; il crut avec peine à une offensive de ceux qu'il poursuivait en fuyards. Un effroi peu ordinaire s'emparait de tous ses soldats, mieux faits pour la marche que pour le combat ; en hâte, ils prenaient leurs armes. Mais la précipitation même de leurs courses désordonnées et de leurs appels aux armes les frappa d'une crainte accrue. Les uns avaient gravi la montagne pour voir, de la cime, l'armée ennemie ; la plupart bridaient les chevaux. Cette armée sans cohésion, et qui n'obéissait pas à un commandement unique, avait, par son affolement, généralisé la confusion. Tout d'abord, Darius décida d'occuper, avec une partie de ses troupes, la crête montagneuse ; il désirait tourner l'ennemi de face et de dos, et, en outre, du côté de la mer qui protégeait l'aile droite macédonienne, opposer d'autres soldats, afin que sa pression portât sur tout le front. De plus, 20 000 hommes de troupes de choc avec une formation d'archers avaient reçu l'ordre de passer le Pinare, dont le cours séparait les deux armées, et de faire face aux forces de Macédoine ; s'ils ne pouvaient y réussir, ils se replieraient dans les montagnes et, sans donner l'éveil, tourneraient les arrières de l'ennemi. Mais la valeur de ces plans fut ruinée par la fortune, plus puissante que tout calcul ; car les uns, par peur, n'osaient obéir à l'ordre ; les autres s'y conformaient – en vain, parce que, quand les éléments chancellent, l'ensemble perd son aplomb.

Voici comment se présentait sa ligne de bataille. Nabarzanès tenait l'aile droite avec sa cavalerie, que renforçaient environ 20 000 frondeurs et archers. Là était aussi Thimodès qui commandait les mercenaires, grecs, soit 30 000 fantassins. Ils constituaient l'élite indiscutable de l'armée, et leurs formations valaient la phalange macédonienne. À l'aile gauche, le Thessalien Aristomédès avait 20 000 fantassins barbares. Les nations les plus belliqueuses formaient sa réserve. Quant au roi, qui devait combattre à la même aile, il avait avec lui une élite de 3 000 cavaliers (ses gardes de corps ordinaires) et une division d'infanterie de 40 000 hommes ; ensuite, les cavaliers Hyrcaniens et Mèdes, suivis de ceux des autres nations rangés derrière eux à droite et à gauche. Devant cette armée, formée comme on l'a dit, marchaient 6 000 frondeurs et lanceurs de javelots. Tout ce qui était accessible dans le défilé était rempli de troupes ; les ailes tenaient d'un côté à la montagne, de l'autre à la mer ; l'épouse et la mère de Darius, ainsi que le groupe des autres femmes, avaient été placés au centre.

Alexandre rangea en première ligne la phalange qui était l'élément le plus solide de l'armée macédonienne. Nicanor, un fils de Parménion, tenait l'aile droite ; à ses côtés, il y avait Coènos, Perdiccas, Méléagre, Ptolémée et Amyntas, chacun menant sa division. À l'aile gauche, qui s'appuyait à la mer, étaient Cratère et Parménion, mais Cratère était subordonné à Parménion. Les deux ailes comprenaient de la cavalerie : les Macédoniens, renforcés par les Thessaliens, tenaient la droite, et les Péloponnésiens la gauche. Devant le front, Alexandre avait disposé un corps de frondeurs, mêlés à des archers. En outre, Thraces et Crétois, eux aussi équipés à la légère, marchaient devant le gros de l'armée. À ceux que Darius avait envoyés en avant-garde pour occuper la crête montagneuse, il opposa des Agriens qu'on venait d'amener de

Grèce. Il avait recommandé à Parménion d'étendre le plus possible sa ligne vers la mer, pour que le front fût d'autant plus éloigné des montagnes qu'avaient occupées les Barbares. Mais ceux-ci, trop lâches pour résister à ceux qui arrivaient ou pour encercler ceux qui les avaient dépassés, s'étaient enfuis, affolés surtout à la vue des frondeurs ; de la sorte, se trouva protégé le flanc de l'armée d'Alexandre qui avait redouté des attaques venues des hauteurs. Les Macédoniens avançaient sur 32 rangs de profondeur, car le défilé n'autorisait pas un déploiement plus considérable. Puis, peu à peu, les replis des montagnes s'élargirent et découvrirent un espace plus vaste : si bien que l'infanterie put avancer en formation normale, et même la cavalerie se répandre sur les flancs.

Déjà les deux armées étaient en vue, mais à plus d'une portée de trait, quand les Perses, les premiers, poussèrent un cri confus et farouche. De leur côté, les Macédoniens y répondent, avec une ampleur plus grande que leur nombre ne le laisserait attendre ; et la crête des monts, les gorges désolées leur firent écho : car toujours un cirque de forêts et de rocs renvoie en le multipliant le moindre son qui le frappe. Alexandre précédait les étendards ; souvent, il contenait les siens de la main, craignant qu'ils n'engageassent le combat haletants et, dans l'excès de leur hâte, à bout de souffle. Chaque fois qu'il passait à cheval devant le front des troupes, il les haranguait, modifiant ses paroles selon le caractère de chaque nation. Aux Macédoniens, victorieux dans tant de guerres en Europe, partis à la conquête de l'Asie et de l'Extrême-Orient moins sous son impulsion que sous la leur propre, il rappelait leur antique valeur : « c'étaient eux, les libérateurs du monde ; un jour, ils dépasseraient les bornes d'Hercule et de Liber le Vénérable ; alors, ils courberaient sous le joug non les Perses seuls, mais tous les peuples ; Bactres, l'Inde seraient des provinces de la Macédoine ; ce qu'ils avaient aujourd'hui sous les yeux n'était à peu près rien ; tout : voilà les perspectives de la victoire. Désormais, c'en était fini des peines stériles sur les parois abruptes d'Illyrie et les rocs de Thrace : les dépouilles de tout l'Orient s'offraient à eux. À peine aurait-on besoin de l'épée ; toute cette armée, ballottée par la peur, les bosses de leurs boucliers suffiraient à la mettre en fuite. » Il invoquait ensuite son père, Philippe, vainqueur d'Athènes, et il rappelait à leurs esprits l'image de la Béotie récemment domptée et de la ville illustre qu'ils y avaient rasée. Puis il évoquait le Granique, et tant de villes ou prises d'assaut ou faisant leur soumission, et tout, derrière eux, abattu et gisant à leurs pieds. S'il abordait des Grecs, il leur remémorait les invasions de la Grèce par ces peuples, quand l'insolence de Darius d'abord, puis de Xerxès, leur demandait la terre et l'eau, de sorte qu'après sa soumission il ne serait resté à leur pays ni une fontaine pour boire ni les aliments essentiels ; leurs temples, rappelait-il, avaient été deux fois anéantis par la destruction et par les flammes, leurs villes prises d'assaut, toutes les conventions du droit humain et divin violées. Aux Illyriens et aux Thraces, habitués à vivre de pillage, il faisait contempler la ligne ennemie dans l'éclat de l'or et de la pourpre et portant moins des armes qu'une proie : « En avant ! à eux d'arracher virilement leur or à ces lâches efféminés ! Qu'ils changent les cimes abruptes de leurs montagnes, leurs sentiers dénudés et durcis par les glaces éternelles contre la richesse des terres et des campagnes de Perse ! »

Ils étaient arrivés à portée de trait ; alors, la cavalerie perse chargea avec fougue l'aile gauche des ennemis : Darius souhaitait, pour avoir la décision, un combat de cavalerie, pressentant que la phalange faisait la force de l'armée macédonienne. Déjà même, l'aile droite d'Alexandre était enveloppée. Dès qu'il s'en rendit compte,

La bataille d'Issos

le Macédonien donna ordre à deux corps de cavalerie de demeurer sur la crête montagneuse, et, vivement, il jette le reste en pleine mêlée. Puis il retire du front la cavalerie thessalienne et ordonne à son chef de passer, sans se laisser voir, derrière les combattants et de se joindre à Parménion dont il exécuterait les commandements avec diligence. Les Macédoniens, qui s'étaient jetés au milieu des Perses, cernés de partout se défendaient fort bien ; mais, tassés, et comme soudés entre eux, ils étaient incapables de lancer leurs traits, qui, aussitôt envoyés, revenaient vers eux pêle-mêle ; en petit nombre, ceux-ci atteignaient l'ennemi, mollement et sans effet ; la plupart tombaient sur le sol sans faire de mal. Aussi, contraints au corps à corps, tirent-ils l'épée sans hésiter. Alors, beaucoup de sang coula : le contact des deux armées était si étroit qu'on heurtait armes contre armes et qu'on frappait d'estoc au visage. Impossible alors à la lâcheté et à la paresse de se dérober ; pied contre pied, comme pour une série de duels, ils restaient sur place, jusqu'à ce que la victoire leur frayât la route. Donc, l'on n'avançait qu'une fois l'ennemi abattu. Mais, après ce gros effort, on se heurtait à un nouvel adversaire ; les blessés non plus ne pouvaient, comme à l'ordinaire, sortir de la bataille : ils étaient pressés, de face, par l'ennemi, et de dos, talonnés par les leurs.

Alexandre agissait en soldat autant qu'en chef ; il recherchait, en tuant le roi, la gloire des dépouilles opimes ; Darius, du haut de son char, dominait tout : puissante invitation pour les Perses à le protéger, pour les ennemis à l'attaquer. Son frère Oxatrès, voyant qu'Alexandre le menaçait, constitua avec les cavaliers placés sous ses ordres un barrage devant le char même du roi. Par ses armes, sa force physique, il dépassait largement tous les autres ; par ses sentiments et son affection, il appartenait à une petite élite ; il est certain qu'il s'illustra par ce combat, abattant les téméraires qui l'attaquaient et mettant les autres en fuite. Mais les Macédoniens entouraient le roi, et de mutuelles exhortations les raffermissaient : avec lui, ils foncent sur la cavalerie. Alors le massacre prit la tournure d'un écrasement. Autour du char de Darius, gisaient les plus nobles chefs, morts glorieusement sous les yeux de leur roi, tous la face au sol, comme ils étaient tombés dans le combat, ayant reçu leurs blessures par devant. Parmi eux, l'on identifiait Atizyès, Rhéomithrès, le préteur d'Égypte Sabacès, préfets d'armées considérables ; autour d'eux était accumulée une foule plus obscure de fantassins et de cavaliers. Les Macédoniens de leur côté perdirent assurément peu de gens, mais c'étaient les plus résolus. Alexandre, au milieu d'eux, eut la cuisse droite effleurée par la pointe d'une arme. Déjà les chevaux qui tiraient Darius, transpercés de coups de lance et s'emballant sous la douleur, se mettaient à secouer le joug, et allaient jeter le roi à bas de son char ; il craint donc de tomber vivant au pouvoir de ses ennemis, saute, et prend place sur un cheval qui le suivait à cet effet, après s'être honteusement dépouillé des insignes de la royauté qui risquaient de trahir sa fuite. Alors, tous les autres se dispersent, apeurés, et se précipitent par où ils trouvent un chemin libre pour fuir, jetant les armes qu'ils venaient de prendre pour se protéger : tant l'épouvante redoute même une aide !

La cavalerie, envoyée par Parménion, talonnait les fuyards que, par hasard, leur fuite avait tous emportés vers cette aile-là. Mais, à l'aile droite, les Perses serraient de près les cavaliers de Thessalie ; déjà une charge seule avait piétiné un des escadrons, quand les Thessaliens, vivement, tournent bride, se dispersent, puis reviennent au combat et font un immense massacre de Barbares, qui, dans leur assurance de vainqueurs, étaient épars et en désordre. Chevaux aussi bien que cavaliers perses – formation alourdie par les plaques des cuirasses, – s'adaptaient avec peine à un genre de combat qui veut, d'abord, de la rapidité : ils étaient en train de tourner bride, quand les Thessaliens, sans courir de risque, les avaient surpris. Lorsqu'on lui annonça l'heureuse issue de ce combat, Alexandre, qui auparavant n'avait pas osé poursuivre les Barbares, sûr maintenant de la victoire à chaque aile se mit à talonner les fuyards. 1 000 cavaliers à peine suivaient le roi, alors qu'une masse énorme d'ennemis battait en retraite ; mais qui, soit dans la victoire soit dans la fuite, dénombre ses troupes ? Les Perses étaient donc chassés comme du bétail par une poignée d'hommes, et la même crainte qui les obligeait à fuir retardait leur fuite. En revanche, les Grecs attachés à Darius, coupés de tout le monde, s'étaient échappés sous la conduite d'Amyntas, ancien préteur d'Alexandre, présentement transfuge, et ils ne faisaient nullement figure de fuyards. Les Barbares prirent pour fuir des directions bien diverses ; les uns suivirent la route qui menait droit en Perse ; certains, par un détour, gagnèrent les rochers et les gorges secrètes de la montagne, et une minorité le camp de Darius. Mais là, le vainqueur aussi était entré, en ce camp d'une richesse inouïe. Les soldats avaient mis à sac des masses énormes d'or et d'argent, qui servaient aux plaisirs, non à la guerre ; comme ils emportaient sans mesure, les chemins étaient jonchés çà et là de bagages de moindre prix : la cupidité les avait méprisés, par comparaison avec de plus importants. Maintenant, c'était le tour des femmes, et on leur arrachait leurs parures avec d'autant plus de brutalité qu'elles leur sont plus chères. La violence et le désir n'épargnaient pas non plus leurs personnes. Le camp était rempli de gémissements et de lamentations diverses, selon le sort de chacun ; pas de malheur dont on n'eût le spectacle ; la cruauté et la licence du vainqueur suivaient leurs cours, sans souci du rang ni de l'âge.

Alors certes, apparut pleinement l'arbitraire de la fortune : car ceux qui avaient paré la tente de Darius de tout l'appareil du luxe et de l'opulence réservaient ces mêmes objets pour Alexandre, comme s'il était leur ancien maître. De fait, c'est à cela seul que les soldats s'étaient abstenus de toucher, la coutume voulant qu'on accueillit le vainqueur dans la tente du roi vaincu.

Mais deux captives, la mère et la femme de Darius, avaient déjà attiré à elles les pensées et les regards : la première inspirait le respect par sa majesté et, en outre, par son âge, l'autre était d'une beauté qui, même en cette situation, restait intacte ; elle tenait abrité contre sa poitrine son fils, qui n'avait pas encore achevé ses six ans et qui, à sa naissance, pouvait espérer la haute fortune que son père venait de perdre. Dans les bras de l'aïeule, deux jeunes filles étaient effondrées, accablées par leur propre douleur, et par la sienne surtout. Autour d'elle, debout, une foule immense de femmes nobles s'arrachait les cheveux, déchirait ses vêtements, oublieuse de son illustration passée, et appelait encore ses reines, et ses maîtresses, titres autrefois exacts, maintenant déplacés. Elles, sans penser à leur propre malheur, voulaient savoir à quelle aile Darius s'était tenu, quel avait été le sort de la lutte ; elles se refusaient à se dire captives, si le roi était en vie. Mais lui, changeant constamment de cheval, avait disparu dans une fuite lointaine.

Dans le combat, les Perses perdirent 100 000 fantassins, 10 000 cavaliers ; du côté d'Alexandre, il y eut environ 504 blessés ; parmi les fantassins, on déplora en tout 32 morts, et parmi les cavaliers 150 : faible prix d'une victoire immense ![18]

Quinte-Curce, III, 8, 12 – 11, 27.

---

18. Diodore donne le nombre de 300 cavaliers et 150 fantassins (XVII, 36, 6).

Séquence 16

LA CAPTURE DE LA FAMILLE ROYALE

Novembre 333

Personnages :

Alexandre, épuisé et blessé mais prêt à faire la fête.

Héphaistion, le préféré d'Alexandre.

Mithrénès, Perse ayant retourné sa veste à Sardes et qui sera nommé par Alexandre satrape d'Arménie en 331-330.

Léonnatos, hétaïre qui fera toute la campagne d'Alexandre et mourra en 322.

Sisigambis, Stateira, Ochos et les autre membres de la famille royale.

Ambiance de quiproquos douloureux, de pleurs, de cris hystériques et d'arrachage de cheveux avant l'apaisement apporté par Alexandre le Magnanime.

Comme la nuit approchait sans qu'il pût espérer rejoindre Darius, le roi, lassé de le poursuivre depuis longtemps, gagna le camp que les siens venaient de prendre. Puis il fit inviter ceux de ses amis avec qui il était le plus lié, car la blessure de sa cuisse, éraflure superficielle de la peau, ne lui interdisait pas de prendre part au repas ; or, soudain, venant de la tente la plus proche, une clameur sinistre, mêlée de hurlements et de plaintes barbares, épouvanta les convives. La compagnie qui montait la garde à la tente du roi, dans la crainte que ce ne fût le début d'un mouvement plus grave, s'était mise en armes. Cette peur subite était provoquée par la mère et la femme de Darius ainsi que les prisonnières nobles, qui, croyant le roi tué, le pleuraient avec des gémissements et des plaintes sans bornes. Effectivement, l'un des eunuques prisonniers, qui par hasard s'était arrêté devant leur tente, reconnut dans les mains de celui qui l'avait trouvé le manteau dont Darius, comme on vient de le dire, s'était débarrassé pour que sa tenue ne le trahît pas ; concluant qu'on l'avait dépouillé après l'avoir tué, il avait apporté à tort la nouvelle de la mort du roi. Quand il sut l'erreur de ces femmes, Alexandre pleura, dit-on, sur le destin de Darius et leur affection pour lui. Il avait d'abord ordonné à Mithrénès, l'homme qui avait livré Sardes, d'aller les consoler : car il savait bien le perse ; puis, craignant que la vue du traître ne renouvelât le ressentiment et la douleur des captives, il envoya un de ses courtisans, Léonnatos, avec ordre de leur signaler qu'elles pleuraient sans raison sur un vivant. Avec une faible escorte de gardes, Léonnatos arrive à la tente qu'occupaient les captives, et fait savoir qu'Alexandre l'envoie. Mais dès que ceux qui étaient dans le vestibule aperçurent ces hommes armés, persuadés que c'en était fait de leurs maîtresses ils courent dans la tente, hurlant que leur dernière heure est arrivée et qu'on a envoyé des gens pour tuer les captives. Elles, qui n'avaient ni le pouvoir d'empêcher Léonnatos d'entrer ni le courage de l'admettre en leur présence, ne répondaient pas, et attendaient en silence la décision du vainqueur. Après un long temps passé sans qu'on l'introduisît, Léonnatos, que personne n'osait éconduire, laissa son escorte dans le vestibule, et pénètra dans la tente. Cela suffit à bouleverser ces femmes, qui le voyaient entrer brutalement, sans être admis. Aussi la mère et l'épouse, se jetant à ses pieds, se mirent-elles à le supplier de leur permettre, avant qu'on les tuât, d'ensevelir Darius selon le rite de son pays : quand elles auraient rendu au roi les derniers devoirs, elles mourraient sans faiblesse. Léonnatos leur dit que Darius était vivant, qu'elles ne risquaient rien et même seraient reines avec tout l'apparat de leur fortune passée. Alors, seulement, la mère de Darius se laissa relever.

Le lendemain, Alexandre fait soigneusement ensevelir les soldats dont on avait retrouvé les cadavres ; puis il ordonne qu'on rende le même honneur aux Perses les plus nobles et autorise la mère de Darius à ensevelir qui elle voudrait selon la coutume du pays. Elle fit enterrer un petit nombre de parents très proches, mais en tenant compte de sa situation actuelle ; elle jugeait qu'on verrait d'un mauvais œil la pompe avec laquelle on rend, en Perse, les derniers devoirs, puisqu'on brûlait sans faste les vainqueurs. Quand les cérémonies funèbres eurent été accomplies, Alexandre fait prévenir les captives de sa visite ; et retenant la foule de ses Compagnons, il pénètre dans la tente avec Héphaistion. Celui-ci, qui avait grandi à ses côtés, confident de tous ses secrets, était de beaucoup le plus cher de tous ses amis ; nul autre, dans ses remarques, n'avait droit à cette liberté ; mais il en usait comme d'une autorisation du roi, et non comme d'un droit qu'il se serait arrogé ; il était du même âge qu'Alexandre, mais de taille supérieure. Les reines donc, le prenant pour le roi, l'honorèrent à la manière de leur pays. Puis quelques eunuques prisonniers leur indiquèrent qui était Alexandre ; Sisigambis se roula alors à ses pieds, alléguant comme excuse qu'elle n'avait jamais vu le roi auparavant. Le roi la releva de sa propre main :

— Tu ne t'es pas trompée, mère ! dit-il, car lui aussi est Alexandre.

La réserve et la clémence de sa conduite le mirent au-dessus de tous les rois antérieurs à lui. Les vierges royales, d'une beauté extrême, il respecta leur honneur comme si elles étaient issues du même père que lui ; à l'épouse du roi, plus belle que toute autre femme de son temps, il ne fit aucune violence ; au contraire : il prit le plus grand soin à ce que personne ne se fît un jouet de la captive ; sur son ordre, toutes leurs parures furent rendues aux femmes ; et de la splendeur de leur fortune passée rien ne manqua aux prisonnières que la sérénité. D'où ces paroles de Sisigambis :

— Roi, tu as droit à ce que nous fassions pour toi les prières que nous faisions autrefois pour notre cher Darius, et, je le crois bien, tu en es digne, toi qui as surpassé un si grand roi non seulement par le bonheur, mais aussi par ta bienveillance. Tu m'appelles mère et reine ; mais moi, je me reconnais ta servante. Je suis aussi bien à la hauteur de ma fortune passée que capable de souffrir le joug actuel ; à toi de savoir si tu veux attester par la clémence plutôt que par la cruauté le pouvoir absolu que tu as sur nous.

Le roi les invita à avoir bon courage. Il prit dans les bras le fils de Darius ; l'enfant qui le voyait alors pour la première fois ne s'effraie point, et lui entoure le cou de ses mains. Ému par l'intrépidité de l'enfant, il regarda Héphaistion et lui dit :

— Comme je voudrais que Darius eût pris quelque chose de ce caractère !

Puis il sortit de la tente. Il consacre trois autels, sur la rive du Pinare, à Zeus, Hercule et Athéna ; ensuite il gagne la Syrie, envoyant en avant-garde Parménion à Damas, où était le trésor royal.

Quinte-Curce, III, 12.

Séquence 17

CORRESPONDANCE

Fin 333

Personnages :

Alexandre arrogant et malin.

Darius contraint à négocier.

Méniscos, Arsimas et Thersippos, les facteurs.

Échanges musclés par missives interposées.

Alexandre était encore à Marathos quand arrivèrent des ambassadeurs de Darius, chargés d'une lettre de Darius et chargés de lui demander de vive voix de laisser partir la mère, la femme et les enfants de Darius. La lettre révélait qu'il y avait entre Philippe et Artaxerxès des liens d'amitié et d'alliance militaire et que, au moment où régnait Arsès, fils d'Artaxerxès, Philippe avait été le premier à mal agir à l'égard d'Arsès, sans avoir rien eu à souffrir de la part des Perses. Depuis qu'il était roi des Perses lui-même, Alexandre ne lui avait envoyé personne pour renforcer ces anciens liens d'amitié et d'alliance : il était passé en Asie avec son armée et avait causé de nombreux torts aux Perses. C'est pour cela que lui-même était descendu pour défendre son pays et conserver le pouvoir de ses pères. Telle ou telle divinité avait décidé de l'issue de la bataille mais lui, Roi, demandait à un autre Roi de relâcher sa femme, sa mère et ses enfants qu'il avait fait prisonniers ; il voulait établir avec Alexandre des liens d'amitié et devenir son allié militaire. Pour cela il suggérait qu'Alexandre lui envoie, avec Méniscos et Arsimas, les deux ambassadeurs venus de Perse, des hommes qui pourraient prendre des garanties et en donner au nom d'Alexandre.

Alexandre lui répondit alors par lettre et il envoya Thersippos avec les envoyés de Darius, lui demandant de remettre la lettre à Darius sans discuter lui-même de rien. Voici quelle était la lettre d'Alexandre :

« Vos ancêtres sont venus en Macédoine et ont fait beaucoup de mal à toute la Grèce alors que nous n'avions jamais mal agi. Moi, nommé général en chef des Grecs et désireux de tirer vengeance des Perses, je suis passé en Asie, alors que c'est vous qui avez commencé. Car vous avez porté secours à la cité de Périnthos qui avait mal agi à l'égard de mon père, et Ochos a envoyé des forces militaires en Thrace, qui était sous notre hégémonie. Mon père est mort sous les coups de comploteurs que vous avez vous-mêmes organisés, comme vous vous en êtes vantés dans des lettres envoyées un peu partout ; après avoir assassiné Arsès avec l'aide de Bagoas, tu t'es emparé du pouvoir en toute injustice et au mépris de la loi perse, en agissant mal à l'égard des Perses ; et tu as envoyé aux Grecs des lettres peu convenables pour qu'ils me fassent la guerre ; tu as envoyé de l'argent aux Lacédémoniens et à d'autres Grecs, et aucune cité ne l'a accepté sauf les Lacédémoniens ; des gens envoyés par toi ont détruit mes amis, et ils ont essayé de rompre la paix que j'avais donnée aux Grecs – je t'ai déclaré la guerre, mais c'est toi qui a montré le premier de la haine. Puisque j'ai vaincu au combat d'abord tes généraux et tes satrapes, et à présent toi-même et les forces qui t'accompagnaient, puisque je tiens ce pays que m'ont donné les dieux, eh bien, tous ceux qui, ayant combattu à tes côtés, ne sont pas morts au combat mais se sont réfugiés chez moi, j'en prendrai soin ; et ils ne sont pas avec moi contre leur gré, ils font campagne avec moi de leur plein gré. Alors viens vers moi comme vers le maître de toute l'Asie. Si tu as peur de venir et de subir quelque mauvais traitement de ma part, envoie quelques amis prendre des garanties. Une fois chez moi, demande-moi ta mère, ta femme, tes enfants et tout ce que tu voudras, et tu l'auras. Ce que tu me demanderas sera à toi. Mais désormais, chaque fois que tu t'adresses à moi, fais-le comme au Roi de l'Asie. Ne m'écris pas d'égal à égal, mais si tu as besoin de quelque chose, parle-moi comme à quelqu'un qui est Maître de tous tes biens. Sinon, je consulterai à ton sujet, en te considérant comme quelqu'un qui est coupable. Si tu n'es pas d'accord sur la royauté, résiste et bas-toi encore pour elle ; et ne t'enfuis pas, car moi, j'irai où que tu sois ».

Arrien, *Anabase*, II, 14.

Après avoir établi à Tyr un satrape de Phénicie et levé le camp, Alexandre fit route en longeant la Syrie. Vinrent alors à sa rencontre des envoyés de Darius, porteurs d'une lettre, d'une lanière, d'une balle et d'une cassette remplie d'or. Alexandre prit la lettre de Darius, le roi des Perses, et lut ce texte :

« Moi, Roi des rois, né de la race des dieux, qui m'élève dans le ciel en même temps que le soleil, le dieu Darius lui-même, à Alexandre mon serviteur : je t'enjoins et t'ordonne de retourner chez tes parents, d'être mon esclave et d'aller te coucher entre les seins de ta mère Olympias. Car voilà ton âge : tu veux être dressé et tenu en nourrice. C'est pourquoi je t'ai envoyé une lanière, une balle et une cassette remplie d'or, afin que tu choisisses ce que tu veux de préférence : la lanière, pour te rappeler que tu dois encore être dressé ; ou la balle pour que tu t'amuses avec les enfants de ton âge et cesses de débaucher une bande insolente de jeunes garçons en si grand nombre, comme un chef de brigands que tu es, en les emmenant avec toi semer le trouble dans nos villes. Car même l'humanité entière, coalisée sous un seul commandement, ne pourra renverser la royauté des Perses. Je dispose en effet de telles multitudes de soldats que, pas plus que le sable on ne saurait les dénombrer, et j'ai assez en or et en argent pour recouvrir la terre entière. Je t'ai donc aussi envoyé une cassette remplie d'or au cas où tu n'aurais pas de quoi nourrir tes brigands de compagnons, pour que tu leur distribues le nécessaire afin que chacun d'eux puisse se replier dans sa patrie. Mais si tu n'obéis pas à mes ordres, j'enverrai des troupes à ta poursuite, en sorte que tu sois capturé par mes soldats Et ce n'est pas en qualité de fils de Philippe que tu seras dressé, mais comme rebelle que tu seras crucifié. »

Trois jours après, Alexandre écrit à Darius une lettre, qu'il lut aussi à ses propres troupes, à l'insu des courriers de Darius. En voici la teneur :

« Le roi Alexandre, fils du roi Philippe et de sa mère Olympias, au Roi des rois, qui trône avec les dieux et s'élève dans le ciel en même temps que le soleil, au grand dieu, le roi des Perses, salut. Il est bien honteux, pour toi qui te trouves élevé à une telle puissance et qui t'élèves dans le ciel en même temps que le soleil, de succomber un jour à l'humiliant esclavage d'un homme nommé Alexandre. Car les noms des dieux, quand ils descendent jusqu'à des hommes, leur procurent en abondance puissance ou intelligence. Comment en effet des noms des dieux immortels habiteraient-ils des corps périssables ? Vois-tu, en cela aussi, tu as été reconnu de notre part comme quelqu'un d'incapable de rien contre nous, mais qui usurpe les noms des dieux et qui s'affuble sur terre de leurs pouvoirs. Pour moi, en effet, je viens me battre avec toi comme avec un simple mortel, mais l'issue de la victoire dépend de la Providence céleste. De surcroît, pourquoi nous avoir écrit que tu possédais tant de bel or et de bel argent ? Afin qu'avertis, nous nous battions plus noblement pour prendre ces richesses ? De plus, si c'est moi qui te vaincs, je serai célèbre, et un grand roi pour les Grecs et les Barbares, parce que j'aurai renversé ce si puissant souverain, le roi Darius ! Mais si c'est toi qui me défais, tu n'auras rien fait de noble, car tu auras défait un brigand, comme tu nous l'as écrit. Moi au contraire j'aurai défait le Roi des rois, le grand dieu Darius ! Tu m'as aussi envoyé une lanière, une balle et un coffre d'or, en te riant de moi. Pour ma part, j'ai reçu ces cadeaux comme autant de bonnes nouvelles. J'ai pris la lanière, car, en les écorchant de mes lances et de mes armes, je soumettrai les Barbares en esclavage de mes propres mains. Quant à la balle, tu m'as révélé par ce signe que je conquerrai le monde. Car le monde, par fortune, est rond et semblable à une sphère. Enfin, avec la cassette remplie d'or, c'est un grand présage que tu m'as envoyé : une fois vaincu par moi, tu me verseras tribut. »

Pseudo-Callisthène I, 36 ; 38.

Séquence 18

LE SIÈGE DE TYR

De janvier à juillet 332

Personnages :

Alexandre à 24 ans, tenace dans l'adversité.

L'armée macédonienne et surtout les ingénieurs et le génie.

Gérostratos, roi d'Arados, et sa flotte.

Énylos, roi de Byblos, et sa flotte.

Protéas, fils d'Andronicos, et son navire à 50 rames venant de Macédoine.

Les rois de Chypre, dont l'amiral **Andromachos** et leur flotte de 120 navires.

Cléandre, fils de Polémocrate et ses 4 000 mercenaires à la solde des Macédoniens.

La flotte phénicienne avec le roi Pnytagoros.

Androclès d'Amathunte, capitaine de vaisseau.

Pasicratès de Curion, capitaine de vaisseau.

Admète, commandant des hypaspistes. Meurt au combat.

Cratère, Coènos

Aristandros, le devin d'Alexandre.

Azémilcos, roi de Tyr.

Les Tyriens et leur flotte, pugnaces et déterminés.

Une ville difficile à prendre, mais conquise pour l'exemple en 7 mois de durs combats. Le premier grand port de la côte phénicienne est à lui.

De là il avança en direction de Tyr ; viennent à sa rencontre, sur la route, des ambassadeurs de Tyr envoyés par les autorités pour dire que les Tyriens avaient décidé de faire tout ce qu'Alexandre pourrait leur ordonner. Celui-ci fit l'éloge de la cité et des ambassadeurs (car ceux-ci étaient parmi les plus en vue des citoyens de Tyr et, parmi eux, le fils du roi de Tyr. Le roi, Azémiclos, était lui-même en mer avec Autophradatès) et il leur ordonna de dire aux Tyriens, une fois rentrés en ville, qu'il voulait se rendre dans la cité et y sacrifier à Héraclès.
En effet il y a à Tyr un sanctuaire d'Héraclès, le plus ancien que la mémoire humaine ait conservé ; mais il ne s'agit pas d'Héraclès d'Argos fils d'Alcmène…
C'est donc à cet Héraclès de Tyr qu'Alexandra déclara vouloir sacrifier. Lorsque cela fut rapporté à Tyr par les ambassadeurs, ils

jugèrent bon de faire tout ce que demandait Alexandre, mais de ne recevoir à Tyr aucun Perse ni aucun Macédonien ; ils considéraient que c'était, dans le cas présent, la décision la plus convenable pour eux et la plus sécuritaire aussi, eu égard à l'issue encore incertaine de la guerre. Lorsqu'on transmit à Alexandre ces nouvelles de Tyr, il renvoya les ambassadeurs et laissa libre cours à sa colère, puis, ayant réuni ses Compagnons, les généraux de son armée, les chefs de bataillons et d'escadrons, il parla ainsi :

– Amis et alliés, je vois que notre passage en Égypte est peu sûr car les Perses ont la maîtrise des mers ; poursuivre Darius en laissant derrière nous cette cité de Tyr à la position ambiguë, en laissant l'Égypte et Chypre aux mains des Perses, voilà qui n'est pas sans danger non plus, surtout pour la situation en Grèce. Il est à craindre que les Perses, ayant à nouveau pris possession des zones littorales, n'aillent porter la guerre en Grèce en une expédition encore plus forte si nous marchons avec toutes nos troupes sur Babylone et sur Darius ; les Lacédémoniens sont ouvertement nos ennemis, Athènes se tient à nos côtés plus par peur que par bienveillance à notre égard. En arrachant la cité de Tyr, toute la Phénicie serait à nous et la flotte, la plus nombreuse et la plus forte du camp perse, la flotte phénicienne, passerait vraisemblablement de notre côté. Car ni les rameurs ni les soldats d'infanterie de marine phéniciens, une fois leurs cités prises, ne supporteront de prendre des risques en naviguant pour autrui. Ensuite, Chypre passera sans difficulté de notre côté, ou bien une expédition s'en emparera aisément. Et si nous naviguions avec les bateaux macédoniens et avec les bateaux phéniciens, et si en même temps Chypre se joignait à nous, nous pourrions avoir une maîtrise absolue des mers et l'expédition vers l'Égypte nous devient alors facile. Ayant l'Égypte avec nous, il ne restera plus rien derrière nous d'inquiétant concernant la Grèce et notre patrie, et nous lancerons l'expédition vers Babylone sans inquiétude sur les affaires intérieures, et avec un prestige accru car nous aurons retranché de l'empire perse toutes les mers et les territoires jusqu'à l'Euphrate.

Avec ces mots il les convainquit sans peine de s'attaquer à Tyr. En plus, un signe divin le persuada lui-même, car un songe lui apparut, cette nuit-là, où lui-même approchait du rempart de Tyr, Héraclès l'accueillait et l'amenait dans la cité. Aristandros interpréta le songe en disant que Tyr serait prise avec peine, car les travaux d'Héraclès s'accomplirent aussi avec peine. Et il est vrai que le siège de Tyr paraissait très laborieux. Car leur cité était une île et elle était fortifiée tout autour par de hauts remparts. Et du côté de la mer l'avantage paraissait plutôt du côté tyrien car les Perses avaient encore la maîtrise des mers et les Tyriens eux-mêmes avaient encore beaucoup de bateaux qui croisaient alentour. Mais comme Alexandre avait remporté la décision, il décida de relier la terre ferme à l'île par un terrassement. Il y a là un détroit sans grand fond, la zone près de la terre ferme est peu profonde et boueuse, celle près de la ville est la plus profonde à traverser, elle fait environ 5,50 mètres. Mais il y avait là quantité de pierres et beaucoup de bois qu'ils hissèrent par-dessus les pierres ; les pieux étaient fichés sans difficulté dans la boue et la boue elle-même servait de ciment pour fixer les pierres. Il y avait beaucoup d'ardeur à l'ouvrage de la part des Macédoniens et de la part d'Alexandre lui-même qui, en personne, dirigeait chaque étape, les encourageant parfois en paroles et allégeant parfois aussi par des primes le travail de ceux qui faisaient preuve de qualités exceptionnelles. Tant qu'ils travaillèrent au terrassement du côté de la terre ferme, le travail progressa sans difficulté, car ils travaillaient dans des eaux peu profondes et sans personne pour les empêcher. Mais

Le siège de Tyr 145

quand ils s'approchèrent de la zone plus profonde et qu'ils se retrouvèrent à proximité de la cité, ils eurent à subir les tirs lancés du haut des remparts élevés ; en effet ils étaient mieux équipés pour le travail que pour le combat, et les Tyriens attaquaient le terrassement un peu partout avec leurs bateaux car ils étaient encore maîtres des mers, et ils rendaient souvent le travail des Macédoniens impossible. Alors les Macédoniens construisirent des tours à l'extrémité du terrassement, là où ils s'avançaient le plus loin dans la mer ; ils en érigèrent deux et y placèrent des machines de guerre. Les tours avaient des tentures de cuir et de peaux, pour ne pas souffrir des traits enflammés décochés des remparts, et elles étaient en même temps une protection pour les travailleurs contre les flèches. En même temps les Tyriens qui, en bateaux, attaquaient le terrassement, pourraient être sans difficulté refoulés par les tirs lancés depuis les tours.

Les Tyriens ripostent à ces préparatifs de la façon suivante. Ils remplissent un bateau de transport de cavalerie avec des rameaux secs et autres bois inflammables, ils fixent deux mâts sur la proue et les entourent d'une enceinte la plus large possible, pouvant contenir le plus possible de matériaux et de torches. Ils placent par-dessus de la poix, du soufre et tout autre produit capable de provoquer une grande flamme. Ils tendent une longue vergue double reliant les deux mâts et ils suspendent à cette vergue, dans des chaudrons, tout ce qui, une fois versé ou jeté, doit pouvoir activer encore la flamme. Ils placent aussi de lourdes charges à la poupe pour que le bateau se dresse en hauteur du côté de la proue grâce à la pression exercée à l'arrière du navire. Ils guettèrent alors le vent qui pourrait porter sur le terrassement, attachèrent des trières au bateau et le tirèrent par l'arrière. Lorsqu'ils se furent approchés du terrassement et des tours, ils mirent le feu au bois, tirèrent le plus violemment possible le bateau avec les trières et le précipitèrent sur la pointe du terrassement. Les hommes à bord du bateau en feu se sauvaient déjà sans difficulté à la nage, et en même temps une grande flamme s'abattait sur les tours ; les vergues se rompirent et déversèrent dans le feu tout ce qui avait été préparé pour attiser les flammes. Les hommes, sur les trières immobilisées près du terrassement décochaient leurs flèches sur les tours, pour mettre en danger ceux qui s'en approchaient en apportant de quoi éteindre le feu. Au même moment, alors que les tours étaient déjà en flammes, beaucoup de Tyriens se précipitèrent hors de leur ville, ils embarquèrent dans de petites chaloupes, ils échouèrent çà et là sur la jetée, arrachèrent sans mal la palissade qui avait été plantée sur le devant et mirent le feu à toutes les machines qui n'avaient pas été encore touchées par l'incendie du bateau. Alors Alexandre ordonna de construire un terrassement encore plus large du côté de la terre ferme, pour pouvoir accueillir plus de tours, et il demanda aux ingénieurs de fabriquer d'autres machines. Pendant qu'on préparait tout cela, il prit avec lui les hypaspistes et les Agrianes et partit sur Sidon, pour réunir toutes les trières dont ils disposaient alors, puisque, tant que les Perses étaient maîtres des mers, le siège paraissait sans issue.

Au même moment Gérostratos, le roi d'Arados, et Énylos le roi de Byblos, lorsqu'ils apprirent que leurs villes étaient tombées aux mains d'Alexandre, quittèrent Autophradatès et sa flotte et vinrent rejoindre Alexandre et ses bateaux, amenant avec eux les trières sidoniennes, si bien qu'environ 80 bateaux phéniciens vinrent assister Alexandre. Dans les mêmes jours arrivèrent de Rhodes des trières, le croiseur appelé « Vaisseau-de-Garde » et 9 autres avec elle ; en outre 3 trières de Soles et de Mallos, 10 de Lycie, et de Macédoine arriva un navire à 50 rames avec, à son bord, Protéas

Le siège de Tyr 147

fils d'Andronicos. Peu de temps après, les rois de Chypre arrivèrent aussi à Sidon avec environ 120 bateaux, parce qu'ils avaient appris la défaite de Darius à Issos et qu'ils étaient effrayés de voir toute la Phénicie désormais aux mains d'Alexandre. Alexandre leur accorda l'impunité pour les faits antérieurs, parce que c'était apparemment plus par nécessité que par libre choix qu'ils avaient mis leur flotte du côté perse. Au moment où les machines furent assemblées et où les bateaux furent prêts pour un assaut et une bataille navale, Alexandre prit avec lui des escadrons de cavalerie, les hypaspistes, les Agrianes et les archers, et il marcha sur l'Arabie, vers leur montagne appelée l'Anti-Liban. Il ruina certaines places en usant de violence, força l'adhésion de quelques autres, et dix jours après il était de retour à Sidon, où il reçut Cléandre, fils de Polémocrate, qui arrivait du Péloponnèse avec environ 4 000 mercenaires grecs. Lorsque sa flotte fut organisée, il fit embarquer sur les ponts autant d'hypaspistes qu'il lui semblait nécessaire pour l'entreprise, pour le cas où la bataille navale consisterait moins à percer les lignes ennemies qu'à se battre au corps à corps ; ayant levé l'ancre, il quitta Sidon et navigua en direction de Tyr en ayant placé ses bateaux en ordre de bataille. Lui-même était sur l'aile droite, celle qui était orientée vers la haute mer, et avec lui se trouvaient les rois de Chypre et les Phéniciens, sauf Pnytagoros. Celui-ci, avec Cratère, tenait l'aile gauche sur tout le long de la ligne. Les Tyriens avaient décidé dans un premier temps de livrer un combat naval, si Alexandre les attaquait par la mer. Mais quand ils virent ces bateaux bien plus nombreux que prévu (car ils ignoraient qu'Alexandre disposait de bateaux chypriotes et de tous les bateaux phéniciens), et comme, en même temps, la flotte était bien rangée (car un peu avant la ville, les bateaux qui se trouvaient avec Alexandre s'étaient immobilisés en pleine mer, pour le cas où les Tyriens les provoqueraient en bataille navale ; mais comme ils n'étaient pas venus à leur rencontre ils se rangèrent à nouveau dans la même formation et reprirent leur navigation dans un grand fracas de rames) – les Tyriens à ce spectacle renoncèrent au combat naval, et ils concentrèrent dans les entrées de leurs ports toutes les trières qu'elles pouvaient contenir, pour barrer l'entrée, et pour que la flotte des ennemis ne puisse jeter l'ancre dans un quelconque de leurs ports. Alexandre, comme les Tyriens n'étaient pas venus à leur rencontre, naviguа vers la cité. Il renonça à forcer le port en face de Sidon à cause de l'étroitesse de l'entrée et parce qu'il voyait de nombreuses trières, proues en avant, qui en barraient l'accès ; mais les Phéniciens attaquèrent trois trières qui mouillaient très au large, face au port, et en se jetant sur elles, proue en avant, ils les coulèrent. Les marins à bord n'eurent aucune difficulté à se sauver en nageant jusqu'à la rive amie. Les bateaux d'Alexandre mouillèrent alors tout près du terrassement achevé, près du rivage, où ils étaient visiblement à l'abri du vent. Le lendemain il ordonna aux Chypriotes, avec leurs bateaux et l'amiral Andromachos, de bloquer la ville du côté du port qui donne sur Sidon, et aux Phéniciens de la bloquer de l'autre côté du terrassement, vers le port qui donne sur l'Égypte, là où se trouvait sa tente.

Dès lors, comme il avait fait venir de nombreux ingénieurs de Chypre et de toute la Phénicie, de nombreuses machines de guerre avaient pu être assemblées ; les unes étaient placées sur le terrassement, d'autres sur les bateaux de transport de cavalerie qu'il avait fait venir de Sidon, et les autres sur les trières lentes. Lorsque tout fut prêt, ils apportèrent les machines jusqu'au terrassement achevé et depuis les bateaux mouillant çà et là devant les remparts ; ils en éprouvaient la solidité. Les Tyriens installèrent des tours de bois le long des créneaux, face au terrassement, et ils se battaient depuis ces tours ; et quand les Macédoniens avançaient les machines sur l'un ou l'autre point, ils résistaient et répliquaient à coups de javelots et de traits enflammés qu'ils lançaient sur les bateaux, pour que la peur empêche les Macédoniens d'approcher du rempart. Leur rempart, du côté du terrassement, faisait environ 45 mètres de haut, et autant en largeur ; il était fait de grosses pierres assemblées au mortier. Du côté des navires transporteurs de cavalerie et des trières macédoniennes, qui amenaient les machines de guerre près des remparts, il ne leur était pas facile d'approcher de la cité de ce côté-là, parce que de nombreuses roches, jetées dans la mer, empêchaient toute attaque rapprochée. Ces roches, Alexandre décida de les faire enlever. Mais ce travail avançait péniblement, dans la mesure où il s'accomplissait à partir des bateaux et non depuis la terre ferme. En outre, les Tyriens, ayant cuirassé des bateaux, s'attaquaient aux ancres des trières et coupaient leurs câbles, rendant le mouillage des bateaux ennemis impossible. Alexandre fit alors cuirasser de la même manière de nombreux bateaux à 30 rameurs et il les installa en travers, devant les ancres, pour pouvoir repousser à partir d'eux l'attaque des autres bateaux. Mais alors des plongeurs, sous l'eau, leur coupaient les câbles ; les autres, au lieu des câbles, utilisèrent donc pour les ancres des chaînes, si bien que les plongeurs ne pouvaient plus rien faire. Attachant une corde aux roches à partir du terrassement, ils les retirèrent de la mer, les soulevèrent avec des machines et les relâchèrent en eau profonde, là où elles ne pourraient plus créer d'obstacle et leur nuire. Et là où le rempart était privé de ces protections, les navires pouvaient désormais accoster sans difficulté. Les Tyriens, coincés de tous côtés, décidèrent d'attaquer les navires chypriotes, qui mouillaient devant le port tourné vers Sidon. Depuis longtemps ils avaient couvert de toiles l'entrée du port pour qu'on ne les vît pas garnir les trières, et, vers midi, au moment où les matelots étaient dispersés pour vaquer à leurs obligations et où Alexandre avait juste quitté la flotte mouillée de l'autre côté de la ville pour se retirer sous sa tente, ils remplirent avec des équipages soigneusement choisis 3 navires de 50 rameurs, autant de navires de 40 rameurs et 7 trières ; ils embarquèrent aussi des soldats bien équipés et en même temps pleins d'audace pour les batailles navales, destinés à se battre depuis les ponts de bateaux. Dans un premier temps ils se mirent en route lentement, sur une seule rangée et sans les ordres de celui qui donne le rythme au banc des rameurs. Ensuite, dès qu'ils eurent mis le cap sur les Chypriotes et qu'ils furent tout près de leur champ de vision, ils attaquèrent, avec de grands cris et des encouragements mutuels, et sur fond de mouvements de rames bien soutenus.

Il arriva que, ce jour-là, Alexandre s'était retiré sous sa tente mais qu'il n'y avait pas passé du temps comme d'habitude ; il était revenu peu après vers les bateaux. Mais les Tyriens tombèrent à l'improviste sur les bateaux au mouillage et ils trouvèrent les uns complètement vides, les autres se garnissant à grand-peine sur fond de cris et d'assaut, avec les soldats présents. Les Tyriens coulèrent tout de suite, dès la première attaque, la quinquérème du roi Pnytagoros, celui d'Androclès d'Amathunte et celui de Pasicratès de Curion ; les autres, ils les endommagèrent et les repoussèrent sur le rivage. Alexandre, lorsqu'il comprit que les trières tyriennes faisaient une sortie, ordonna à tous les bateaux qui l'entouraient, à mesure que chacun se remplissait, de jeter l'ancre devant l'entrée du port, pour empêcher la sortie d'autres bateaux tyriens. Lui-même prit les quinquérèmes qu'il avait avec lui et à peu près 5 trières qui s'étaient garnies plus vite que les

Le siège de Tyr 151

autres, et il contourna la ville pour attaquer les bateaux tyriens qui avaient fait une sortie. Les Tyriens qui étaient sur le rempart, voyant l'attaque des ennemis et voyant qu'Alexandre était parmi eux, donnèrent l'ordre en criant à leurs propres bateaux de revenir et, comme il n'était pas possible de se faire entendre à cause du fracas que faisaient les combattants, ils les appelaient avec des signaux de toutes sortes afin qu'ils rentrent. Et eux, se rendant compte trop tard de l'attaque des gens d'Alexandre, firent volte-face et se replièrent vers le port. Un petit nombre de bateaux prirent les Grecs de vitesse et s'enfuirent, mais pour la plupart, les bateaux d'Alexandre tombèrent dessus et rendirent les uns inaptes à naviguer, tandis qu'ils capturèrent à l'entrée même du port une quinquérème et une quadrirème. Il y eut peu de morts chez les soldats de marine ; en effet, quand ils comprirent que leurs bateaux étaient pris, ils purent rejoindre sans difficulté le port à la nage. Comme les Tyriens ne pouvaient plus tirer aucun avantage de leurs bateaux, les Macédoniens approchèrent alors leurs machines du rempart. Celles qui furent tirées sur le terrassement n'obtinrent rien qui puisse être mentionné à cause de la solidité du rempart ; d'autres avancèrent certains des bateaux porte engins du côté de la ville qui donne sur Sidon. Comme ils n'obtenaient aucun résultat non plus de ce côté, Alexandre testa le rempart sur toute sa surface du côté exposé au vent du sud et tourné vers l'Égypte. Et c'est là que, pour la première fois, le rempart fut fortement secoué et une partie fut même arrachée et brisée. Alors, ayant jeté une passerelle là où le rempart avait été arraché, Alexandre lança bien vite une attaque ; mais les Tyriens repoussèrent les Macédoniens sans difficulté.

Le troisième jour, ayant guetté une accalmie, Alexandre poussa les chefs d'escadron à l'action et il amena devant la cité les machines des bateaux. Tout d'abord il abattit une grande partie du rempart, et lorsque la brèche parut suffisante, il ordonna aux bateaux porte engins de s'en retourner. Il en fit venir deux autres, qui transportaient pour lui les passerelles qu'il songeait à jeter sur la brèche du rempart. Les hypaspistes embarquèrent sur l'un d'eux, sous les ordres d'Admète ; sur l'autre embarqua le bataillon de Coènos appelé celui « des Compagnons d'infanterie ». Lui-même monta avec les hypaspistes, avec l'idée de monter sur le rempart là où ce serait possible. Il ordonna aux trières de croiser devant chacun des ports, au cas où elles pourraient forcer l'entrée quand les Tyriens seraient occupés de leur côté. Celles qui avaient à leur bord des machines à lancer des projectiles, ou celles qui transportaient des archers, il leur ordonna de faire le tour du rempart et d'accoster là où ce serait possible, de jeter l'ancre à distance des traits tant qu'il était impossible d'accoster, pour que les Tyriens, en recevant des traits de partout, se retrouvent cernés par le danger. Quand les bateaux d'Alexandre se furent approchés de la ville et que les passerelles furent jetées depuis les bateaux sur le rempart, alors les hypaspistes s'y précipitèrent avec ardeur pour monter. Admète se conduisit en brave dans ces circonstances, et Alexandre suivait, participant courageusement à l'action et guettant quiconque osait, au milieu du danger, une action d'éclat qui révélait sa valeur. Et c'est à l'endroit où Alexandre s'était posté que le rempart fut d'abord pris. En effet les Tyriens furent repoussés facilement dès que les Macédoniens purent disposer d'un passage ferme sous les pieds et non taillé à pic. Mais Admète, le premier à monter sur le rempart et encourageant son entourage à monter aussi, fut frappé d'un coup de lance et il mourut sur place. Montant à sa suite Alexandre s'empara du rempart avec ses Compagnons. Lorsqu'il se fut emparé des tours et même des courtines, il s'avança lui-même à

Le siège de Tyr

travers les créneaux jusqu'au Palais royal, parce que la descente jusqu'en ville apparaissait par là comme la plus aisée.

Quant aux marins de la flotte, les Phéniciens qui se trouvaient au mouillage face au port tourné vers l'Égypte en arrachèrent avec force les palissades, ils endommagèrent les bateaux dans le port, se jetant sur ceux qui étaient à l'ancre, en repoussant d'autres sur le rivage ; et les Chypriotes mouillés devant l'autre port, celui qui fait face à Sidon, entrèrent dans le port qui n'avait même pas de palissade et ils s'emparèrent aussitôt de ce quartier. La majorité des Tyriens, lorsqu'ils virent que le rempart était pris, abandonnèrent la ville, en se rassemblant dans ce qu'on appelle le sanctuaire d'Agénor, et là, ils firent face aux Macédoniens. Alexandre les rejoignit avec les hypaspistes, il massacra certains d'entre eux au combat et se lança à la poursuite de ceux qui s'enfuyaient. Ce fut un grand massacre, ceux qui arrivaient du port tenaient déjà la ville, et le bataillon de Coènos y entrait déjà à toute vitesse. Les Macédoniens, enragés, attaquaient tout ce qu'ils trouvaient, furieux de la longueur du siège et parce que les Tyriens avaient capturé quelques-uns d'entre eux qui revenaient de Sidon ; ils les avaient fait monter sur le rempart, pour qu'ils soient bien visibles depuis le campement, puis ils les avaient égorgés et jetés dans la mer. À peu près 8 000 Tyriens moururent ; du côté des Macédoniens, lors de cet assaut, mourut Admète, monté le premier sur le rempart, un brave, et avec lui 20 hypaspistes. Pour la totalité du siège il y eut environ 400 morts. Aux Tyriens réfugiés dans le sanctuaire d'Héraclès (il y avait là les plus éminents notables de Tyr, le roi Azémilcos et quelques députés carthaginois venus dans leur métropole, conformément à un usage ancien, honorer Héraclès), à tous ceux-là Alexandre accorda la liberté. Ils réduisit en esclavage les autres, et fit vendre environ 30 000 prisonniers, Tyriens et étrangers. Alexandre sacrifia à Héraclès et organisa une procession avec toutes ses forces en armes. Les navires défilèrent aussi en l'honneur d'Héraclès, et l'on célébra dans son sanctuaire des jeux sportifs et une course aux flambeaux. La machine de guerre qui avait détruit le rempart, Alexandre la consacra dans le sanctuaire ; quant au navire tyrien consacré à Héraclès, dont il s'était emparé lors de l'attaque, lui aussi il l'offrit à Héraclès, avec une inscription, de lui ou de quelqu'un d'autre, qui ne vaut pas la peine qu'on s'en souvienne. C'est pourquoi je n'ai pas jugé bon, moi non plus, de la reproduire. C'est donc ainsi que Tyr fut prise, sous l'archontat de Nicétos à Athènes, au mois d'Hécatombéon.

Arrien, Anabase, II, 15, 6 – 16, 1 ; 16, 7 – 24, 5.

En outre, les Tyriens exposaient à la chaleur d'un grand feu des boucliers d'airain, qu'ils remplissaient de sable brûlant et de fange bouillante, et tout à coup ils les faisaient dévaler du haut des murs. C'était là le fléau le plus redouté : en effet, aussitôt que le sable brûlant avait pénétré entre la cuirasse et le corps, il n'y avait aucun moyen de l'expulser : toute la surface atteinte portait des brûlures profondes et, en jetant leurs armes et en lacérant tout ce qui pouvait les protéger, les assaillants s'exposaient sans vengeance aux blessures. Alors, les harpons et les mains de fer projetés par appareil enlevaient un très grand nombre d'entre eux...

... De plus, il se trouva qu'une bête de proportions extraordinaires, dont le dos dépassait même les vagues, appuya son corps énorme au môle jeté par les Macédoniens. Comme elle se soulevait en fouettant les flots environnants, des deux côtés on l'aperçut, puis, à la pointe du môle, elle s'enfonça encore dans l'abîme ; et, tantôt dépassant largement la surface de l'eau tantôt disparaissant sous les flots, elle plongea non loin des murs de Tyr. L'apparition de la bête fut agréable aux deux partis : les Macédoniens y voyaient un présage leur indiquant par où mener leur ouvrage ; pour les Tyriens, Neptune, punissant cette mainmise sur la mer, avait entraîné la bête, et le môle, à coup sûr, s'effondrerait vite...

... Les Tyriens, vaincus par tant de malheurs simultanés, ou se réfugient en suppliant dans les temples, ou ferment leurs demeures et, devançant le vainqueur, font eux-mêmes choix de leur mort ; quelques-uns se ruent contre l'ennemi, pour ne pas périr, du moins, sans vengeance ; beaucoup s'étaient postés sur les toits, et accablèrent de pierres et de tout ce que le hasard leur offrait les Macédoniens qu'ils surplombaient. Alexandre donna ordre de massacrer tout le monde, sauf ceux qui s'étaient réfugiés dans les temples, et de mettre le feu aux demeures. Bien que les hérauts eussent fait connaître ces résolutions, pas un homme armé ne se résolut à demander aux dieux leur assistance ; garçons et jeunes filles avaient occupé en foule les temples, mais les hommes étaient debout, chacun dans le vestibule de sa maison, multitude offerte à la fureur. Néanmoins, les Sidoniens qui constituaient des corps d'auxiliaires chez les Macédoniens, en sauvèrent beaucoup. Ils étaient entrés dans la ville parmi les vainqueurs ; mais il se rappelèrent leur parenté avec les Tyriens (car on croyait qu'Agénor était le fondateur des deux villes), en abritèrent beaucoup en secret et les menèrent jusqu'à leurs navires ; ainsi cachés, ces Tyriens furent transportés à Sidon. Grâce à cette supercherie, 15 000 hommes échappèrent à la barbarie. Voici qui permet d'estimer la quantité de sang répandu : on massacra, à l'intérieur de la ville, 6 000 combattants. Ensuite la colère du roi offrit aux vainqueurs un spectacle funèbre : 2 000 hommes, que la rage lassée des Macédoniens avait épargnés, furent mis en croix et restèrent pendus tout au long de l'immense littoral. Il épargna les députés de Carthage, mais ne manqua pas de leur déclarer une guerre que la nécessité du moment remettait à plus tard.

Tyr fut prise 7 mois après le début du siècle : ville illustre dans le souvenir de la postérité par l'ancienneté de son origine et les fréquentes alternatives de son destin. Fondée par Agénor, longtemps elle fut maîtresse de la mer, non seulement en ses propres parages, mais partout où ses flottes eurent accès ; de plus, si l'on veut en croire la légende, cette nation est la première qui ait enseigné, ou appris, l'alphabet. En tout cas, ses colonies se répandirent presque dans le monde entier : Carthage en Afrique, en Béotie Thèbes, Gadès sur l'Océan. Je pense que naviguant sur une mer libre et parce qu'ils abordaient, bien souvent, à des terres inconnues des autres, les Tyriens ont fait choix d'emplacements pour les jeunes gens qui alors abondaient chez eux ; ou, encore, le nombre des tremblements de terre (cela, d'après une autre tradition) lassa-t-il les indigènes, obligés à se chercher par les armes des demeures étrangères. Après avoir ainsi connu beaucoup de vicissitudes, Tyr, renaissant après la dévastation, maintenant enfin, dans un monde que ranime une longue paix, connaît le repos sous la tutelle bienveillante de Rome.

Quinte-Curce, IV, 3, 25 – 26 ; 4, 3 – 5 ; 4, 12 – 21.

Le siège de Tyr

Alexandre eut encore un autre songe durant son sommeil : il crut voir un satyre qui, de loin, semblait vouloir jouer avec lui et qui lui échappa lorsqu'il voulut le saisir, mais qui, finalement, à force d'objurgations et de poursuites, tomba entre ses mains. Les devins, coupant en deux le mot « satyre », lui dirent de façon convaincante : « Tyr sera tienne. » Et l'on montre encore une source près de laquelle Alexandre crut voir en songe ce satyre.

Alexandre faisait reposer le gros de ses troupes après les nombreux combats qu'elles avaient livrés, et il amenait devant les remparts un petit nombre d'hommes pour ne pas laisser de répit aux ennemis, lorsque son devin Aristandros, ayant fait un sacrifice et examiné les signes, affirma avec assurance devant l'assistance que la ville serait certainement prise ce mois même. La prédiction fut accueillie par des éclats de rire et des sarcasmes, car on était au dernier jour du mois. Voyant l'embarras d'Aristandros, le roi qui lui-même faisait toujours grand cas des présages, donna l'ordre de ne plus compter ce jour-là comme le trentième du mois, mais comme le vingt-huitième.

Plutarque 24, 8 – 9 ; 25, 1 – 2.

Séquence 19

LA FONDATION D'ALEXANDRIE

Printemps 331

Personnages :

Alexandre, après un siège de 2 mois à Gaza, heureux d'atteindre enfin le pays de son vrai père, ce pays fabuleux envié des Grecs.

Alexandre se dirigea vers l'Égypte, où il voulait initialement aller, et le septième jour qui suivit son départ de Gaza, il arriva à Péluse en Égypte. Sa flotte le suivait par la côte depuis la Phénicie jusqu'en Égypte. Il retrouva ses bateaux à Péluse où ils mouillaient. Le Perse Mazakès, installé par Darius comme satrape d'Égypte, informé de ce qui s'était passé à la bataille d'Issos et comment Darius avait lâchement fui, sachant aussi que la Phénicie, la Syrie et la plus grande partie de l'Arabie étaient aux mains d'Alexandre, comme il ne disposait d'aucune force perse, accueillit amicalement Alexandre à la fois dans les villes et en région. Celui-ci installa une garnison à Péluse, il ordonna à la flotte de remonter le fleuve jusqu'à Memphis tandis que lui-même allait à Héliopolis, gardant le Nil à sa droite. Prenant possession de toutes les places que les habitants lui livraient en chemin, il traversa un désert et parvint à Héliopolis. De là, il traversa le cours d'eau et arriva à Memphis. Il y sacrifia aux dieux et en particulier à Apis, et offrit des jeux sportifs et poétiques. Y participèrent les plus connus des spécialistes, venus de Grèce. De Memphis, il descendit le fleuve jusqu'à la mer, en embarquant les hypaspistes, les archers, les Agrianes et l'Escadron royal des Compagnons. Arrivé à Canope et ayant fait le tour en bateau du lac Maréotis il débarqua, à l'endroit où se trouve actuellement la ville d'Alexandrie à qui il a donné son nom. L'endroit lui parut très beau pour y fonder une ville et cette ville y serait prospère. Le désir le prit alors de réaliser ce projet ; il dessina lui-même les plans pour la cité, là où il faudrait installer l'Agora, et tels sanctuaires pour tels ou tels dieux ; dieux grecs, mais aussi Isis l'Égyptienne. Et où placer le rempart qui l'entourerait. Pour cela, il offrit un sacrifice, et les présages parurent favorables [19].

Arrien, Anabase, III, 1.

Après s'être rendu maître de l'Égypte, il résolut d'y fonder une ville grecque qui serait grande et populeuse et porterait son nom ; or, sur l'avis des architectes, il était sur le point de mesurer et d'enclore un certain emplacement, lorsqu'en dormant, pendant la nuit, il eut une vision merveilleuse ; il crut voir un homme d'aspect vénérable, aux cheveux tout blancs, apparaître auprès de lui et lui réciter ces vers :

« Puis, sur la mer houleuse, il existe un îlot
En avant de l'Égypte ; on l'appelle Pharos. » [20]

---

19. Diodore, Quinte-Curce et Justin placent la fondation d'Alexandrie après le pèlerinage à Siwah (voir séquence suivante). Quinte-Curce suit sans doute la version de Ptolémée, qui avait avantage, pour sa propagande personnelle, à ce qu'Alexandre eût été reconnu fils d'Ammon avant l'établissement de la ville : celle-ci bénéficiait ainsi du caractère sacré conféré à son fondateur.

20. Homère, *Odyssée*, 4, 354-355.

La fondation d'Alexandrie

Il se leva aussitôt et se rendit à Pharos, qui, en ce temps-là, était encore une île, un peu au-dessus de la bouche canopique, mais qui est maintenant reliée au continent par une chaussée. Il vit que la situation en était éminemment favorable (c'est en effet une langue de terre semblable à un isthme suffisamment large, qui s'étend entre une vaste lagune et la mer, et qui se termine par un grand port). Il dit alors qu'Homère, admirable à tous égards, était notamment très habile architecte, et il fit tracer le plan de la ville en harmonie avec la configuration du terrain. Comme on n'avait pas de craie, on prit de la farine et l'on traça ainsi sur le sol noirâtre une aire arrondie, dont le contour intérieur tendu par des lignes droites, partant pour ainsi dire des franges et rétrécissant régulièrement l'étendue de l'aire, figurait une chlamyde. Le roi fut charmé de ce plan ; mais soudain une multitude infinie d'oiseaux de toute espèce et de toute taille vinrent du fleuve et de la lagune s'abattre sur le site comme des nuages et ne laissèrent pas la moindre parcelle de farine. Ce présage troubla fort Alexandre. Cependant les devins l'engagèrent à avoir confiance (ils concluaient de là que la cité fondée par lui abonderait en ressources et nourrirait des hommes de tous pays). Alors il ordonna aux maîtres d'œuvre de se mettre à la tâche.

Plutarque 26, 4 – 10.

Comme il avait décidé de fonder en Égypte une grande ville, il donna aux gens qu'il laissait sur place avec cette mission l'ordre de l'édifier entre le lac et la mer. Une fois le terrain arpenté et divisé en quartiers selon toutes les règles de l'art, le roi donna à la ville le nom d'Alexandrie, tiré du sien propre. Elle est très favorablement située, près du port de Pharos, et l'habile tracé des rues, qui est l'œuvre du roi, fait qu'elle est traversée par le souffle des vents étésiens. Comme ceux-ci soufflent sur les vastes étendues de la mer et rafraîchissent l'air de la ville, le roi dota les habitants d'Alexandrie d'un climat tempéré, source de santé. Il jeta également les fondations de l'enceinte, qui est d'une dimension extraordinaire et d'une solidité stupéfiante. Située en effet entre un grand lac et la mer, elle ne dispose que de deux voies d'accès terrestres, étroites et très faciles à garder.

La forme qu'il lui donna est très proche de celle d'une chlamyde, avec une grande avenue qui coupe la ville presque par le milieu, une merveille par ses dimensions et sa beauté. Elle s'étend d'une porte à l'autre sur une longueur de plus de 7 kilomètres et une largeur de 30 mètres, et elle est tout entière ornée d'édifices somptueux, maisons et temples. Alexandre ordonna aussi d'édifier un palais : ce grand et puissant ouvrage est lui aussi une merveille. Après Alexandre, presque tous les rois d'Égypte, jusqu'à notre époque, ont augmenté le palais d'édifices somptueux. Bref, la ville prit par la suite une telle extension que beaucoup la comptent comme la première du monde. De fait, par sa beauté, ses dimensions, l'abondance des revenus publics et de tout ce qui a trait aux plaisirs de l'existence, elle l'emporte de loin sur les autres. Le nombre de ses habitants dépasse également de beaucoup celui des autres villes. À l'époque où nous avons débarqué en Égypte, ceux qui tenaient le registre de la population affirmaient que le nombre des hommes libres s'élevait à plus de 300 000, et que le roi tirait de l'Égypte un revenu supérieur à 6 000 talents.

Après avoir ainsi confié à certains de ses Compagnons la construction d'Alexandrie, le roi Alexandre régla toutes les affaires d'Égypte et regagna la Syrie avec son armée.

Diodore, XVII, 52.

Séquence 20

L'OASIS DE SIWAH

Printemps 331

Personnages :

Zeus Ammon Râ, dieu dont le culte, au-delà de Karnak, s'étend sur les oasis de Libye, en particulier sur celle de Siwah, entre le delta du Nil et la Grande Syrte. Par l'intermédiaire des Cyrénéens, qui l'avaient identifié à Zeus, Ammon avait acquis une grande réputation en Grèce. Des épisodes mythologiques décrivaient Héraclès et Persée visitant le sanctuaire.

Un **Alexandre** mystique bravant les dangers du désert pour rencontrer son vrai père.

Une partie de ses Compagnons.

Les Ammoniens, habitants de l'oasis en plein désert de Libye.

Les prêtres d'Ammon, porteurs de son autel et de son effigie.

Les servantes du dieu, chantant ses louanges.

Le Prophète : par lui se manifeste la parole du dieu.

Une fois réglées les affaires d'Égypte, Alexandre se dirigea vers le sanctuaire d'Ammon, car il voulait consulter le dieu. À mi-chemin, il rencontra des ambassadeurs envoyés par les Cyrénéens, qui lui apportaient une couronne et de riches présents. Entre autres cadeaux, ils conduisaient 300 chevaux de guerre et 5 de leurs plus robustes quadriges. Alexandre leur fit bon accueil et conclut avec eux un traité d'amitié et une alliance militaire. Puis il reprit sa route vers le temple, avec ses compagnons de voyage. Et quand il fut parvenu aux solitudes sans eau du désert, il fit provision d'eau potable pour traverser cette région couverte de sable à l'infini. Mais ses Compagnons et lui-même vinrent à bout en 4 jours de l'eau qu'ils transportaient, si bien qu'ils connurent une terrible pénurie. Tous étaient tombés dans le découragement quand soudain s'abattit du haut du ciel une abondante pluie d'orage qui remédia miraculeusement au manque de liquide dont ils souffraient. Aussi attribuèrent-ils l'événement à la Providence divine, en gens qui ont été sauvés contre toute attente. Ils puisèrent dans un creux de terrain de quoi refaire leur provision d'eau et, disposant d'un secours suffisant pour 4 jours, ils marchèrent 4 jours dans le désert qu'ils traversèrent entièrement. Comme l'abondance du sable ne permettait plus de distinguer la route à suivre, les guides vinrent annoncer au roi que des corbeaux, croassant sur leur droite, signalaient le tracé de la piste qui mène au sanctuaire. Alexandre vit dans l'événement un présage, dont il conclut que le dieu accueillait avec joie sa venue : il continua donc sa route à la hâte. Il arriva tout d'abord au lac appelé « Amer » et dépassa ensuite, après une marche de 18 km, les villes surnommées « villes d'Ammon ». De là, il fit route pendant une journée et parvint à proximité du sanctuaire.

L'oasis qui environne le sanctuaire est entourée par les solitudes sans eau du désert de sable, dépourvu de toute aménité. Elle-même s'étend sur 9 kilomètres en longueur et en largeur, et de nombreuses sources l'arrosent de leurs belles eaux vives si bien qu'elle foisonne en arbres de toutes sortes, surtout fruitiers. Dans cette contrée, la température de l'air est presque identique à celle de notre printemps, alors que des régions brûlantes l'entourent : aussi est-elle seule à offrir – chose extraordinaire ! – un climat bien tempéré à ceux qui l'habitent.

Les Ammoniens habitent par villages, mais au centre de leur oasis se trouve une citadelle fortifiée par une triple muraille. La première enceinte contient le palais des anciens souverains ; la seconde contient la cour du gynécée, les habitations des enfants, des femmes et des parents, ainsi que le corps de garde des surveillants du gynécée ; on y trouve également l'enceinte sacrée du dieu et la fontaine sacrée où sont purifiées les offrandes apportées au dieu. La troisième enceinte contient les cantonnements de la garde princière et le bâtiment où veille la garde.

En dehors de la citadelle, à une courte distance, est établi un second temple d'Ammon, qu'ombragent beaucoup de grands arbres. À proximité de ce temple se trouve une source, appelée « Source du Soleil » en raison du phénomène qui se produit. Chose extraordinaire, l'eau de la source change en effet sans cesse de température selon l'heure de la journée. Au point du jour, la source laisse couler une eau tiède. Mais, la journée s'avançant, celle-ci se refroidit à mesure que les heures s'ajoutent les unes aux autres et c'est pendant l'ardeur de midi que la température la plus froide est atteinte ! Inversement, l'eau cesse de se refroidir à mesure que la soirée s'avance et se réchauffe depuis la tombée de la nuit jusque vers minuit. Elle cesse alors de se réchauffer pendant le reste de la nuit jusqu'au moment où, avec le jour, elle revient à son état primitif. [21]

L'image du dieu est revêtue d'émeraudes et d'autres pierres. La manière dont elle répond aux questions qui lui sont posées est tout à fait originale [22]. 80 prêtres [23] en effet la portent autour de l'enceinte sacrée sur un navire d'or. Portant le dieu sur leurs épaules, ils avancent au hasard, là où le dieu conduit leur marche d'un signe de tête. Une foule de jeunes filles et de femmes les accompagne. Elles chantent des péans pendant toute la marche et célèbrent la louange du dieu par un hymne ancestral.

Alexandre fut introduit par les prêtres à l'intérieur du temple et se recueillit devant le dieu. Le Prophète, un vieillard, s'avança alors vers lui.

– Salut, dit-il ô mon fils ! Et reçois cette salutation comme venant du dieu.

Alexandre prit la parole et dit :

– Oui, j'accepte ton oracle, ô mon Père. À l'avenir, on m'appellera ton Fils. Mais me donnes-tu l'empire de la terre entière ?

Le prêtre s'avança alors vers l'enceinte sacrée et les porteurs du dieu s'ébranlèrent. Par certains signes convenus, le Prophète proclama alors que le dieu lui accordait fermement ce qu'il demandait. Alexandre reprit la parole.

– Ô divinité, dit-il, révèle-moi le reste de ce que je cherche : ai-je désormais châtié tous les meurtriers de mon père, ou quelques-uns sont-ils demeurés cachés ?

---

21. Cette source garde en fait une température constante de 20°C. C'est le contraste avec celle de l'atmosphère qui fait croire à une variation aussi radicale.

22. Peut-être en avançant la barque pour approuver et en la reculant pour désapprouver.

23. Chiffre certainement erroné. Plutôt 8 prêtres.

Le prophète se récria :

– Silence ! Il n'existe pas, l'homme qui pourra fomenter un complot contre Celui qui t'a engendré ! Tous les assassins de Philippe ont été châtiés. L'heureux succès de tes entreprises prouvera que tu es né du dieu. Par le passé, tu étais invaincu. Tu seras désormais, à tout jamais, invincible !

Ravi de l'oracle qui lui avait été rendu, Alexandre gratifia le dieu d'offrandes somptueuses et regagna l'Égypte.

Diodore XVII, 49, 2 – 51, 4.

Séquence 21

LA BATAILLE DE GAUGAMÈLES

1ᵉʳ octobre 331

Personnages :

Côté Macédoniens :

Alexandre en grand gentleman, sûr de sa victoire et de sa future domination du monde.

L'armée macédonienne et ses chefs Héphaistion, Perdiccas, Philotas, Méléagre, Nicanor, Kleitos le Noir, Coènos, Philippe, fils de Balacrus, Philippe, fils de Ménélas, Cratère, Attale et ses Agriens, Polydamas, Arétès.

Parménion, général en chef en sage conseiller.

Ménidas, chef des mercenaires à cheval à la solde des Macédoniens.

Ariston, appartenant sans doute à la famille régnante de Péonie, préfet des cavaliers péoniens. Déjà présents au Granique et à Issos.

Des prêtres égyptiens prêts à dire n'importe quoi.

Sisigambis, Stateira et Ochos, les membres de la famille de Darius.

Tyriotès : eunuque faisant partie de la suite de la reine.

Polypercon, fils de Simmias, d'une famille princière de Tymphain. Déjà à Issos.

Bion, un déserteur perse.

Aristandros le devin.

Côté Perses :

Darius en mari triste et désespéré et en chef de guerre outragé, contraint de se battre à nouveau.

L'armée perse reconstituée et réarmée, renforcée d'escadrons de chars équipés de faux acérées. Environ 1 000 000 d'hommes.

Satropatès, préfet de la cavalerie perse et ses 1 000 hommes d'élite.

Mazée, haut dignitaire de la cour des Achéménides, satrape de Mésopotamie.

Bessos, satrape de la Bactriane.

Ariobarzanès, fils d'Artabazos et satrape de Perse.

Orontobatès ou **Orionibatès**, satrape de Carie.

Orsinès, descendant de Cyrus, satrape de Perse.

Phradatès, satrape des Tapuriens. Il se ralliera ensuite à Alexandre, envers qui son loyalisme sera incertain.

La bataille de Gaugamèles

La confrontation décisive, celle qui va donner à Alexandre les clés du royaume de Darius. Éclipses, présages, angoisse avant la bataille... Scènes terrible de chars faucheurs et magique d'un aigle survolant le massacre.

Quand il eut appris que l'ennemi s'était détourné de l'Égypte vers l'Afrique, Darius s'était demandé s'il se maintiendrait dans le secteur de la Mésopotamie, ou s'il gagnerait l'intérieur de son royaume ; assurément, sa présence augmenterait son autorité pour activer l'effort guerrier de peuples lointains, que ses préfets avaient grand-peine à mettre en branle. Mais quand, de source sûre, le bruit se fut répandu qu'Alexandre avec toutes ses troupes irait partout où Darius se dirigerait, celui-ci, sachant bien à quel homme d'action il avait affaire, ordonna de réunir à Babylone tous les contingents des nations lointaines. Les Bactriens, les Scythes, les Indiens étaient rassemblés ; bientôt, les forces de toutes les autres nations rejoignirent l'armée à la fois. Par ailleurs, comme les troupes étaient à peu près de moitié plus nombreuses qu'antérieurement en Cilicie, beaucoup n'avaient pas d'armes, et l'on s'inquiétait fort de leur en trouver. Cavaliers et chevaux avaient des cuirasses où les lames de fer se reliaient les unes aux autres en séries ; ceux qui, auparavant, n'avaient reçu que des javelots eurent, en outre, des boucliers et des épées ; on distribua aux fantassins des chevaux à dompter, afin d'augmenter l'effectif de la cavalerie. 200 chars armés de faux, seules ressources de ces nations, venaient ensuite – pour l'épouvante des ennemis, avait cru Darius ; des lances à la pointe de fer dépassaient l'extrémité du timon ; de part et d'autre du joug, étaient pointées trois épées, et, entre les rayons des roues, plusieurs têtes de dard faisaient face ; en outre, des faux adhéraient aux cercles des roues, les unes dressées, les autres abaissées vers le sol, de façon à trancher tout ce que, dans leur élan, les chevaux rencontreraient sur leur route.

Quand l'armée fut ainsi équipée et que son armement fut complet, Darius avec ses troupes quitta Babylone. À droite il avait le célèbre fleuve du Tigre ; l'Euphrate couvrait sa gauche. L'armée en marche tenait remplies les plaines de Mésopotamie. Quand il eut passé le Tigre, il apprit que l'ennemi n'était pas loin, et il envoya en éclaireurs le préfet de la cavalerie Satropatès avec 1 000 hommes d'élite. Il donna 6 000 soldats au préteur Mazée, pour empêcher l'ennemi de passer le fleuve ; il le chargea aussi de dévaster et de brûler la région où Alexandre allait s'engager : il espérait, en effet, triompher par la famine d'un ennemi qui ne possédait que le produit de ses pillages ; lui, en revanche, il recevrait ses approvisionnements soit par terre soit par le Tigre. Il était déjà parvenu au village d'Arbèles, que son désastre allait rendre illustre ; il y entreposa la plus grande partie du ravitaillement et des bagages, et lança un pont sur le Lycus : son armée mit 5 jours à traverser le fleuve, comme précédemment pour le passage de l'Euphrate. Puis, il s'avança d'environ 14 km et installa son camp près d'un autre fleuve, nommé le Boumélus. La région favorisait le déploiement des troupes : vaste plaine, propice aux chevauchées ; à la surface du sol, il n'y a pas même de racines ni de courtes broussailles ; la vue porte librement jusqu'aux confins de l'horizon. Aussi Darius fit-il aplanir les quelques proéminences du sol, et le niveau fut égal partout.

Ceux qui évaluaient, autant qu'on pouvait le conjecturer de loin, le nombre de ces troupes, persuadèrent difficilement Alexandre qu'en dépit de tant de milliers de tués Darius eût réuni des effectifs encore plus considérables. Cependant, méprisant le danger et, surtout, la supériorité numérique, Alexandre en 11 étapes parvint à l'Euphrate ; il y lance un pont, et fait traverser d'abord les cavaliers, ensuite la phalange, sans que Mazée, qui s'était précipité avec 6 000 cavaliers pour l'empêcher de passer, se risquât à faire l'épreuve de ses forces. Puis il accorda aux soldats quelques jours, non de repos, mais de préparation morale, et il se mit à poursuivre énergiquement l'ennemi, craignant de le voir gagner l'intérieur du royaume et d'être obligé de le suivre dans la solitude et le dénuement du désert. Aussi, le quatrième jour, après avoir longé l'Arménie, atteint-il le Tigre. Toute la région au-delà du fleuve fumait d'un incendie récent : partout où il venait de passer, Mazée, tel un ennemi, mettait le feu. D'abord, devant le brouillard qu'avait répandu la fumée et qui obscurcissait la lumière, Alexandre, par crainte d'une embuscade, s'arrêta ; puis, quand des éclaireurs envoyés en avant lui eurent appris que tout était sûr, il détacha quelques cavaliers pour trouver un gué. L'eau était profonde ; elle atteignit d'abord le haut du poitrail des chevaux, puis, quand on fut au milieu du fleuve, elle parvint à leur cou. À vrai dire, en Orient, il n'y a pas de fleuve qui se précipite avec une telle violence : outre l'eau de nombreux torrents, il entraîne les roches avec lui. Aussi, vu la rapidité de son courant, l'a-t-on appelé le Tigre, parce que, en langue perse, *Tigris* signifie flèche.

Donc, les fantassins, répartis en deux sortes d'ailes et enveloppés par la cavalerie, élèvent leurs armes au-dessus de leur tête et descendent sans peine jusqu'au lit du fleuve. Alexandre est le premier des fantassins à atteindre l'autre berge ; de la main – car la voix ne pouvait porter – il montre le gué aux troupes. Mais il leur était bien difficile d'affermir leur marche : tantôt leur pied portait à faux sur des pierres glissantes, tantôt le courant trop rapide les entraînait. Plus que les autres, peinaient ceux dont les épaules supportaient des fardeaux : impuissants à se diriger eux-mêmes, ils étaient emportés par leur charge incommode dans des gouffres rapides ; et, chacun s'appliquant à rattraper son butin, ils en viennent à lutter entre eux plus que contre le fleuve ; des monceaux de bagages, épars sur l'eau, en avaient bousculé un grand nombre. Le roi leur recommandait de se contenter de ne pas perdre leurs armes ; il leur rendrait le reste. Mais ils étaient insensibles aux conseils comme aux ordres : le vacarme de l'affolement couvrait tout ; s'y ajoutaient les cris qu'ils échangeaient en luttant entre eux. Enfin, passant là où le fleuve, dont le courant s'apaise, devient guéable, ils débouchèrent, et l'on n'eut à regretter que des bagages, en petit nombre. Aurait pu anéantir l'armée celui qui aurait eu l'audace de la vaincre ; mais la fortune constante du roi détourna l'ennemi d'y songer. Grâce à elle, quand tant de milliers de cavaliers et de fantassins gardaient la rive ultérieure, il vainquit le Granique ; grâce à elle, dans les sentiers des passes de Cilicie, il vainquit une foule infinie d'ennemis. L'audace aussi, qui fut chez lui le trait dominant, on peut en diminuer le rôle : car jamais on n'eut l'occasion décisive de juger s'il avait agi témérairement. Si Mazée était survenu quand les Macédoniens passaient le fleuve, assurément il aurait écrasé ces troupes en désordre, mais il ne dirigea contre elles sa cavalerie que lorsqu'elles furent sur la rive et déjà tout équipées. Il n'avait envoyé qu'une avant-garde de 1 000 cavaliers ; quand il se fut assuré de leur faible nombre, Alexandre le dédaigna et donna ordre au préfet des cavaliers péoniens, Ariston, de charger à bride abattue. Ce jour-là, il y eut un combat de cavalerie mémorable, surtout pour Ariston : il traversa d'un coup de lance la gorge du préfet de la cavalerie perse Satropatès, le poursuivit dans sa fuite au milieu des rangs ennemis, le jeta à bas de son cheval, et, non sans lutte, lui trancha la tête ; à son retour, félicité de tous il la déposa aux pieds du roi.

Le roi tint là son camp pendant deux jours, puis il fit annoncer le départ pour le lendemain. Mais, vers la première veille, il y eut une éclipse de lune : l'astre commença par perdre son rayonnement ; puis il baigna dans une teinte sanglante, qui ternit toute sa lumière ; sur ces gens, inquiets à la veille d'un si grand danger, l'impression de crainte religieuse fut considérable, et il en résulta quelque effroi. Ils se plaignaient d'être entraînés au bout du monde malgré l'opposition divine : « déjà on ne pouvait passer les fleuves, les astres perdaient leur éclat d'autrefois ; devant eux, des terres désolées et, partout, le désert ; pour l'orgueil d'un seul, tant de milliers d'hommes versaient leur sang ; il n'avait que dégoût pour sa patrie, il reniait son père Philippe ; le ciel : voilà le but de ses projets insensés ! » L'affaire tournait à la révolte quand Alexandre, impassible en toute conjoncture, convoque au prétoire en grand nombre généraux et officiers de l'armée, et il ordonne à des prêtres égyptiens, qu'il croyait le plus au courant de la science du ciel et des astres, de faire connaître leur avis. Eux, ils savaient bien que le cycle du temps suit des alternances régulières et qu'il y a éclipse de lune quand celle-ci passe sous la terre ou cède la place au soleil ; mais ils ne révèlent pas à la foule la science qu'ils ont acquise. En revanche, ils assurent que le soleil est avec les Grecs, la lune avec les Perses ; chaque fois que celle-ci subit une éclipse, cela présage pour les peuples de Perse ruine et massacre, et ils dénombrent d'antiques exemples où une éclipse de lune avait prouvé que des rois de Perse avaient combattu avec les dieux contre eux. Pour mener la foule, rien n'est plus efficace que la superstition : par ailleurs emportée, cruelle, instable, dès qu'une vaine religiosité a prise sur elle, elle obéit à des devins mieux qu'à ses chefs. Aussi, dès qu'on eut publié les réponses des Égyptiens, l'espérance et la confiance réveillèrent-elles les troupes de leur engourdissement. Le roi, décidé à utiliser leur élan, leva le camp à la seconde veille : à droite, il avait le Tigre, sur la gauche les monts appelés Gordyéens.

Il avait pris cette route, quand les éclaireurs, envoyés en avant, annoncèrent, à l'aube, que Darius approchait. Le soldat était prêt et l'armée était formée, Alexandre ouvrant la marche. Mais il s'agissait d'environ 1 000 traînards perses qui avaient donné l'impression d'une grande armée : quand on ne peut contrôler le vrai, la peur fait exagérer le faux. Informé, le roi, avec quelques hommes, rejoignit la troupe des Perses qui s'enfuyaient auprès des leurs ; il en tua certains, en fit prisonniers d'autres, et il détacha des cavaliers en observation, en les chargeant en même temps d'éteindre le feu dans les villages que les Barbares avaient incendiés ; car, tout en fuyant, ils s'étaient dépêchés de jeter des brandons sur les toits et les meules de blé ; les flammes avaient pris au sommet, sans arriver encore jusqu'en bas. Une fois le feu éteint, on trouva beaucoup de blé, et l'on commença à regorger d'autres produits aussi. L'incendie invita les soldats à poursuivre l'ennemi : car, celui-ci brûlant et dévastant le pays, il fallait se presser de peur qu'il ne mît le feu à toutes choses avant leur intervention. La nécessité prit donc la forme de la raison : de fait, Mazée, qui avait auparavant tout loisir d'incendier les bourgs, désormais trop heureux de s'enfuir abandonna à l'ennemi presque tout sans y avoir touché. Alexandre avait acquis la certitude que 27 km au plus le séparaient de Darius. Pourvu, au-delà du nécessaire, d'un abondant ravitaillement, il fit une halte de 4 jours au même endroit.

On intercepta ensuite une lettre de Darius, où il pressait les soldats grecs d'assassiner le roi ou de le livrer par trahison ; Alexandre faillit la lire aux troupes, tant il avait confiance dans l'attachement et le loyalisme des Grecs à son égard. Mais, avec d'autres, Parménion l'en détourna affirmant qu'il ne fallait pas laisser pénétrer pareilles promesses aux oreilles des soldats : « Un seul homme suffisait pour tendre un guet-apens au roi ; la cupidité ne connaissait pas le sacrilège. » Alexandre reconnut le bien-fondé de cet avis, et leva le camp.

En cours de route, un des eunuques prisonniers, attachés à l'épouse de Darius, lui annonce qu'elle a une faiblesse et respire à peine. Épuisée par la fatigue d'une marche incessante et par la souffrance morale, elle s'était affaissée dans les bras de sa belle-mère et de ses jeunes filles ; et puis elle avait expiré : un autre messager vint en porter la nouvelle ; aussitôt le roi poussa de nombreux gémissements, comme si on lui avait annoncé la mort de sa mère ; et, les yeux pleins de larmes, pleurant comme eût fait Darius, il pénétra dans la tente où se trouvait la mère de Darius assise auprès du cadavre. À la voir abattue sur le sol, sa douleur se renouvela ; son dernier malheur avait rappelé à la reine mère les précédents, et elle avait pris dans ses bras les jeunes filles déjà grandes, douces consolations pour une souffrance partagée, mais qu'elle aussi se devait de consoler. Tout près, il y avait son petit-fils, bambin d'autant plus à plaindre qu'il ne comprenait pas encore un désastre qui retombait essentiellement sur lui. On eût cru qu'Alexandre pleurait entouré de ses proches, et qu'il n'apportait pas de consolations, mais en demandait. Toujours est-il qu'il s'abstint de manger et laissa aux funérailles tout l'éclat que veut, en Perse, la coutume nationale : il mérite assurément qu'aujourd'hui encore on lui sache bien gré de sa mansuétude et de sa retenue. En tout il n'avait vu la reine qu'une fois, le jour où elle devint sa prisonnière : c'est même la mère de Darius, et non elle, qu'il était allé voir ; la perfection de sa beauté n'avait pas excité en lui le désir, mais exalté le sentiment de l'honneur. Tyriotès, un des eunuques de la suite de la reine, profita de l'affolement et des lamentations pour se glisser par une porte moins bien gardée parce qu'elle était du côté opposé à l'ennemi ; il parvint au camp de Darius et tombe sur les sentinelles, qui le mènent, gémissant et vêtement déchiré, jusqu'à la tente du roi. À peine l'eut-il vu, Darius, bouleversé par mille pressentiments funèbres et incertain de ce qu'il devait redouter avant tout, lui dit :

– Ton visage annonce quelque immense calamité, mais garde-toi de ménager les oreilles d'un malheureux : j'ai appris à souffrir ; et connaître son sort est souvent, dans le malheur, une consolation. Ah ! je le soupçonne et n'ose le dire, vas-tu m'annoncer que les miens ont subi des outrages, qui, pour moi et, je pense, pour eux, seraient plus affligeants que n'importe quel supplice ?

Alors, Tyriotès :

– Il n'en est pas question, dit-il. Les plus grands honneurs que leurs sujets peuvent rendre à des reines, le vainqueur les a conservés à ta mère et à ton épouse. Mais celle-ci vient de quitter ce monde.

Alors, ce ne furent pas seulement des gémissements, ce furent aussi des cris de douleur dont le camp entier retentissait ; Darius, persuadé qu'on l'avait tuée parce qu'elle ne s'était pas prêtée au déshonneur, s'écrie, fou de douleur :

– Quelle infamie ai-je donc commise, Alexandre ? Ai-je assassiné l'un de tes proches, pour que tu réserves ce retour à ma cruauté ? Tu me hais sans que je t'aie provoqué ; mais admettons que, me déclarant la guerre, tu aies le droit pour toi ! Fallait-il que tu la fisses aussi contre des femmes ?

Tyriotès, au nom des dieux de son pays, affirma qu'elle n'avait eu aucun outrage à subir : Alexandre avait même gémi sur sa mort et non moins pleuré que Darius versait de larmes. Mais c'est cette attitude qui inquiéta son cœur épris, le força aux soupçons : vraiment, il n'expliquait ces regrets pour une captive que par une liaison coupable. Il écarta donc les témoins et ne garda que le seul Tyriotès ; ne pleurant plus, mais soupirant, il lui dit :

— Comprends-tu, Tyriotès, qu'il n'y a plus lieu de mentir ? Les instruments de torture seront bientôt ici ; mais n'attends pas, au nom des dieux, si ton roi t'inspire quelque déférence : ce que je désire tant savoir, et que j'ai honte de demander, l'a-t-il osé ? Il était le maître, il était jeune...

L'autre offre sa personne au supplice, et prend les dieux à témoin de ce que l'honneur et la chasteté de la reine ont été respectés. Enfin, quand il fut convaincu que les affirmations de l'eunuque étaient fondées, le roi se voila la tête et longuement pleura ; son visage ruisselait encore de larmes, quand il écarta l'étoffe et leva les mains vers le ciel :

— Dieux de ma patrie, dit-il, consolidez d'abord mon trône ; et puis, si mon sort est désormais réglé, faites, je vous en supplie, que la royauté de l'Asie revienne de préférence à un ennemi si juste, à un vainqueur si compatissant !

C'est pourquoi, bien qu'après l'échec de ses deux propositions de paix il eût mis toute son application à la guerre, Darius, désarmé par la retenue de son ennemi, envoya 10 députés, ses plus proches parents, porter au Macédonien de nouvelles conditions de paix ; Alexandre convoqua son conseil, puis les fit entrer.

— Aucune contrainte, dit le plus âgé, n'a forcé Darius à te demander la paix, aujourd'hui pour la troisième fois : ta justice, ta retenue l'y ont amené. Sa mère, sa femme, ses enfants, seul leur éloignement nous a fait comprendre qu'ils sont prisonniers : la chasteté de celles qui survivent, tu en as un souci tout paternel ; tu les appelles « reines », et permets qu'elles conservent les dehors de leur fortune passée. Ton visage me rappelle celui de Darius, au moment où nous le quittions ; pourtant il pleure une épouse, toi tu pleures une étrangère. Tu serais déjà au combat, si les soins à donner à sa sépulture ne te retardaient. Et qu'y a-t-il d'étonnant à ce qu'il demande la paix à qui montre de si amicales dispositions ? À quoi bon les armes, quand, entre vous, la haine est abolie ? Auparavant, il assignait pour frontière à ton empire le fleuve Halys qui délimite la Lydie ; maintenant, tout ce qui sépare l'Hellespont de l'Euphrate, il en constitue la dot de sa fille, qu'il te donne en mariage. Garde en otage, comme garant de paix et de loyauté, son fils Ochos, qui est ton prisonnier, mais rends sa mère et ses deux jeunes filles : pour ces trois personnes, il te prie d'accepter 30 000 talents d'or. Si je ne connaissais la modération de tes sentiments, il me serait inutile de dire que c'est pour toi le moment non seulement d'octroyer la paix, mais d'être le premier à la saisir. Tourne tes regards vers tout ce que tu as laissé derrière toi, porte-les vers tout ce à quoi tu aspires. Dangereux est un empire trop lourd, car il est difficile de maintenir ce qu'on ne peut contenir. Ne vois-tu pas comme il est impossible de piloter les navires de dimension excessive ? Si les pertes de Darius sont si considérables, c'est peut-être que trop de puissance expose à de grands dommages. En certains cas, il est plus facile de vaincre que de conserver ; et nos mains, à coup sûr, ne saisissent-elles pas plus facilement qu'elles ne retiennent ? La mort même de la femme de Darius t'avertit, au besoin, que ta pitié a moins de pouvoir qu'autrefois.

 Alexandre fait sortir de sa tente les députés, et soumet l'affaire au conseil. Pendant longtemps, personne n'osa dire son avis, car on ignorait les desseins du roi. Enfin Parmenion dit qu'autrefois il avait conseillé de rendre contre rançon les captifs de Damas : « on aurait pu retirer des sommes énormes de cette multitude de prisonniers qui tenaient paralysés de courageux soldats. Et, pour le présent, il conseillait vivement d'échanger contre 30 000 talents d'or une vieille femme et deux jeunes filles qui étaient une gêne pour les déplacements d'une armée en ordre de marche. Alexandre pouvait acquérir un riche royaume par un traité, sans guerre ; et personne d'autre n'avait possédé les régions entre l'Ister et l'Euphrate, régions que sépare l'intervalle d'espaces immenses. De plus, c'est vers la Macédoine qu'il fallait ramener les regards, au lieu de les diriger vers la Bactriane et les Indiens. » Ces paroles déplurent au roi ; dès que Parménion eut fini de parler :

– Moi aussi, dit-il, j'aimerais mieux l'argent que la gloire, si j'étais Parménion. Je suis Alexandre : peu m'importe la pauvreté, j'ai conscience de ne pas être un marchand, mais un roi. Je n'ai vraiment rien à vendre, et, en aucun cas, je ne vends ma destinée. Si l'on décide de renvoyer les prisonniers, il sera plus honorable d'en octroyer le don que de les renvoyer contre paiement.

On introduisit ensuite les députés, et il leur répondit en ces termes :

– Annoncez à Darius qu'en agissant avec clémence et générosité je n'ai pas déféré à son amitié, mais à mon caractère. Je n'ai pas coutume de faire la guerre contre des prisonniers et des femmes : il faut qu'on ait des armes pour que je haïsse. Si, du moins, il me demandait la paix loyalement, la question se poserait peut-être pour moi de la lui accorder ; mais en réalité, puisqu'il engage, par une lettre, mes soldats à me trahir, puisqu'il engage, par des offres d'argent, mes amis à me faire périr, je dois le poursuivre jusqu'à extermination, non comme un ennemi loyal, mais comme un assassin, un empoisonneur. Quant aux conditions de paix dont vous êtes porteurs, si je les accepte, elles lui donnent la victoire. Dans sa générosité, il m'octroie le pays qui est derrière l'Euphrate :

oubliez-vous donc en quel endroit vous vous adressez à moi ? Oui, me voici au-delà de l'Euphrate ; mon camp dépasse ainsi l'extrême limite de la dot libérale qu'il me promet. Chassez-moi de là où je suis, afin que je sache que ce que vous me cédez est bien à vous. Avec une égale libéralité, il m'accorde sa fille : or je sais, n'est-ce pas ? qu'il allait lui faire épouser un de ses esclaves ; je suis vraiment très honoré qu'il me préfère pour gendre à Mazée ! Allez annoncer à votre roi que ce qu'il a perdu, ce qu'il possède encore, sont l'enjeu de la guerre : celle-ci délimitera nos deux royaumes, et chacun aura ce que va lui assigner le sort du prochain jour.

Les députés répondent qu'étant décidé à se battre il agit avec franchise en ne les abusant pas d'espoirs pacifiques : « pour leur part, ils lui demandent de les renvoyer d'urgence auprès de leur roi : lui aussi doit se préparer à la guerre. » On les congédie ; ils annoncent que c'est l'heure du combat.

Darius envoya immédiatement Mazée avec 3 000 cavaliers pour occuper les routes que l'ennemi allait prendre. Quand Alexandre eut rendu les derniers honneurs à la femme de Darius et qu'il eut laissé, à l'abri des mêmes défenses, une faible garnison pour garder tous ceux qui alourdissaient la marche, il se dirigea vers l'ennemi. Il avait divisé son infanterie en deux ailes, les cavaliers protégeant les deux flancs ; les bagages suivaient l'armée. Il envoie ensuite Ménidas et 300 cavaliers, avec ordre d'observer la position de Darius. Mais Ménidas, voyant Mazée posté non loin, n'ose s'avancer davantage et annonce qu'il a seulement entendu le vacarme des gens et le hennissement des chevaux. Mazée lui aussi, distinguant dans le lointain les éclaireurs, rentra au camp et annonça l'arrivée de l'ennemi. En conséquence, Darius, qui souhaitait un combat en rase campagne, fait équiper ses troupes et dispose sa ligne de bataille.

À l'aile gauche s'avançaient environ 1 000 cavaliers de Bactriane ; autant de Dahiens ; et les Arachosiens et les Susiens faisaient bien 4 000 hommes. 100 chars à faux les suivaient. Immédiatement après ces quadriges, venaient Bessos et 8 000 cavaliers, Bactriens eux aussi. Les Massagètes, avec 2 000 hommes, fermaient la division de Bessos. À ces cavaliers Darius avait joint les fantassins de plusieurs peuples, sans les mêler, mais en les groupant par nations. Ensuite, venaient les Perses, avec les Mardes et les Sogdiens ; leurs chefs étaient Ariobarzanès et Orontobatès. Ceux-ci commandaient chacun une partie des troupes, mais le commandement suprême était à Orsinès, issu des Sept Perses, et qui prétendait même descendre de l'illustre roi Cyrus. Suivaient d'autres nations, mal connues de leurs alliés mêmes. Après elles, 50 quadriges, devant lesquels marchait Phradatès avec une armée imposante de Caspiens. Derrière les chars, il y avait des Indiens et d'autres riverains de la mer Rouge, aide toute nominale. Ce groupe de forces finissait avec d'autres chars à faux, auxquels l'on avait adjoint des troupes étrangères. Derrière celles-ci, des détachements de ce qu'on appelle l'Arménie Mineure ; après les Arméniens, les Babyloniens ; après les uns et les autres, les Bélites et les habitants des monts Cosséens. Ensuite venaient les Gortuens, originaires d'Eubée, qui, autrefois, avaient suivi les Mèdes, mais avaient dégénéré et ne connaissaient plus les mœurs de leur patrie. Appuyés à eux, les Phrygiens et les Cataoniens. Enfin, les Parthyéens, qui habitent le pays actuellement occupé par les Parthes venus de Scythie, fermaient la marche. Tel était l'aspect de l'aile gauche. La droite était formée du peuple de l'Arménie Majeure, des Cadusiens, des Cappadociens, des Syriens et des Mèdes ; eux aussi avaient des chars à faux : 50. En tout, l'armée comptait 45 000 cavaliers et 200 000 hommes d'infanterie. Ainsi formés, ils avancent de 2 kilomètres ;

au commandement ils s'arrêtèrent ; et, sous les armes, ils attendaient l'ennemi.

Quant à l'armée d'Alexandre, une panique s'empara d'elle sans raison précise : les soldats, hors d'eux-mêmes, se mirent à trembler, tous envahis jusqu'au cœur par une peur secrète. L'éclat de ce ciel d'été, qu'on voyait briller par places comme du feu, donnait l'impression d'un embrasement ; les Macédoniens croyaient que les flammes qui étincelaient venaient du camp de Darius, et pensaient s'être engagés à la légère parmi les postes ennemis. Si Mazée, qui surveillait la route, avait attaqué cette armée affolée, elle aurait pu subir un immense désastre ; mais il reste, passif, sur la hauteur qu'il avait occupée, heureux de ne pas être attaqué ; cependant, Alexandre, averti de la panique de ses soldats, fait donner le signal de l'arrêt ; il leur ordonne de déposer les armes et de se reposer, les avertissant que leur terreur subite est injustifiée : l'ennemi avait ses positions loin de là. Ils finirent par se ressaisir et reprirent à la fois leurs armes et leur courage. Mais, pour le moment, le plus sûr parut de camper sur place. Le lendemain, Mazée, qui avait occupé, avec une élite de cavaliers, une colline élevée d'où la vue portait sur le camp des Macédoniens, se replia vers Darius, soit par crainte, soit qu'il eût ordre de ne faire qu'observer. Les Macédoniens occupèrent la colline même qu'il avait abandonnée : car elle offrait plus de sécurité qu'un terrain plat, et de là on pouvait voir se déployer dans la plaine la ligne ennemie. Mais un brouillard, provoqué par l'humidité du cirque de montagnes, sans empêcher de saisir l'ensemble du spectacle ne permit pas de voir en détail les divisions et l'agencement des bataillons. Des masses d'hommes avaient submergé la campagne, et, malgré l'éloignement, le vacarme de ces milliers de gens était assourdissant. Alexandre hésitait. Il pesait dans une tardive évaluation tantôt son plan tantôt celui de Parménion ; et de fait, au point où l'on en était, une retraite de l'armée, en cas de défaite, était un désastre. Aussi, dissimulant ses sentiments, il donne ordre aux mercenaires péoniens montés d'aller en tête. Lui-même, comme on l'a dit ci-dessus, avait déployé la phalange en deux ailes, chacune sous la protection de la cavalerie. Le jour se faisait plus lumineux et, dispersant la brume, il avait découvert la ligne des ennemis : les Macédoniens, ou dans un élan d'allégresse, ou fatigués d'attendre, poussèrent, comme à la bataille, un cri formidable. Les Perses répliquèrent, et les forêts et vallées environnantes s'emplirent d'un bruit épouvantable. Il devenait difficile d'empêcher les Macédoniens de courir à l'ennemi. Mais jugeant préférable d'établir le camp sur cette même hauteur, Alexandre fit établir le retranchement ; le travail fut vivement mené à bien ; alors, le roi se retira dans sa tente, d'où le regard portait sur le front ennemi tout entier.

À cette heure, il avait sous les yeux une vue d'ensemble de la bataille imminente : sous l'éclat de leurs armes, les hommes et les chevaux étincelaient ; le soin avec lequel les préteurs parcouraient à cheval leurs bataillons révélait la minutieuse application que l'ennemi mettait à tous ses préparatifs ; et bien des détails sans valeur, comme le vacarme des gens, le hennissement des chevaux et, par endroits, le scintillement des armes avaient mis le trouble dans son esprit que l'attente inquiétait. Aussi, soit qu'il hésite, soit pour éprouver les siens, il tient un conseil de guerre et le consulte sur la meilleure conduite à observer. Le plus habile technicien de ses généraux, Parménion, optait pour une ruse, et non pour la bataille : « en pleine nuit, on pouvait écraser les ennemis ; dissemblables de mœurs, de langages, en outre épouvantés, durant leur sommeil, par un péril inattendu, quand se formeraient-ils, dans l'effroi nocturne ? En revanche, pendant le jour, on aurait tout d'abord en face de soi les Scythes et les Bactriens à l'aspect horrible : ils avaient le visage hirsute, les cheveux en désordre ; en outre, leur taille était de proportions extraordinaires. Et des détails accessoires et inconsistants touchent plus le soldat que des motifs légitimes d'effroi. Ensuite, une foule aussi énorme pouvait envelopper la petite armée macédonienne, puisque la lutte ne se livrait pas dans les gorges et dans les sentiers impraticables de Cilicie, mais en terrain plat, et largement ouvert. » Presque tous étaient de l'avis de Parménion : Polypercon estimait, sans hésiter, que la victoire était à cette condition. Le roi se refusait à porter un nouveau blâme contre Parménion à qui il venait de faire des reproches plus durs qu'il n'eût voulu ; il regarda Polypercon, et dit :

– Ce que vous me conseillez, c'est une astuce de brigands et de voleurs dont le seul désir est de passer inaperçus. Mais je ne supporterai pas que ma gloire se heurte toujours à l'absence de Darius, à l'étroitesse du terrain, ou à une ruse nocturne : je décide d'attaquer en plein jour ; j'aime mieux être mécontent de ma fortune que honteux de ma victoire. À ces raisons j'ajoute que les Barbares montent la garde ; ils sont sous les armes : pas moyen de les surprendre ; j'en ai la preuve. Donc, préparez-vous au combat.

Après les avoir ainsi stimulés, il les envoya se reposer.

Conjecturant que l'ennemi ferait ce que Parménion avait conseillé, Darius avait donné ordre de tenir les chevaux bridés, de laisser sous les armes une grande partie des troupes et de monter la garde avec une attention accrue ; aussi les feux éclairaient-ils entièrement son camp. En personne, avec ses généraux et ses proches, il parcourait ses régiments restés sous les armes : il priait le Soleil, Mithras, et le feu éternel et vénéré d'inspirer aux soldats un courage digne d'une gloire antique et des trophées de leurs aïeux : « Assurément, dans la mesure où l'esprit humain est capable de saisir les présages d'une aide divine, les dieux étaient de leur côté. Ils venaient d'inspirer aux Macédoniens un effroi subit : hors d'eux-mêmes, ceux-ci se portaient encore en tous sens et jetaient leurs armes ; puissances tutélaires de l'empire perse, ils punissaient à juste titre leur démence. Leur chef même n'était pas plus sensé qu'eux : car, à la manière des fauves, il ne voyait que la proie convoitée, et, inattentif au piège placé devant elle, il se ruait à sa perte. »

Chez les Macédoniens, l'inquiétude était égale ; ils passèrent la nuit dans la crainte, comme si on avait fixé le combat pour ce moment-là. Alexandre, plus effrayé qu'il ne le fut jamais, fait appeler Aristandros pour des vœux et des prières. Celui-ci, de blanc vêtu, tenant les rameaux à la main, tête voilée, récitait les prières avant le roi qui cherchait à se concilier Zeus et Athéna Niké. Alors, une fois accompli le sacrifice rituel, Alexandre, désireux de se reposer le reste de la nuit, rentra sous sa tente. Mais il était incapable de trouver le sommeil ou de souffrir le repos : il projetait soit de lancer son armée du haut de la montagne sur l'aile droite des Perses, soit d'attaquer sur tout le front ; parfois, il hésitait, se demandant s'il ne vaudrait pas mieux tourner l'aile gauche. Enfin, épuisé par son angoisse, il sombra dans un sommeil profond.

Le jour s'était levé, et les généraux, en corps, étaient venus prendre les ordres ; ils étaient stupéfaits du silence inhabituel qui entourait le prétoire : car, d'ordinaire, c'est lui qui les faisait appeler, et il les réprimandait parfois s'ils tardaient. Cette fois, ils s'étonnaient qu'à l'instant décisif il ne fût pas réveillé, et ils croyaient qu'il ne prenait pas le repos du sommeil, mais que la peur l'engourdissait. Cependant, aucun des gardes du corps n'osait entrer dans la tente ; et le temps pressait : pourtant, sans l'ordre du chef, les soldats ne pouvaient ni prendre les armes ni former les rangs. Parménion hésite longtemps, puis il prend sur lui de faire manger la troupe. Déjà il était nécessaire d'avancer : alors seulement, Parménion entre dans la tente ; il l'appelle plusieurs fois, et ne pouvant l'éveiller en lui parlant, il le toucha :

– C'est le plein jour, dit-il ; l'ennemi a rapproché son front de bataille ; tes hommes, qui ne sont pas encore en armes, attendent ton ordre. Où est-elle, ta belle énergie ? N'est-ce pas toi, qui, d'habitude, réveilles les gardes ?

Alexandre lui répondit :

– Crois-tu que j'aie pu m'endormir avant d'avoir libéré mon cœur de l'inquiétude qui retardait mon repos ?

Et il fit donner par la trompette le signal du combat. Et comme Parménion demeurait toujours étonné de ce qu'Alexandre eût dit qu'il avait dormi libre de soucis :

– Il n'y a là, dit Alexandre, rien d'extraordinaire : quand Darius brûlait le sol, ravageait les bourgs, détruisait les approvisionnements, je n'étais pas maître de moi ; mais maintenant qu'il cherche la décision par la bataille, qu'ai-je à craindre ? Par Hercule, il a réalisé mon souhait. Mais ultérieurement vous connaîtrez les mobiles de mon plan : rejoignez les troupes qui sont sous le commandement de chacun de vous ; bientôt, je serai sur place et je vous ferai connaître mes ordres.

Il lui arrivait bien rarement de mettre sa cuirasse, et c'était plus sur le conseil de ses amis que par crainte du danger à affronter : s'étant, cette fois aussi, assuré cette protection, il se dirigea vers les soldats. Jamais encore ils n'avaient vu leur roi avec tant d'allégresse : son visage sans effroi était un présage assuré de la victoire.

Aussitôt, il fait renverser la palissade, donne aux troupes l'ordre de sortir et les met en place. L'aile droite fut assignée à la cavalerie qu'on appelait *agèma* ; son chef était Kleitos ; il lui adjoignit les escadrons de Philotas, dont il protégea le flanc avec tous les autres préfets de la cavalerie. Le corps de Méléagre était en dernière position ; il était suivi de la phalange. Après la phalange, il y avait les argyraspides, qui avaient à leur tête un fils de Parménion, Nicanor. Alexandre constitua une réserve avec Coènos et ses hommes et, derrière lui, les Orestiens et les Lyncestiens ; puis Polypercon ; ensuite les soldats étrangers ; le chef de cette formation, Amyntas, était absent : c'est Philippe, fils de Balacrus, qui menait ces alliés de fraîche date. Tel était l'aspect de l'aile droite. À gauche, Cratère commandait la cavalerie du Péloponnèse, augmentée des escadrons achéens, locriens et maliens. Les cavaliers thessaliens fermaient la marche, sous le commandement de Philippe. La ligne des fantassins était protégée par la cavalerie. Voilà la disposition de l'aile gauche. Mais, pour qu'il fût impossible à la masse des ennemis de l'encercler, Alexandre avait couvert ses arrières par des troupes éprouvées. Il appuya aussi les ailes avec des renforts, qu'il ne disposa pas en alignement sur le front, mais de flanc, afin qu'ils fussent prêts au combat, si l'ennemi essayait de tourner la ligne macédonienne. Il y avait là les Agriens, avec Attale à leur tête, et, en outre, les archers crétois. Il dispose les derniers rangs à rebours du front, afin de donner à sa ligne entière une formation en cercle. Là il y avait les Illyriens, et, en outre, les troupes mercenaires ; Alexandre leur avait adjoint aussi en renfort l'infanterie légère de Thrace. Sa ligne, ainsi constituée, était si mobile que les troupes placées derrière pour empêcher l'encerclement pouvaient cependant se retourner et, après un mouvement circulaire, se porter de front. De la sorte, les premiers rangs étaient aussi bien protégés que les flancs, et les flancs aussi bien que l'arrière.

Une fois cela réglé, Alexandre prescrit que, si les Barbares lançaient les chars à faux en menant grand bruit, on espaçât les rangs et reçoive le choc adverse en silence : il savait bien que les ennemis passeraient sans causer de dommage, si personne ne leur faisait obstacle ; en revanche, s'ils lançaient, sans bruit, leur assaut, c'était à eux de les épouvanter de leurs cris, et d'accabler des deux côtés sous les traits leurs chevaux affolés. Il ordonna aux commandants des ailes de les étendre de manière à ne pas se laisser encercler en se tenant trop à l'étroit, mais de ne pas dégarnir l'extrémité de leur ligne. Il fit installer les bagages et les prisonniers, au nombre desquels l'on gardait la mère et les enfants de Darius, non loin du front, sur une colline élevée, et laissa là un faible contingent. Comme d'autres fois, Parménion fut chargé de l'aile gauche. Quant à lui, il se tenait à l'aile droite.

On n'était pas encore arrivé à portée de trait, quand un déserteur, du nom de Bion, courut à toute vitesse jusqu'au roi, et lui révéla que Darius avait fait enfoncer dans le sol des pointes de fer là où il croyait que passerait l'assaut des cavaliers ennemis : « l'endroit avait été indiqué au moyen d'un repère précis, afin que ses gens pussent éviter le traquenard. » Alexandre donne ordre de surveiller le transfuge, et réunit ses généraux ; il leur expose ce qu'il vient d'apprendre, les engage à s'écarter de la région indiquée et à bien renseigner leur cavalerie sur le danger. Mais les troupes ne pouvaient percevoir ses exhortations, car le fracas des deux armées empêchait d'entendre ; du moins, sous les regards de tous, parcourait-il le front à cheval, s'adressant aux généraux et à tous ses voisins immédiats : « Après avoir traversé tant de pays dans l'espérance d'une victoire pour laquelle il allait falloir se battre, il ne leur restait plus que cette épreuve suprême. Alors, il leur rappelait le Granique, les montagnes de Cilicie, et la Syrie, l'Égypte enlevées au passage, puissant stimulant de l'espoir et de la fierté. Ils avaient arrêté les Perses dans leur fuite, et ceux-ci allaient se battre, justement parce qu'ils ne pouvaient fuir. Il y avait trois jours que, blêmes de peur, embarrassés par le poids de leurs armes, ils piétinaient sur place. La meilleure preuve de leur démoralisation était qu'ils incendiaient des villes et des champs à eux, avouant ainsi que tout ce qu'ils n'auraient pas détruit appartenait à l'ennemi. Ils n'avaient pas à s'épouvanter des vains noms des nations inconnues ; peu importait pour la décision qui les Perses appelaient Scythes ou Cadusiens. Inconnus, ces peuples méritaient par là même de l'être ; le courage ne restait jamais ignoré, mais la lâcheté, tirée de sa tanière, n'apportait que des noms ; les Macédoniens, eux, devaient à leur valeur que nul endroit au monde n'ignorât ces héros. Qu'ils regardent la troupe désordonnée des Barbares : l'un n'avait rien qu'un javelot, l'autre lançait des pierres à la fronde ; rares ceux qui avaient un armement régulier. Aussi y avait-il, là-bas, plus de gens, mais ici, plus de guerriers. S'il leur demandait de lutter courageusement, il commencerait par donner à tous l'exemple du courage : il combattrait au tout premier rang. S'y engageaient pour lui toutes ses blessures, dont chacune était une parure ; ils savaient bien qu'il était presque seul à s'exclure du butin commun, et qu'il employait les récompenses de la victoire à les honorer et à les parer. Voilà ce qu'il avait à dire à des hommes de cœur.

À ceux qui ne leur ressemblaient pas, voici ce qu'il dirait : ils étaient parvenus à un point d'où toute fuite était impossible. Après avoir traversé tant d'espaces, laissé derrière eux tant de fleuves et de montagnes, leurs bras seuls devaient leur frayer le chemin de la patrie et des pénates. » Il stimula ainsi et les chefs et les soldats les plus proches.

Darius était à l'aile gauche, entouré de troupes considérables : l'élite de ses cavaliers et de ses fantassins ; il n'avait que mépris pour cette poignée d'ennemis, estimant leur ligne sans profondeur, vu l'extension des ailes. Du haut de son char, il tournait ses yeux et ses mains vers les régiments qui se tenaient autour de lui, à droite et à gauche ; et il dit :

– Naguère maîtres des terres qu'ici l'Océan baigne, et que, là, clôt l'Hellespont, vous devez vous battre, non plus pour la gloire, mais pour l'existence, pour ce que vous préférez à l'existence : la liberté. Ce jour consolidera ou détruira un empire tel que notre temps n'en a pas vu de plus vaste. Au Granique, nous n'avons engagé contre l'ennemi qu'une très faible part de nos forces ; vaincus en Cilicie, nous pouvions nous retirer en Syrie : le Tigre et l'Euphrate constituaient pour l'empire de vastes remparts. Au point où nous sommes, il n'y a pas même un endroit où fuir, si l'on nous chasse. Cette guerre interminable a tout épuisé derrière nous : les villes n'ont plus d'habitants, les campagnes plus d'agriculteurs. De plus, vos femmes et vos enfants suivent l'armée ; c'est une proie offerte à l'ennemi, si, pour défendre ces chers objets de notre tendresse, nous ne dressons pas l'obstacle de nos corps. En ce qui me concernait, j'ai réuni une armée qu'une plaine presque démesurée contient difficilement, j'ai distribué chevaux et armes, j'ai pourvu au ravitaillement de cette foule énorme, j'ai choisi un emplacement où l'armée pût se déployer. Tout le reste dépend de vous : ayez seulement l'audace de vaincre, et ne tenez aucun compte des réputations : c'est une arme bien faible, en face de votre vaillance. Vous avez toujours craint en eux, le prenant pour courage, ce qui n'est que témérité. Celle-ci commence par un élan, puis devient étale : ainsi certains insectes, une fois enfoncé leur dard, sont engourdis. Mais ces plaines ont mis à découvert leur faible nombre que les monts de Cilicie avaient caché. Vous voyez leurs rangs trop clairs, leurs ailes étirées, leur centre vidé, sans épaisseur ; de fait, les derniers rangs, qu'il a placés en sens opposé, tournent déjà le dos. Par Hercule ! les sabots des chevaux suffisent à les écraser, même si je ne jette sur eux que les chars à faux. Nous aurons gagné la guerre, si nous gagnons ce combat ; car, pour eux non plus, pas d'endroit où fuir : ils sont enfermés ici par l'obstacle de l'Euphrate, là par celui du Tigre. Et ce qui, auparavant, était en leur faveur, s'est retourné contre eux. Nos formations sont mobiles et libres de leurs mouvements, les leurs sont alourdies de butin. Nous les égorgerons, empêtrés qu'ils sont par nos dépouilles, et la cause de la victoire en sera le fruit. Si la réputation de leur nation émeut l'un d'entre vous, qu'il réfléchisse qu'ici les armes sont macédoniennes, non les gens. Les uns et les autres, nous avons perdu beaucoup de sang ; mais la perte est plus lourde, quand on est peu nombreux. Pour Alexandre, si grand qu'il puisse paraître aux lâches et aux poltrons, ce n'est qu'un être humain, et même, si vous m'en croyez, un téméraire, un insensé, qui doit ses succès actuels à notre effroi plus qu'à sa valeur. Or rien de durable, qui ne s'appuie sur la raison. Le souffle illusoire du bonheur finit par ne plus soutenir la témérité. En outre, les choses humaines n'ont ni durée ni constance, et la fortune ne sourit jamais franchement. Peut-être les dieux ont-ils disposé les destins de sorte que l'empire perse, que, pendant une félicité continue de 230 années, ils avaient élevé au rang suprême, fût ébranlé avec violence plutôt qu'abattu : cela, pour vous rappeler la fragilité humaine, que le succès fait par trop oublier. Naguère, nous portions l'offensive chez les Grecs ; aujourd'hui, nous avons à la repousser, dans nos foyers : déconcertantes alternatives de la fortune instable. Évidemment, si nous prétendons de part et d'autre à l'empire, c'est qu'il n'est pas l'apanage d'une seule nation. Par ailleurs, même sans le soutien de l'espoir, la nécessité devrait nous stimuler. Nous voici parvenus à l'abîme. Ma mère, mes deux filles, Ochos, que sa naissance destinait à l'empire, les princes, lignée de sang royal, et vos généraux sont aux mains de l'ennemi, enchaînés comme des coupables : sans vous, je suis moi aussi un prisonnier, dans la plus grande partie de mon être. Arrachez aux fers mes affections, rendez-moi ces gages de tendresse pour lesquels vous aussi vous ne refusez pas de mourir : ma mère, mes enfants ; mon épouse, je l'ai perdue dans cette prison. Voyez-les tous tendre les mains vers vous, supplier les dieux de la patrie, implorer votre aide, votre pitié, votre loyauté, pour que vous les libériez des entraves, de l'esclavage, d'une nourriture donnée par charité. Croyez-vous qu'ils sont de bon cœur esclaves de gens sur qui ils dédaignent de régner ? Je vois s'avancer l'armée ennemie ; mais, plus se rapproche le moment décisif, moins je puis me satisfaire de ce que je vous ai dit. Par les dieux de la patrie, par le feu éternel qu'on porte en avant sur des autels, par l'éclat du Soleil qui se lève à l'intérieur de mes états, par le souvenir impérissable de Cyrus, qui enleva l'empire aux Mèdes et aux Lydiens pour le faire passer à la Perse, gardez du déshonneur suprême le nom et la nation perses. En avant, avec ardeur et confiance, afin de remettre intacte à vos descendants la gloire transmise par vos ancêtres ! La liberté, la puissance, l'espoir en l'avenir sont désormais entre vos mains. Qui méprise la mort, y échappe ; mais elle rattrape tous les lâches. Pour moi, si je monte sur un char, c'est, outre la coutume ancestrale, pour que vous puissiez me voir ; et je ne m'oppose pas à ce que vous m'imitiez, que je vous donne l'exemple de la bravoure, ou celui de la lâcheté.

Cependant, Alexandre adopte l'ordre de marche oblique, afin d'éviter par un détour les pièges signalés par le déserteur, et de marcher contre Darius, qui commandait une aile. Darius aussi tourne ses troupes dans la même direction, et avertit Bessos de lancer de flanc ses cavaliers massagètes sur l'aile droite d'Alexandre. Lui, il avait devant lui les chars à faux, que, à un signal donné, il jeta tous contre l'ennemi. Ce fut une ruée à bride abattue, les conducteurs voulant que leur assaut, sous l'effet de la surprise, écrasât d'autant plus d'ennemis. Des Macédoniens furent donc déchirés par les lames qui faisaient une forte saillie sur le timon, ou par les faux qui pendaient sur chaque flanc. Au lieu de reculer peu à peu, ils avaient fui en tous sens et rompu les rangs. De plus, Mazée inspira de la crainte aux Macédoniens ébranlés, en commandant à 1 000 cavaliers un mouvement tournant, afin de piller les bagages de l'ennemi ; il comptait que les prisonniers qu'on y gardait briseraient leurs liens, en voyant les leurs approcher. Mais Parménion, qui était à l'aile gauche, s'en était aperçu : il se hâte donc d'envoyer Polydamas au roi, pour lui montrer le péril et lui demander ses ordres. Après avoir entendu Polydamas :

— Va dire à Parménion, répondit Alexandre, qu'en cas de victoire non seulement nous retrouverons nos bagages, mais nous trouverons ceux de l'ennemi. En conséquence, il n'y a pas de raison de retirer du front la moindre partie de nos forces ; mais que, digne comme il l'est de mon père Philippe et de moi, il tienne le dommage subi pour négligeable, et combatte avec cœur.

Pendant ce temps, les Barbares avaient jeté le trouble dans le parc aux bagages ; après le massacre presque total des gardiens, les prisonniers brisent leurs liens et saisissent tout ce qui se présente, pour s'en faire des armes, puis, formant groupe avec les cavaliers de chez eux, ils attaquent les Macédoniens qui sont pris entre deux dangers. Joyeux, les gens de Sisigambis lui annoncent que Darius est vainqueur, que les ennemis, massacrés, gisent en masse, et que, finalement, ils n'ont même pas pu conserver leurs bagages : ils croyaient, en effet, que, sur tous les fronts, la fortune avait été la même, et que les Perses ne s'étaient disséminés pour piller qu'après la victoire. Malgré les prisonniers qui l'exhortaient à renoncer à sa tristesse, Sisigambis demeura aussi triste qu'auparavant. Pas un mot ne lui échappa ; pas de changement sur son visage : teint ou expression. Elle resta assise, sans bouger, craignant, je crois, qu'une joie prématurée n'indisposât la fortune, si bien qu'à la voir on ne pouvait deviner ce qu'elle préférait. Pendant ce temps, le préfet de la cavalerie d'Alexandre, Ménidas, à la tête d'un petit nombre d'escadrons, était arrivé au parc des bagages, à la rescousse ; on ne sait s'il agissait de sa propre autorité ou sur l'ordre du roi ; mais il ne résista pas à l'assaut des Cadusiens et des Scythes : car, à peine eut-il risqué la bataille, qu'il s'enfuit vers le roi : la perte des bagages eut en lui un témoin à défaut d'un vengeur. Chez Alexandre, déjà l'amertume avait triomphé de sa décision ; en outre, il ne craignait pas sans raison que le désir de récupérer leurs biens ne détournât les soldats de la bataille. Aussi envoie-t-il contre les Scythes Arétès, le chef des lanciers, qu'on appelait sarissophores. Pendant ce temps, les chars, après avoir porté le désordre dans les premiers rangs, s'étaient dirigés contre la phalange : les Macédoniens, affermissant leur courage, les reçoivent au beau milieu de leurs formations. Leur ligne ressemblait à une palissade : ils avaient mis piques contre piques, et transperçaient, de chaque côté, les flancs des chevaux qui galopaient au hasard. Puis ils se mirent à cerner les chars, et à en faire tomber les équipages. Leur immense désastre avait jonché le front de chevaux et de cochers : ceux-ci étaient incapables de maîtriser leurs bêtes affolées, qui, à force de secouer la tête, avaient fait tomber le joug, et même retourné les chars ; blessées, elles tiraient des morts ; leur effroi les empêchait de s'arrêter, leur épuisement d'avancer. Cependant, un petit groupe de quadriges parvint jusqu'aux derniers rangs, ayant fait périr d'une mort lamentable ceux qu'ils rencontrèrent : à terre, gisaient des membres sectionnés, et, comme les blessures chaudes ne causaient pas encore de douleur, les soldats, malgré mutilation et épuisement, ne lâchaient pas leurs armes, jusqu'au moment où, en raison de la perte considérable de sang, ils s'effondraient, morts. Cependant Arétès, une fois tué le chef des Scythes qui mettaient à sac les bagages, accentuait sa pression sur l'ennemi affolé. Survinrent alors, sur un ordre de Darius, les Bactriens, et ils bouleversèrent le sort du combat. Au premier choc, beaucoup de Macédoniens furent écrasés ; plus nombreux, ceux qui se réfugièrent vers Alexandre. Alors les Perses, jetant le cri que lancent les vainqueurs, chargèrent avec fureur l'ennemi comme s'il était en déroute sur tous les points. Panique : Alexandre blâme, exhorte ; le combat languissait : seul, il le ranime ; il finit par redonner du courage, il commande d'attaquer. À l'aile droite des Perses, la ligne était moins dense : car c'est de là que les Bactriens s'étaient détachés pour assaillir le parc à bagages ; aussi Alexandre se porte-t-il contre ces rangs clairsemés, et l'assaut multiplie la mort chez l'ennemi. Mais les Perses, qui étaient à l'aile gauche, comptent le cerner, et portent leur ligne sur ses arrières pendant qu'il combattait : Alexandre, cerné et bloqué, aurait couru un danger immense, si la cavalerie agrienne, à bride abattue, n'avait assailli les Barbares qui enveloppaient le roi, et ne les avait obligés à faire volte-face, en les attaquant par derrière. C'était le désordre dans les deux armées. Alexandre avait l'ennemi de face et de dos. Ceux qui le talonnaient par derrière subissaient eux aussi la pression de la cavalerie agrienne ; les Bactriens, de retour après avoir pillé les bagages de l'ennemi, n'étaient pas capables de se reformer ; bien des régiments en même temps étaient coupés du reste, et combattaient chacun contre l'ennemi que le hasard lui offrait.

Les deux rois, dont les bataillons se touchaient presque, avaient attisé la bataille ; les Perses tombaient en plus grand nombre ; la quantité de blessés était à peu près la même des deux côtés. Darius allait en char, Alexandre à cheval : tous deux protégés par des soldats d'élite, d'une abnégation absolue ; car, s'ils perdaient leur roi, ils ne voulaient, ni ne pouvaient sauver leur vie. Périr sous les yeux de son roi paraissait à chacun d'eux la plus belle des morts. Pourtant, ceux que l'on protégeait le plus couraient le plus de danger : car chacun convoitait la gloire de tuer le roi ennemi. Or, soit que ce fut hallucination, ou apparition véritable, les compagnons d'Alexandre crurent voir un aigle dont le vol paisible surplombait à une très faible hauteur la tête du roi, et que n'effrayaient ni le bruit des armes ni les gémissements des mourants ; longtemps, l'apparition plana, plutôt qu'elle ne vola autour du cheval d'Alexandre. En tout cas, le devin Aristandros, revêtu d'un costume blanc et portant à la main droite une branche de laurier, montrait aux soldats, affairés à se battre l'oiseau qui présageait indiscutablement la victoire. Une allégresse, une confiance sans bornes excitèrent au combat les soldats, naguère épouvantés, et plus particulièrement quand le cocher, qui, assis devant Darius, conduisait les chevaux, fut transpercé d'un coup de lance. Tous, Perses et Macédoniens, furent convaincus que c'était le roi qui avait été tué. Les hurlements funèbres, les cris sauvages, les gémissements des proches et des écuyers de Darius mirent le désordre dans presque toute l'armée perse, qui, jusqu'alors, se battait avec chances égales. L'aile gauche se dispersa et s'enfuit : elle avait abandonné le char, que les bataillons de droite reçurent au cœur de leur ligne. On dit que, tirant son épée, Darius se demanda s'il n'éviterait pas, en mourant avec honneur, la honte de fuir. Mais, juché sur son char, il rougissait d'abandonner les siens, qui n'étaient pas unanimes à se retirer du combat, et, pendant qu'il hésitait entre l'espérance et le découragement, les Perses reculaient peu à peu, et avaient déjà perdu leur cohésion. Alexandre, qui avait changé de cheval après en avoir harassé plus d'un, transperçait le visage de qui résistait, le dos de qui fuyait. Et ce n'était plus un combat, mais un massacre, quand Darius lui aussi fit faire demi-tour à son char et s'enfuit. Le vainqueur ne lâchait pas les fuyards ; mais des nuages de poussière, qui montaient jusqu'au ciel, empêchaient de voir devant soi ; aussi les Macédoniens erraient-ils, comme dans les ténèbres, se ralliant de temps en temps au son d'une voix connue ou à un signal. Cependant, ils percevaient le claquement des rênes, dont le cocher ne cessait de fouetter l'attelage royal : ce furent les seules traces que Darius laissa de sa fuite.

Mais, à l'aile gauche des Macédoniens – Parménion, comme nous l'avons dit ci-dessus, en avait la responsabilité –, la situation des deux antagonistes n'était pas du tout la même. Mazée, par une charge impétueuse de tous ses cavaliers, malmenait les escadrons macédoniens ; et, grâce à sa supériorité numérique, il était en train de les cerner, quand Parménion envoie des cavaliers avertir Alexandre du péril où ils étaient : à moins de secours immédiat, impossible d'arrêter la fuite. Le roi s'était fortement avancé à la poursuite de l'ennemi en fuite, quand il reçut les mauvaises nouvelles de Parménion. Il ordonna aux cavaliers d'arrêter leurs chevaux ; l'infanterie suspendit sa progression : il grinçait des dents, de ce qu'on lui arrachât la victoire des mains : « Darius était plus heureux dans sa fuite, que lui dans sa poursuite ». Entre-temps, la nouvelle de la défaite de Darius était parvenue à Mazée. Aussi, en dépit de sa supériorité, fut-il épouvanté par le destin de son parti, et, bien qu'il eût culbuté les Macédoniens, sa pression faiblit. Parménion ignorait les raisons de cette accalmie spontanée, mais il profita activement de cette occasion de vaincre. Il fait appeler les cavaliers thessaliens :

– Ne voyez-vous pas leur dit-il, ces gens qui tout à l'heure nous attaquaient avec fureur, comme ils reculent soudain dans une effroyable panique ? Assurément, pour nous aussi, la fortune de notre roi l'a emporté. Tout est jonché de cadavres perses. Que tardez-vous ? Êtes-vous inférieurs même à des fuyards ?

On se rendait compte qu'il disait vrai, et l'abattement même était soulevé d'espérance ; ce fut une charge au galop contre l'ennemi. Celui-ci reculait, non plus lentement, mais à vive allure, et il ne lui manquait, pour fuir, que d'avoir tourné le dos. Cependant Parménion, ignorant le sort du roi à l'aile droite, contint les siens. Mazée peut fuir sans obstacle, et, au lieu d'aller droit, il opère un détour dont la longueur fait la sécurité, franchit le Tigre, et rentre à Babylone avec ce qui reste de l'armée écrasée.

Darius, avec de rares compagnons de fuite, s'était dirigé vers le fleuve du Lycus ; il le traversa, puis se demanda s'il détruirait le pont : on lui annonçait, en effet, l'arrivée imminente de l'ennemi. Mais il voyait bien qu'en coupant le pont il livrerait à l'ennemi les milliers et milliers de Perses qui n'avaient pas encore atteint le fleuve. Laissant à son départ le pont intact, il dit, selon une tradition sûre, qu'il aimait mieux livrer passage à ceux qui le poursuivaient que le fermer à ceux qui fuyaient. Lui-même, après avoir traversé un pays immense, parvint à Arbèles aux environs de minuit.

L'esprit pourrait-il concevoir, la parole représenter tous ces outrages de la fortune, le multiple massacre des généraux, des troupes, la fuite des vaincus, les désastres privés ou collectifs ? La fortune hélas ! a presque accumulé, en ce seul jour, les événements d'un siècle. Les uns passaient par le chemin le plus court, les autres gagnaient les gorges écartées et les sentiers que les poursuivants ne connaissaient pas. C'était un mélange inextricable de cavaliers et de fantassins, privés de chefs, avec ou sans armes, valides ou infirmes. La pitié fut remplacée par la peur, et l'on abandonnait, au milieu de gémissements réciproques, ceux qui étaient incapables de fuir. La soif surtout brûlait les soldats fatigués ou blessés ; çà et là, à tous les ruisseaux, c'étaient des gens étendus à terre : ils ouvraient la bouche pour boire au fil de l'eau ; à force de l'absorber toute fangeuse, leurs entrailles étaient sur le champ distendues sous la pression de la vase ; les membres alanguis et engourdis, ils étaient réveillés par de nouvelles blessures, quand les ennemis survenaient. Certains, trouvant occupés les ruisseaux les plus proches, avaient fait d'assez longs détours pour capter un peu d'eau cachée ; pas de trou, fût-il éloigné et à sec, qui échappât à l'investigation de leur soif. Des villages voisins de la route, l'on entendait nettement des hurlements de vieillards et de femmes qui, à la mode barbare, saluaient Darius toujours roi.

Après avoir, comme on l'a dit ci-dessus, réfréné l'élan de ses soldats, Alexandre avait atteint le Lycus, où une foule immense de fuyards se trouvait entassée sur le pont ; beaucoup d'entre eux, talonnés par l'ennemi, s'étaient précipités dans le fleuve ; mais, alourdis par leurs armes, épuisés par le combat et par la fuite, ils étaient engloutis par les tourbillons. Bientôt, outre le pont, la rivière même fut incapable de contenir les fuyards dont les bataillons, sans aucun plan, s'entassaient constamment les uns sur les autres ; car, dès que l'effroi s'est glissé dans l'esprit, on ne redoute que l'objet premier de la crainte. Devant les supplications des siens de ne pas interrompre la poursuite d'un ennemi qui s'en allait sans risques, Alexandre prétexta leurs traits émoussés, leurs bras fatigués, leurs corps épuisés par une course pareille, et la venue rapide de la nuit ; en fait, l'aile gauche, qu'il croyait encore engagée, l'inquiétait, et il décida de revenir pour secourir les siens. Il avait déjà fait demi-tour, quand des cavaliers lui annoncent, sur l'ordre de Parménion, la victoire obtenue là-bas aussi. Néanmoins, il risqua le plus grand danger de la journée quand il ramena ses troupes dans le camp. Il avait pour escorte quelques hommes mal groupés, tout à la joie de leur victoire : ils croyaient que tous les ennemis étaient en fuite ou avaient succombé sur le front – quand soudain apparut, en face, un régiment de cavaliers, qui, d'abord, s'arrêtèrent, puis, ayant remarqué l'infériorité numérique des Macédoniens, lancèrent contre eux leurs escadrons. Le roi précédait les étendards et dissimulait le danger plus qu'il ne le méprisait. Mais son bonheur, constant dans le péril, ne le trahit pas ; car il transperça de sa lance le préfet des cavaliers, qui, dans son ardeur à combattre, s'était précipité sur lui sans précautions ; l'homme glissa de son cheval, puis Alexandre traversa le voisin avec la même arme, et d'autres ensuite. Ses amis aussi assaillirent l'ennemi ébranlé ; cependant, les Perses ne tombaient pas sans se venger : car les deux groupes d'armées n'avaient pas engagé une bataille plus âpre que ces deux bandes en désordre. À la fin, les Barbares jugèrent, comme le jour baissait, que la fuite était plus sûre que le combat, et ils partirent en se dispersant. Le roi, qui sortait d'un danger supplémentaire, ramena, sains et saufs, les siens dans le camp.

Les vainqueurs purent estimer le nombre des Perses tués à 40 000 hommes ; les Macédoniens eurent moins de 300 morts [22].

24. D'après Diodore : 500 morts du côté macédonien, 90 000 du côté perse.

Par ailleurs, Alexandre dut sa victoire plus à sa valeur qu'à sa fortune : victoire du courage, et non, comme auparavant, du terrain. Car, il disposa son armée avec beaucoup d'habileté, combattit avec beaucoup de décision, méprisa fort sagement la perte des paquets et bagages, comprenant bien que l'affaire se réglait sur le front, et se comporta en vainqueur avant que l'issue du combat fût certaine ; il ébranla les ennemis, puis les dispersa, et sa fougue rend à peine croyable qu'il ait alors poursuivi les fuyards avec plus de réflexion que d'impatience. Ne frustrons pas non plus les généraux des louanges qui leur sont dues ; les blessures que chacun d'eux reçut sont preuves de courage : Héphaistion fut touché au bras d'un coup de lance ; Perdiccas, Coènos et Ménidas furent presque tués par les flèches. Et, si nous voulons porter un jugement exact sur les Macédoniens de ce temps-là, nous reconnaîtrons que le roi méritait bien de tels serviteurs, et eux un si grand roi.

Quinte-Curce, IV, 9, 1 – 16, 33.

Séquence 22

L'ENTRÉE DANS BABYLONE ET DANS SUSE

De novembre à décembre 331

Personnages :

Alexandre, en Roi des Rois à 25 ans, sur la route des trois plus belles et plus riches cités perses, Babylone, Suse et Persépolis.

Darius, en fuyard affaibli et désavoué par ses proches. Quinte-Curce raconte : « Darius avait atteint Arbèles vers minuit ; c'est là que la fortune avait refoulé une grande partie de ses amis et de ses soldats en fuite. Il les réunit et leur expose qu'il est persuadé qu'Alexandre va se diriger vers les villes les plus peuplées et les campagnes les plus fertiles : "Lui et ses soldats visaient un butin riche et accessible. Vu sa situation, c'était pour lui, Darius, le salut, car, avec des troupes légères, il gagnerait le désert. Les régions extrêmes de son royaume n'étaient pas touchées, et il en tirerait sans peine de nouvelles ressources pour la guerre. Peu importait que cette nation si cupide s'emparât de son trésor, et, après un long jeûne, se rassasiât d'or : bientôt, lui, il ferait d'elle sa proie ; l'expérience lui avait appris qu'un mobilier de prix, des concubines et des troupes d'eunuques n'avaient été que fardeaux et entraves : les traînant à son tour, Alexandre aurait l'infériorité, du fait de ce qui avait causé ses victoires antérieures."

Tous trouvaient ces paroles désespérées ; ils se rendaient compte qu'on abandonnait l'opulente Babylone : le vainqueur s'emparerait ensuite de Suse, puis de toute la parure de l'empire : ce pour quoi l'on se battait. Mais Darius continua, leur rappelant que, dans le malheur, il fallait renoncer aux belles phrases pour se plier aux nécessités pratiques : "On fait la guerre avec le fer, et non avec l'or, avec des hommes et non avec des demeures urbaines ; tout vient à qui est armé. C'est ainsi que ses aïeux, malgré des échecs initiaux, n'avaient pas tardé à recouvrer leur fortune passée." » V, 1, 3 – 8.

L'armée macédonienne enivrée par les plaisirs de l'Orient.

Bagophanès, gardien de la citadelle et de la forteresse royale.

Mazée, satrape de Mésopotamie.

Abulitès, préfet de la Susiane et son fils Oxathrès qui commanda les troupes de sa satrapie à Gaugamèles.

Sisigambis, l'épouse et les enfants de Darius.

Les habitants de Babylone et de Suse acclamant leur nouveau roi, heureux de ne pas avoir été massacrés.

Or, comme Alexandre se dirigeait sur Babylone, Mazée, qui s'était réfugié dans cette ville après la bataille, vient au-devant de lui, tel un suppliant, avec ses enfants déjà grands : il livre la ville et lui-même. Sa venue fit plaisir au roi ; car le siège d'une ville si fortifiée aurait été une grosse affaire. En outre, il semblait que l'exemple de cet homme de premier plan, entreprenant, et dont la dernière bataille avait augmenté la célébrité, inciterait tous les

L'entrée dans Babylone et dans Suse

autres à se rendre aussi. D'où l'accueil bienveillant qu'il fait à Mazée et à ses enfants ; cependant, il forme les siens en carré, prend le commandement, et donne ordre d'avancer comme si l'on allait au combat. Beaucoup de Babyloniens s'étaient installés sur les murs, avides de connaître leur nouveau roi ; mais la majorité sortit à sa rencontre, entre autres Bagophanès, gardien de la citadelle et de la fortune royale ; pour ne pas le céder en zèle à Mazée, il avait jonché le chemin entier de fleurs et de couronnes ; des deux côtés, étaient disposés des autels d'argent, où il avait accumulé, outre l'encens, des parfums variés. À sa suite venaient ses présents : troupeaux de bétail et de chevaux ; l'on portait aussi, dans des cages, des lions et des panthères. Ensuite, des mages chantaient leurs chants habituels ; après eux, marchaient les Chaldéens, et, parmi les Babyloniens, les prêtres mais aussi les artistes avec la lyre de leur pays. Ceux-ci ont pour fonction de chanter les louanges des rois, et les Chaldéens de révéler les mouvements des astres et les révolutions périodiques des saisons. Les cavaliers babyloniens fermaient la marche ; eux et leurs chevaux avaient des parures qui visaient plus à la somptuosité qu'à la grandeur. Alexandre, entouré d'hommes en armes, ordonna à la foule des habitants de marcher après les derniers rangs de son infanterie : lui-même, sur un char, entra dans la ville, puis dans le palais. Le lendemain, il inspecta le mobilier de Darius et toute sa fortune. Mais la beauté de la ville même et son antiquité attirèrent à juste titre les regards du roi et aussi ceux de l'armée entière.

Sa muraille, formée de briquettes cuites, et enduite de bitume, comprend 10 mètres de largeur : on dit que des quadriges peuvent, en se croisant, y circuler sans risque. En hauteur, la muraille s'élève de 22 mètres ; les tours dépassent la muraille de 3 mètres chacune. De plus, la ville n'est pas tout entière couverte de maisons... Le reste de la ville est ensemencé et cultivé, de sorte que, si une puissance étrangère l'attaquait, le sol de leur ville fournirait aux assiégés leur nourriture. L'Euphrate traverse Babylone ; il est maintenu entre des quais d'une ampleur considérable. Mais ces énormes ouvrages sont tous entourés d'immenses bassins taillés en profondeur pour recevoir la crue du fleuve : celui-ci, une fois dépassé le sommet du quai qui le borde, détruirait les maisons, sans la présence de puits et de réservoirs pour le recueillir. Ils sont bâtis en brique et tout l'ouvrage est lié par du bitume. Un pont de pierre traverse le fleuve et fait la jonction ; lui aussi est au nombre des merveilles de l'Orient : car l'Euphrate charrie une vase épaisse, et, quand on l'a enlevée en profondeur pour jeter des fondations, on trouve difficilement un sol assez dur pour soutenir une construction solide. Les sables s'accumulent constamment : ils adhèrent aux pierres sur lesquelles le pont repose, et arrêtent le courant qui, retenu par eux, se précipite avec plus de violence que si rien n'entravait son élan...

Au-dessus de la citadelle, se trouve la merveille célébrée par les fables des Grecs : les jardins suspendus ; leur niveau atteint la crête des remparts, et ils doivent leur charme à l'ombrage et à l'élévation de nombreux arbres. Les piliers qui portent la masse entière sont en pierre ; sur ces piliers, repose un lit de pierres de taille, établi pour résister aux épaisseurs de terre qu'on y déverse, et à l'eau, dont cette terre est arrosée : ces bâtisses portent des arbres si forts que leurs troncs atteignent 3,50 mètres de diamètre, s'élèvent à 15 mètres de hauteur et donnent des fruits tout comme s'ils se nourrissaient de la terre natale. Cette bâtisse malgré la pression des racines de tant d'arbres, malgré la pesante charge d'une forêt pareille, subsiste intacte : car il y a des murs de soutènement de 6 mètres de large, placés à 3,30 mètres de distance, en sorte que, de loin, on dirait des forêts naturelles au sommet de leurs mon-

L'entrée dans Babylone et dans Suse

tagnes. La tradition attribue cette construction à un roi de Syrie, qui régnait à Babylone ; il obéissait ainsi à son amour pour sa femme : elle avait, en ces pays de plaines, la nostalgie des bois et des forêts, et elle pressa son époux d'imiter, par l'établissement de cette construction, les charmes de la nature.

Alexandre demeura dans cette ville plus longtemps que partout ailleurs, et en nul autre de ses séjours il ne fit plus de tort à la discipline militaire. Rien de plus corrompu que les mœurs de Babylone ; rien de mieux fait pour exciter et séduire les passions immodérées. Parents et maris laissent enfants et femmes se prostituer à leurs hôtes, pourvu que le déshonneur leur rapporte. Partout en Perse, rois et dignitaires raffolent des « jeux de repas » ; les Babyloniens surtout s'abandonnent au vin et à tout ce qui suit l'ébriété. Les femmes, qui prennent part à ces repas, se conduisent d'abord avec retenue ; puis elles ôtent l'un après l'autre les vêtements du haut de leur corps et peu à peu profanent leur pudeur ; à la fin (que nos auditeurs nous pardonnent !), elles jettent leurs voiles d'en bas ; et ce n'est pas là infamie de courtisanes, mais bien d'épouses : infamie aussi des maris qui voient un trait de gentillesse dans le peu de cas qu'elles font de leur corps ainsi exposé. Cette illustre armée, victorieuse de l'Asie, après s'être gavée pendant 34 jours de toutes ces turpitudes, aurait assurément été trop faible pour les dangers qui l'attendaient, si elle avait eu un ennemi.

Donc Alexandre met Agathon à la tête de la citadelle de Babylone, avec 700 de ses Macédoniens et 100 mercenaires, puis il laisse Ménès et Apollodore comme préteurs préposés à la région de la Babylonie et à celle de la Cilicie. Ils reçurent 2 000 soldats, avec 1 000 talents : tous deux furent invités à lever des troupes supplémentaires. Il octroie au transfuge Mazée la satrapie de Babylonie, et il incorpora à sa suite Bagophanès, qui avait livré la citadelle ; l'Arménie fut donnée à Mithrénès, le traître de Sardes. Ensuite, sur l'argent qui fut livré à Babylone, on distribua aux cavaliers macédoniens 600 deniers par tête, chaque cavalier étranger en toucha 500, chaque fantassin de Macédoine 200 ; tous les autres eurent 3 mois de solde.

Il allait arriver à Suse, quand le préfet de la région, Abulitès envoya à sa rencontre son fils, avec promesse de livrer la ville. Le roi reçut aimablement le jeune homme, et, guidé par lui, atteignit le fleuve Choaspis, qui passe pour rouler une eau délicieuse. Là, Abulitès vint à sa rencontre, avec des cadeaux d'une opulence royale. Il y avait, au nombre de ces cadeaux, des dromadaires d'une rapidité inouïe, ainsi que 12 éléphants, importés de l'Inde par Darius. Dès qu'il fut entré à Suse, Alexandre tira des trésors une incroyable quantité de numéraire : 50 000 talents d'argent, non pas monnayé, mais en lingots bruts. De nombreux rois, au cours des âges, avaient entassé ces immenses fortunes, qu'ils destinaient à leurs enfants et à leurs descendants : en une heure, elles passèrent aux mains d'un roi étranger. Alexandre s'assit ensuite sur le trône royal, beaucoup trop élevé pour sa taille ; comme ses pieds n'atteignaient pas la marche inférieure, un des pages royaux glissa une table sous ses pieds. Un eunuque, qui avait appartenu à Darius, se mit alors à se lamenter ; le roi le remarqua et s'informa du motif de sa tristesse. L'autre révèle que Darius mangeait ordinairement à cette table, et qu'il ne pouvait regarder sans pleurer cette table sacrée ravalée au rang de jouet. Le roi fut pris de honte, à l'idée qu'il insultait aux dieux de l'hospitalité, et il allait faire enlever la table quand Philotas lui dit :

— N'en fais rien, ô roi ; mais accepte aussi le présage d'avoir sous tes pieds la table à laquelle a mangé ton ennemi.

L'entrée dans Babylone et dans Suse

Prêt à atteindre les limites de la Perse, le roi remit à Archélaüs la ville de Suse et 3 000 hommes de garnison ; Xénophile fut préposé à la citadelle et 1 000 Macédoniens alourdis par l'âge reçurent l'ordre d'en assurer la garde. Il confia à Callicratès la protection des trésors, et restitua à Abulitès la satrapie de la Susiane. C'est à Suse qu'il laissa la mère et les enfants de Darius. Il venait de recevoir des tissus macédoniens et nombre d'étoffes de pourpre, cadeau qu'on lui avait envoyé de Macédoine ; il les fait remettre à Sisigambis, avec les femmes qui les avait confectionnés ; car il montrait à son égard toutes sortes de prévenances, et même une piété filiale ; il lui fit parvenir le conseil, si ces vêtements lui plaisaient, d'accoutumer ses petites-filles à en fabriquer : il lui donnait des ouvrières pour les instruire. À ces mots, les pleurs montèrent aux yeux de Sisigambis, prouvant son aversion pour le présent travail : car les femmes de Perse considèrent comme le pire affront de travailler la laine de leurs mains. Ceux qui avaient porté les présents l'avertirent de la tristesse de Sisigambis ; il se crut tenu à des excuses et à des consolations. Il se présenta donc à elle en personne :

– Mère, dit-il, tu vois le vêtement que je porte ; ce n'est pas seulement un don de mes sœurs, c'est leur œuvre : mon erreur est due aux coutumes de chez nous. Je t'en prie, ne va pas interpréter comme un affront mon ignorance. Les usages de ta nation, je pense les avoir amplement observés, quand je les connaissais. Je sais que, chez vous, il est interdit à un fils de s'asseoir en présence de sa mère, sauf si elle l'y autorise : toutes les fois que je suis venu te voir, je suis resté debout jusqu'à ce que tu m'aies fait signe de m'asseoir. Tu as souvent voulu m'adorer en te prosternant : je t'en ai empêchée. Je te donne un nom qui n'est dû qu'à Olympias, la plus douce des mères.

Quinte-Curce, V, 1, 17 – 39 ; 43 – 45 ; 2, 8 – 22.

Séquence 23

COMBATS DANS LES MONTAGNES

Hiver 331

Personnages :

Alexandre continuant sur sa lancée, suivant la route qui mène à Persépolis et sur le point de conquérir le cœur même du royaume des Achéménides, la Coelé-Perside. Encore une fois, le conquérant entraîne ses troupes derrière lui au péril de sa vie.

Cratère, Méléagre, Philotas, Coènos, Amyntas, Polypercon et leurs troupes.

Ariobarzanès, satrape de Perse, qui continue la lutte sans Darius avec ses 25 000 fantassins.

Un berger prisonnier parlant grec et perse.

Ultime verrou à faire sauter pour s'emparer des dernières richesses du royaume de Darius. Rudes combats dans les montagnes. Guet-apens, escalades et vertiges au bord des précipices.

Il dévaste toute la contrée, et, au bout de trois jours, entre en Perse, au bout de cinq, dans les gorges dites « Portes de Suse ». Ariobarzanès, avec 25 000 fantassins, y avait pris position : rocs escarpés, de toutes parts abrupts, dont les Barbares tenaient le sommet, sans risquer d'être atteints par les traits ; à dessein, ils restaient tranquilles et feignaient l'effroi, attendant que l'armée entrât dans la partie la plus encaissée du défilé. Dès qu'ils la voient s'avancer sans se préoccuper d'eux, alors ils font dévaler sur les pentes des rochers de taille énorme, qui, heurtant assez souvent les pierres placées en contrebas, tombent avec une violence plus grande et broient non seulement des individus, mais des bataillons. De plus, les pierres envoyées par les frondes, les flèches pleuvaient de toutes parts. Le plus lamentable pour ces hommes de cœur n'était pas là ; c'était d'être massacrés sans se venger, comme des fauves pris dans la fosse. Aussi leur colère se muait-elle en rage ; ils prenaient à pleins bras les proéminences des roches, pour se hisser jusqu'à l'ennemi, et, se haussant les uns les autres, ils s'efforçaient de grimper : mais les pierres mêmes, arrachées par tant de mains à la fois, retombaient sur ceux qui les avaient déplacées. Ils ne pouvaient donc ni se tenir debout, ni s'arc-bouter ; la tortue même ne les protégeait pas, si énormes étaient les masses dont les Barbares les accablaient. Outre la douleur, la honte de voir l'armée échouée par sa faute dans ce défilé tourmentait le roi. Jusqu'à ce jour, il avait été invincible ; toujours, son audace lui avait réussi : il était entré impunément dans les gorges de Cilicie, la mer même lui avait ouvert une route nouvelle vers la Pamphylie ; et maintenant, son bonheur, surpris, marquait le pas ! Un seul remède : retourner par où l'on était venu. Il donne donc le signal de la retraite, fait serrer les rangs, disposer les boucliers en chaîne au-dessus des têtes, et ordonne de se replier et de quitter le défilé : on recula sur une longueur de plus de 5 kilomètres.

Il installa alors son camp en rase campagne, et, non content de délibérer sur la conduite à tenir, il se mit, par superstition, à faire appel aux devins. Mais, en ces circonstances, que pouvait prédire Aristandros, celui d'entre eux qui lui inspirait alors le plus de confiance ? Aussi, renonçant à des sacrifices inopportuns, fait-il convoquer ceux qui avaient l'expérience du pays : on lui indiquait à travers la Médie un chemin sûr et en terrain découvert. Mais le roi rougissait d'abandonner ses soldats sans sépulture, car la tradition voulait qu'il n'y eût peut-être pas à la guerre de devoir aussi solennel que d'enterrer ses morts. Il fait donc appeler les prisonniers qu'il venait de prendre ; l'un d'entre eux, qui parlait également le grec et le perse, affirme qu'il n'y a pas moyen de mener l'armée en Perse en prenant les massifs montagneux : « ce ne sont que sentiers forestiers, à peine accessibles à un homme seul ; les feuillages recouvrent tout, et les forêts s'unissent aux forêts, dans l'entrelacement des branches d'arbres ». De fait, la Perse sur l'un de ses flancs est fermée par une chaîne montagneuse continue. Cette arête, qui s'avance sur 290 km de long et 30 de large, va du Caucase à la mer Rouge ; et, où la montagne cesse, il y a un autre rempart, l'obstacle de la mer. Ensuite, au pied des monts, s'étend la pente d'une vaste plaine, de sol fertile, peuplée de villes et de bourgs nombreux. Le fleuve Araxe, à travers ces campagnes, roule jusqu'au Médus les eaux de multiples torrents ; le Médus, orienté vers le midi, se jette dans la mer, sans avoir l'importance de son affluent ; mais nul autre ne fait pousser les végétaux mieux que lui : il revêt de fleurs tout ce qu'il baigne. En outre, des platanes et des peupliers couvrent ses rives, de sorte que, vus de loin, les bois des rives semblent prolonger ceux des montagnes. Sous les ombrages, le fleuve suit un lit profondément creusé ; des collines le dominent, embellies aussi par les frondaisons, car l'eau coule à leurs pieds. L'endroit passe pour le plus sain de toute l'Asie : la douceur du climat est due d'un côté à la chaîne continue dont l'ombre épaisse allège les chaleurs, de l'autre, à la proximité de la mer, qui caresse la terre de sa tiédeur modérée. Quand le prisonnier eut exposé tout cela, le roi lui demanda s'il connaissait ce dont il parlait pour l'avoir vu ou par ouï-dire ; il répondit qu'il avait été berger, et qu'il avait parcouru ces sentiers en tous sens ; deux fois, il avait été prisonnier, d'abord des Perses en Lycie, puis d'Alexandre. Revient à l'esprit du roi le souvenir de la prédiction d'un oracle, qui, consulté par lui, avait répondu qu'un Lycien le guiderait sur le chemin qui mène en Perse. Aussi l'accable-t-il de toutes les promesses qu'admettaient la nécessité du moment et la condition du prisonnier ; il le fait équiper à la macédonienne, et, à la garde des dieux, l'invite à montrer la route, si roide et escarpée soit-elle : « il en sortirait, lui et ses quelques compagnons, à moins que le guide ne jugeât inaccessibles pour un Alexandre en quête de la gloire et d'une renommée éternelle les endroits où l'avait mené son métier de berger. » Maintes et maintes fois, le prisonnier signale les difficultés de l'itinéraire, surtout pour des hommes en armes. Alors, le roi :

— Je te donne ma garantie, dit-il, qu'aucun de ceux qui me suivent ne refusera de passer par où tu nous mèneras.

Il laissa donc Cratère garder le camp, avec ses fantassins habituels, les troupes qui obéissaient à Méléagre et 1 000 archers montés ; il lui recommande, en conservant au camp son aspect normal, d'augmenter à dessein le nombre des feux, afin que les Barbares soient d'autant plus persuadés que le roi en personne est dans le camp. Mais, si Ariobarzanès venait à savoir qu'il se risquait par les chemins en lacets et s'il essayait de lui couper la route en lui opposant une partie de ses forces, Cratère l'arrêterait sous la menace de la peur et l'amènerait à retourner ses troupes contre le danger le plus immédiat : en revanche, si le roi parvenait à tromper l'ennemi et à prendre, le premier, possession des bois, quand Cratère percevrait le branle-bas des Barbares se démenant à le poursuivre, il devait sans hésiter s'engager dans le chemin même d'où on les avait chassés la veille : car Alexandre l'aurait dégagé, en attirant contre lui les ennemis. Lui-même, à la troisième veille, opérant en silence, et sans faire donner le signal par la trompette, s'engage sur les sentiers, par l'itinéraire indiqué ; il avait commandé aux soldats, armés à la légère, de prendre trois jours de vivres. Mais, outre les rocs impraticables et les précipices où l'on risquait sans cesse de tomber, la neige accumulée par le vent épuisait les marcheurs : ils enfonçaient dans des sortes de fosses qui les engloutissaient, et, quand leurs compagnons s'efforçaient de les en tirer, ils entraînaient leurs sauveteurs plutôt qu'ils ne venaient à eux. En outre, la nuit, une région inconnue, le guide dont la loyauté n'était pas indiscutable multipliaient la peur : si le guide avait trompé ses gardiens, c'est eux qui seraient surpris comme des bêtes fauves. Sur la loyauté ou même sur la vie de ce seul prisonnier reposaient le salut du roi et le leur. Ils finirent par arriver sur la crête. À droite, un chemin conduisait à Ariobarzanès en personne. Alexandre laissa là Philotas et Coènos avec Amyntas et Polypercon, à la tête de troupes légères, leur recommandant de s'avancer lentement, puisqu'ils avaient des cavaliers mêlés à des fantassins, et que le sol était fort riche et donnait un abondant pâturage : il leur avait laissé des prisonniers comme guides. Lui, avec ses écuyers et l'escadron nommé *agèma*, il progressa avec beaucoup de peine par un sentier abrupt, mais bien plus à l'écart des postes de l'ennemi. Il était midi, et la fatigue imposait un repos, car il leur restait autant de chemin qu'ils en avaient parcouru, mais avec moins d'escarpements et de montées. La nourriture et le sommeil redonnèrent des forces aux soldats ; et, à la seconde veille, debout. Pour le reste du chemin, aucune difficulté ; mais là où les crêtes montagneuses s'abaissent peu à peu, la route était barrée par un gouffre énorme, creusé par la ruée des torrents. En outre, des branches d'arbres, entrelacées en un ensemble ininterrompu, constituaient un obstacle, formant comme une haie perpétuelle. Voilà donc les soldats pris d'un immense désespoir, qui leur arrachait presque des larmes. L'obscurité surtout les effrayait ; en effet, les arbres, avec leur voûte continue de feuillage, empêchaient de voir la clarté des quelques astres qui scintillaient. L'usage de l'ouïe ne leur servait plus à rien : le vent secouait les forêts, et, en heurtant les branches, il provoquait un bruit disproportionné à son souffle. Enfin le jour, si attendu, diminua toutes les peurs que la nuit avait accrues : un bref détour suffisait pour contourner le ravin, et chacun commençait à être son propre guide. Ils parviennent donc jusqu'à une hauteur d'où ils repèrent un poste ennemi ; il s'arment avec allant, et prennent de dos les Perses qui ne craignaient rien de tel ; ils tuèrent le petit nombre de ceux qui osèrent leur résister. Ici les gémissements des mourants, ailleurs l'aspect pitoyable de ceux qui se replient provoquent la fuite des troupes fraîches, qui n'attendent pas de risquer la bataille. Le vacarme parvient jusqu'au camp que commandait Cratère ; il en fait sortir ses soldats, pour aller occuper le défilé, qui, la veille, les avait arrêtés. En même temps, Philotas, avec Polypercon, Amyntas et Coènos, survint, selon les ordres, par le chemin opposé, et causa aux Barbares un nouvel effroi. De tous côtés, étincelaient les armes des Macédoniens : les Perses succom-

Combats dans les montagnes 219

baient à une double catastrophe ; néanmoins, ils livrent un combat mémorable. À mon avis, la nécessité stimule même la lâcheté, et souvent le désespoir est une raison d'espérer. Sans armes, ils se saisissaient de soldats en armes, et, les entraînant dans leur propre chute grâce à leur extraordinaire corpulence, ils en perçaient beaucoup avec leurs propres traits. Néanmoins, Ariobarzanès, entouré d'environ 40 cavaliers et de 5 000 fantassins, perça les troupes macédoniennes et, au prix de beaucoup de pertes pour les siens et pour les ennemis, s'échappa : il avait hâte d'être le premier dans la capitale du pays, Persépolis. Mais la garnison de la ville lui en interdit l'accès ; comme l'ennemi le poursuivait sans répit, il engagea encore le combat, et périt avec tous ses compagnons de fuite. L'armée de Cratère arriva aussi, conduite à marches forcées.

Quinte-Curce, V, 3, 17 – 4, 34.

Séquence 24

L'INCENDIE DU PALAIS DE PERSÉPOLIS

Mai 330

Personnages :

Alexandre en irresponsable passablement éméché.

Tiridatès, gouverneur de Persépolis.

Thaïs, danseuse athénienne et amie de Ptolémée.

Une foule de vieux Grecs mutilés.

Les habitants de Persépolis, moins chanceux que ceux de Babylone et de Suse.

Ambiance de folie : apparition de zombies défigurés dignes du pire film d'horreur, massacre, pillage, scènes de beuverie et incendie.

Après quoi il marcha sur Persépolis. Tandis qu'il faisait route, on lui apporta une lettre de la part de Tiridatès, qui gouvernait la ville. Il était écrit dans cette lettre que, si Alexandre devançait par sa présence ceux qui projetaient de garder Persépolis à Darius, il serait maître de la ville que lui livrerait Tiridatès en personne. C'est pourquoi Alexandre faisait avancer son armée à marches forcées, et il jeta un pont sur le fleuve Araxe pour le faire franchir à ses soldats.

Comme le roi approchait de la ville, on vit un extraordinaire, un atroce spectacle ! Il était de nature à exciter la haine contre les méchants qui avaient agi de la sorte, mais il faisait naître la pitié et la compassion à l'égard de ceux qui avaient été victimes de traitements irrémédiables. Des Grecs, déportés de leur pays par les anciens rois perses, vinrent à la rencontre d'Alexandre avec des rameaux de suppliants. Ils étaient environ 800, âgés pour la plupart et tous mutilés : les uns avaient perdu les mains, d'autres les pieds, d'autres les oreilles et le nez. À ceux qui connaissaient une science ou un métier et qui avaient un degré élevé d'instruction, on avait tranché toutes les extrémités en ne leur laissant que celles qui étaient utiles pour l'exercice de leur profession. C'est pourquoi, voyant la considération que méritait leur âge et les maux dont leur corps était accablé, tout le monde avait pitié du sort de ces infortunés. Mais Alexandre lui-même fut particulièrement saisi de compassion pour ces victimes du sort, et il ne put retenir ses larmes !

Tous poussèrent ensemble un grand cri et prièrent Alexandre de les aider dans leur malheur. Ayant appelé auprès de lui les chefs du cortège, il promit d'avoir grand soin d'eux ; il les traiterait avec une considération conforme à sa propre grandeur d'âme et s'occuperait de les faire reconduire dans leur patrie. Mais, après s'être réunis pour délibérer, ils préférèrent demeurer sur place plutôt que d'être reconduits dans leur patrie. S'ils retournaient en effet chez eux sains et saufs, ils seraient dispersés par petits groupes et, tout le temps qu'il leur restait à vivre, on leur reprocherait dans leurs cités l'outrage que leur avait infligé la Fortune. Mais s'ils continuaient à vivre ensemble, affligés qu'ils étaient du même malheur,

L'incendie du palais de Persépolis

ils auraient pour consolation de leur infortune le sort similaire de leurs compagnons. C'est pourquoi ils firent connaître leur décision au cours d'un nouvel entretien avec le roi, auquel ils demandèrent d'apporter à leur projet une aide appropriée. Alexandre entérina leur décision et offrit à chacun 3 000 drachmes, 5 vêtements d'homme, autant de vêtements de femmes, 2 attelages de bœufs, 50 têtes de petit bétail et 50 médimnes de blé. Il les fit également exempter de tout tribut royal et ordonna aux administrateurs d'avoir soin qu'ils ne fussent lésés par personne.

Voilà donc par quels bienfaits, conformément à sa bonté, Alexandre porta remède aux malheurs des infortunés !

Quant à Persépolis, capitale de l'empire perse, il la présenta aux Macédoniens comme leur pire ennemie parmi les villes d'Asie et il l'abandonna aux pillages de la soldatesque, à l'exception du palais royal. C'était la plus opulente cité sous le soleil, et les demeures privées étaient depuis longtemps pleines de richesses de toutes sortes. Les Macédoniens l'envahirent donc, massacrant tous les hommes et pillant les propriétés, qui étaient nombreuses et regorgeaient d'objets précieux. Alors, on enlevait de l'argent en abondance, on pillait de l'or en quantité non négligeable, et beaucoup de somptueux vêtements, les uns brodés de pourpre, les autres damassés d'or, devenaient la récompense des vainqueurs ! Mais l'immense palais, célèbre à travers la terre entière, avait été promis aux outrages d'une totale destruction.

Les Macédoniens passèrent la journée à piller, sans assouvir leur insatiable avidité. Ils déployaient en effet dans leurs pillages une cupidité à ce point excessive qu'ils allaient jusqu'à se battre entre eux et que l'on tua beaucoup de ceux qui s'appropriaient une trop grande part de butin ! Coupant en deux avec leur épée les objets les plus précieux que l'on découvrait, certains emportaient la part qui leur revenait. Quelques-uns, auxquels la passion avait fait perdre leur sang-froid, tranchaient les mains de ceux qui se saisissaient des objets contestés. Quant aux femmes, toutes parées de leurs bijoux, ils les emmenaient de force, traitant comme des esclaves la troupe des captives de guerre.

Autant donc Persépolis avait surpassé les autres villes en prospérité, autant elle les dépassa en infortune !

Alexandre se rendit dans la citadelle, où se trouvait le trésor, dont il prit possession. Celui-ci regorgeait d'or et d'argent, car, depuis Cyrus, le premier roi des Perses, on avait accumulé jusqu'à ce jour les revenus de l'État : en évaluant l'or proportionnellement à l'argent, on trouva dans ce trésor 120 000 talents ! Le roi voulait emporter avec lui une partie de ces fonds pour subvenir aux besoins de la guerre et déposer le reste à Suse sous bonne garde. De Babylonie, de Mésopotamie et de Susiane, il fit donc venir une foule de mulets de bât et de trait, ainsi que 3 000 chameaux de bât. Grâce à ces animaux, il fit tout transporter aux endroits choisis.

La citadelle elle est en effet fort vaste et un triple rempart l'entoure. Haut de 7 mètres et pourvu d'un soubassement de grand prix, le premier est orné au sommet d'une ligne de merlons en forme de tour. Le second est construit de la même façon, mais deux fois plus élevé. La troisième enceinte, enfin, a la forme d'un quadrilatère et le rempart qui l'entoure, haut de 27 mètres, est construit en pierre dure, bien propre à demeurer en place éternellement ! Sur chaque face se trouvent des portes de bronze et, auprès de celles-ci, des pals de bronze de 9 mètres. Ceux-ci ont pour objet d'inspirer l'effroi par leur aspect, celles-là, d'assurer la sécurité.

Dans la partie est de la citadelle, à 120 mètres de distance, il y a une montagne, appelée « royale », où se trouvent les sépultures des rois. La roche en effet avait été évidée et il y avait au centre plusieurs chambres où étaient les sépulcres. Comme on n'a pas pratiqué de rampe d'accès artificielle, ces chambres reçoivent les corps momifiés que l'on hisse à l'aide de certains engins. On trouvait d'autre part, répartis dans cette citadelle, plusieurs appartements somptueusement meublés, destinés aux rois et aux généraux. Il y avait aussi des trésoreries, bien aménagées pour la garde des fonds.

Diodore, XVII, 69, 1 – 72, 6.

Au moment même où son ennemi et rival se préparait à une nouvelle guerre, alors que la soumission des vaincus était récente et qu'il méprisait cette autorité nouvelle, de jour il commençait des banquets ; des femmes y assistaient, de celles à qui, à dire vrai, il n'était pas criminel de faire violence : c'étaient des courtisanes, habituées à vivre avec la troupe dans une liberté moins que décente. L'une d'elles, Thaïs, ivre elle aussi, affirme à Alexandre que tous les Grecs lui auraient une reconnaissance infinie s'il faisait incendier la capitale de la Perse : geste qu'attendaient ceux dont les Barbares avaient détruit les villes. Tandis que la courtisane, en état d'ivresse, donne son avis sur ce grave sujet, un ou deux assistants, gorgés eux aussi de vin, l'approuvent. Le roi témoigna de plus de passion que de sang-froid :

— Allons ! vengeons la Grèce, et jetons des torches dans la ville !

Le vin les avait tous échauffés : ils se lèvent donc, et, dans leur ivresse, vont incendier une ville que, sous les armes, ils avaient épargnée. Le roi mit le premier le feu à ce palais de rois ; après lui, ce furent les convives, les subordonnés et les courtisanes. Le cèdre entrait pour une grande part dans la construction du palais ; il s'enflamma vite, et propagea l'incendie. Dès que l'armée, qui campait à proximité de la ville, aperçut les flammes, elle crut à un accident et se précipita pour porter secours. À peine parvenus au vestibule du palais, ils voient le roi en personne amoncelant encore les torches. Laissant l'eau qu'ils avaient emportée, ils se mirent eux aussi à jeter dans le feu du bois sec. C'est ainsi que finit la capitale de tout l'Orient, à qui auparavant tant de nations demandaient des lois, patrie de tant de rois, jadis le seul effroi de la Grèce, capable alors d'équiper une flotte de 1 000 navires et des armées qui submergèrent l'Europe, après qu'elle eut recouvert la mer d'un pont de bateaux et foré des montagnes dont les cavités durent accueillir le passage des flots. Et, au cours des longues années qui ont suivi sa ruine, elle ne s'est pas redressée.

Quinte-Curce, V, 7, 2 – 9.

Séquence 25

L'ASSASSINAT DE DARIUS

Juillet 330

Personnages :

Darius, en piètre posture, voyant à 50 ans la mort arriver à grands pas.

Artabaze, fidèle général perse. Il sera nommé par Alexandre satrape de la Bactriane à la place de Bessos.

Nabarzanès, chiliarque de Darius. Un de ses meilleurs généraux.

Bessos, satrape de la Bactriane à la tête de 30 000 Bactriens.

Patron, originaire de Phocide, chef des 4 000 mercenaires grecs restant à la solde des Perses.

Bubacès, eunuque proche de Darius.

Bagistanès, Babylonien de la suite de Darius qui, après l'arrestation de ce dernier par Bessos, se rend auprès d'Alexandre avec Antibèlos, fils de Mazée.

Mélon, interprète de Darius.

Orsilos, transfuge perse.

Mithracénès, transfuge perse.

Brochubèlos, fils de Mazée, déserteur perse.

Alexandre en justicier, volant au secours de son ennemi.

Nicanor, général d'Alexandre.

Polystratos, soldat macédonien.

Ambiance de trahison, de fin de règne et de déchéance.
Une séquence qui se termine par une course haletante contre la mort qui rôde et qui frappe.

Pendant que Darius parlait, tous, en se représentant le péril imminent, frissonnaient, l'angoisse au cœur et dans l'âme ; pas un avis, pas un mot de personne, – quand Artabaze prit la parole ; il était le plus ancien des amis de Darius, et comme, on l'a dit ci-dessus, il avait reçu l'hospitalité de Philippe :

– Nous allons donc passer, dit-il, nos plus beaux vêtements, nous équiper des plus riches armes que nous ayons, et suivre le roi au combat, avec, dans l'esprit, l'espérance de la victoire et l'acceptation de la mort.

Ces paroles furent accueillies par un assentiment général ; mais Nabarzanès, qui assistait au conseil, et Bessos avaient lié partie pour un crime inouï encore : ils avaient décidé de faire arrêter et enchaîner leur roi par les troupes dont tous deux avaient le commandement, comptant par là, si Alexandre les poursuivait, se

L'assassinat de Darius 229

concilier le vainqueur en lui livrant Darius vivant, car il ferait à coup sûr grand cas de cette prise ; si, en revanche, ils parvenaient à lui échapper, ils tueraient Darius, prendraient personnellement le pouvoir, et recommenceraient la guerre. Comme ils avaient longuement réfléchi à ce parricide, Nabarzanès prépara les voies à son abominable projet en disant :

– Je sais qu'au premier abord ma proposition n'agréera pas du tout à tes oreilles, mais les médecins aussi soignent les maladies graves avec des remèdes rudes, et le pilote, quand il craint le naufrage, consent une perte pour racheter tout ce qui peut être sauvé. Pourtant, moi, je ne t'invite pas à faire quelque sacrifice, mais à assurer ta conservation et celle de ton royaume par une décision salvatrice. Dans la guerre que nous engageons, les dieux sont contre nous, et, tenace, le sort ne se lasse pas d'accabler les Perses : besoin est de changer de présages et d'augures. Cède pour un temps auspices et empire à un successeur qui ait le titre de roi seulement jusqu'à ce que l'ennemi quitte l'Asie, et, qui, une fois vainqueur, te rende la royauté. À la réflexion, cela arrivera vite : la Bactriane est intacte ; les Indiens et les Saces sont sous ton pouvoir ; pour retourner la situation, il y a les forces de tant de peuples, tant d'armées, tant de milliers de cavaliers et de fantassins, que les ressources militaires, qui nous restent, dépassent celles qui sont épuisées. Pourquoi nous précipiter, comme des fauves, à une ruine nullement fatale ? Le courage, c'est le mépris de la mort, plus que la haine de la vie. Souvent, le dégoût de la peine pousse les lâches à faire bon marché d'eux-mêmes ; au contraire, le courage ne laisse rien sans en faire l'épreuve. En conséquence, la mort est l'issue dernière ; il suffit d'aller à elle sans chagrin. Donc, si nous gagnons Bactres, qui est notre plus sûr refuge, attribuons la royauté, pour la circonstance, au préfet de cette région, Bessos ;

quand la situation sera arrangée, il te rendra, à toi le roi légitime, cet empire transitoire.

Il n'est pas étonnant que Darius n'ait pu se maîtriser ; encore, toute l'infamie que ces paroles comportaient restait-elle obscure :

– Vil esclave, dit-il donc, tu as trouvé le moment que tu désirais tant pour dévoiler ton parricide !

Il tira son épée, et on voyait qu'il allait le tuer, si Bessos et les Bactriens ne l'avaient aussitôt entouré, sous prétexte de le supplier : sous des dehors de tristesse, ils étaient, en fait, décidés à l'enchaîner, s'il persévérait. Cependant, Nabarzanès s'était faufilé, bientôt suivi de Bessos ; désireux de se concerter isolément, ils donnent à leurs troupes l'ordre de se tenir à l'écart du reste de l'armée. Artabaze proposa un avis en accord avec le sort présent, et entreprit d'apaiser Darius en lui rappelant avec insistance les circonstances : « Il devait supporter avec calme la sottise, ou l'erreur d'individus qui n'en étaient pas moins ses sujets. Alexandre était désormais tout près, lourde menace, même si Darius disposait de tous ses gens : qu'arriverait-il si ses compagnons de fuite se détournaient de leur roi ? »

Darius eut peine à céder à Artabaze ; et, bien qu'il eût décidé de lever le camp, néanmoins, vu le bouleversement général des esprits, il ne bougea pas ; accablé à la fois par le chagrin et le désespoir, il se renferma dans sa tente. Aussi, dans le camp, où nul ne commandait en maître, les réactions différaient-elles selon les gens, et l'on ne délibérait plus en commun, comme auparavant. Le général des soldats grecs, Patron, ordonna aux siens de prendre les armes et de se tenir prêts à exécuter ses ordres. Les soldats de Perse s'étaient mis à part : Bessos était avec ses Bactriens, et tâchait d'entraîner les Perses, en leur vantant Bactres et l'opulence d'un pays intact, tout en insistant sur les périls qui les menaçaient s'ils demeuraient. Chez tous les Perses, il n'y eut à peu près qu'une voix : abandonner son roi était un sacrilège. Pendant ce temps, Artabaze assumait toutes les responsabilités d'un chef suprême : il entrait dans les tentes des Perses, les encourageait, leur donnait des conseils soit individuels soit collectifs, et il ne s'arrêta que bien certain qu'ils suivraient ses ordres. En outre, il obtint de Darius, et non sans peine, qu'il prît quelque nourriture et s'intéressât à ce qui se passait.

Mais Bessos et Nabarzanès décident d'exécuter le crime depuis longtemps projeté ; la passion du pouvoir les enflammait : or, du vivant de Darius, ils ne pouvaient espérer pareille fortune. En effet, chez ces peuples, le prestige du roi est extraordinaire : le nom suffit à rassembler les Barbares ; et la vénération pour sa fortune passée suit le roi dans l'adversité. Mais les criminels s'exaltaient de ce qu'ils commandaient à une région qui, pour l'armement, la population et l'étendue, ne venait après aucune autre, en ces pays ; elle comprend le tiers de l'Asie, et la foule de mobilisables égalait les armées qu'avait perdues Darius. Aussi, à leur mépris pour ce roi ajoutaient-ils leur mépris pour Alexandre ; car ils comptaient, avec ces ressources, reconquérir l'empire, si la chance leur donnait accès à la royauté. Après de longues réflexions, ils décidèrent de faire saisir le roi par les soldats de Bactriane, dont l'obéissance était absolue, et d'envoyer un messager avertir Alexandre que le roi, vivant, était entre leurs mains : si, conformément à leurs craintes, Alexandre méprisait cette trahison, ils avaient l'intention de tuer Darius et de gagner la Bactriane avec les troupes de leurs gouvernements. Toutefois, ils ne pouvaient se saisir de Darius au grand jour, car tous ces milliers de Perses porteraient aide à leur roi ; le loyalisme des Grecs était aussi à redouter. C'est pourquoi, ils essaient d'obtenir par la ruse ce que la force était incapable de leur donner : ils avaient décidé de simuler le regret de leur défection, et de se disculper, auprès du roi, de leur mutinerie. Pendant ce temps, ils envoient des gens séduire les Perses. Tantôt par l'espoir, tantôt par la crainte, ils bouleversent ces âmes de soldats : « L'écroulement de l'empire menaçait leurs têtes, on les traînait à leur perte, tandis que Bactres s'offrait à eux, prête à les accueillir avec sa richesse et une opulence qu'ils ne pouvaient se représenter. »

Telles étaient leurs menées, quand Artabaze, soit sur l'ordre du roi, soit spontanément, vint les assurer que Darius était apaisé et leur conservait le même rang dans son amitié. Eux, en larmes, tantôt ils s'excusent, tantôt ils prient Artabaze de prendre leur défense et de porter jusqu'au roi leurs prières. La nuit passée de la sorte, à l'aube Bessos et Nabarzanès avec des soldats de Bactriane se présentaient au vestibule du prétoire, prenant prétexte des devoirs ordinaires pour couvrir leurs menées criminelles. Darius donna le signal du départ et, selon l'usage antique, monta sur son char. Nabarzanès et les autres parricides, prosternés à terre, osèrent adorer un homme qu'ils allaient, peu après, tenir dans les fers ; ils versèrent même des larmes, preuves de leur repentir : tant il est aisé pour l'homme de dissimuler ! Puis ils recoururent à des prières suppliantes, qui forcèrent Darius, franc et doux par nature, non seulement à croire à leurs assurances, mais encore à pleurer. Et ils n'eurent aucun repentir de leur dessein criminel, pas même en ce moment où ils voyaient le roi et l'homme qu'ils trahissaient en Darius. Quant à lui, inconscient du danger qui le menaçait, il se hâtait d'échapper aux mains d'Alexandre, seul objet de sa crainte.

Mais le chef des Grecs, Patron, recommande à ses hommes de passer les armes qu'on transportait précédemment avec les bagages, se tenant prêts et attentifs à tout ordre venant de lui. Quant à lui, il suivait le char du roi, guettant l'occasion de lui parler, car il avait le pressentiment du forfait de Bessos ; c'est bien ce que redoutait Bessos, qui, gardien plutôt que compagnon de son roi, ne quittait pas le char. Or donc, longtemps Patron hésita, et bien souvent il fut empêché de parler au roi ; pris entre sa conscience et sa crainte, il tenait ses regards fixés sur Darius. Enfin celui-ci tourna les yeux vers lui, et, par l'intermédiaire de l'eunuque Bubacès, un de ceux qui suivaient immédiatement le char, lui fit demander s'il voulait lui dire quelque chose. Patron répondit qu'il voulait effectivement lui parler, mais sans témoins ; le roi l'invita à se rapprocher ; il n'y eut pas d'interprète, car Darius avait la pratique du grec :

— Roi, lui dit Patron, sur 50 000 Grecs nous ne sommes plus qu'un petit nombre de survivants, mais tous nous t'accompagnons dans ta fortune ; ton sort actuel nous trouve semblables à ce que nous fûmes pendant ta prospérité : quels que soient les pays que tu choisisses, nous irons, et ils remplaceront notre patrie et les choses de chez nous. Tes succès et tes malheurs nous ont unis à toi. Au nom de notre indéfectible loyauté, je te prie et supplie de t'installer une tente dans notre camp, et de nous confier la garde de ta personne. Nous avons renoncé à la Grèce, et nous n'avons pas, nous, de Bactriane ; toute notre espérance nous la mettons en toi : ah ! si tous les autres faisaient comme nous ! Inutile d'en dire plus. Étranger de pays et de race, je ne réclamerais pas la garde de ta personne, si je croyais un autre capable de l'assurer.

Bessos avait beau ignorer la langue grecque, tourmenté par sa conscience il était persuadé que Patron avait apporté des révélations : toute hésitation lui fut enlevée parce que les interprètes furent tenus à l'écart de la conversation du Grec. Mais Darius, autant qu'on pouvait en juger à ses traits, n'avait pas le moindre effroi, et il demanda à Patron le motif de sa proposition. L'autre estima qu'il ne fallait pas attendre :

— Bessos, dit-il, et Nabarzanès te trahissent ; en ce danger suprême et pour ta fortune et pour ta vie, ce jour sera le jour suprême, ou pour les parricides ou pour toi.

Quant à lui, Patron s'était acquis la gloire magnifique d'avoir sauvé son roi. Qu'ils se moquent bien sûr, ceux qui sont persuadés que le déroulement des choses humaines s'opère selon les jeux du hasard, alors que chacun, selon une loi immuable, suit le cours d'un destin que lui fixent une succession et un enchaînement de causes obscures et depuis longtemps préexistantes. En tout cas, Darius répondit que jamais il ne se séparerait de ses compatriotes, bien qu'il connût le loyalisme des troupes grecques ; il lui était plus dur de condamner que d'être trahi : tout ce qu'apporterait le sort, il aimait mieux l'endurer parmi les siens que de devenir un déserteur ; il mourait trop tard, si ses propres soldats ne voulaient pas qu'il vécût. Patron, désespérant de sauver le roi, revint trouver ses hommes, prêt à tout risquer pour sa parole.

Cependant Bessos avait pris son élan pour tuer le roi tout de suite : mais, redoutant de ne pouvoir entrer en grâce auprès d'Alexandre s'il ne le lui livrait vivant, il remit à la nuit suivante le crime projeté ; il commence par féliciter Darius d'avoir évité, par une adroite sagesse, le piège d'un traître qu'attirait déjà la fortune d'Alexandre « pour présent il aurait offert à l'ennemi la tête du roi. Rien d'étonnant à ce qu'un vulgaire mercenaire crût tout à vendre : pas d'enfants, pas de foyer ! en exil où qu'il fût, il oscillait, ennemi jamais déclaré, au gré des enchères. » Pendant que Bessos se faisait des reproches et prenait les dieux de sa patrie à témoin de son loyalisme, Darius avait l'air de l'approuver, persuadé, en fait, que la dénonciation des Grecs était justifiée ; mais, au point où on en était, il y avait autant de danger à douter des siens qu'à être trompé par eux. Il avait à craindre 30 000 hommes, dont l'inconstance inclinait au crime ; et Patron en avait 4 000 ! Il comprenait que leur confier sa vie, c'était une condamnation portée contre la fidélité de ses compatriotes, et une excuse offerte au crime ; aussi aimait-il mieux un attentat injustifié que légitime. Pourtant, comme Bessos se défendait de songer à un complot, il lui répondit qu'il connaissait l'équité d'Alexandre aussi parfaitement que sa valeur : « C'était une erreur de compter sur lui pour récompenser une trahison ; personne ne protègerait ou ne vengerait avec plus d'énergie que lui la foi violée. » Déjà la nuit approchait, et les Perses, comme d'habitude, déposent leurs armes, et s'égaillent pour rapporter du plus proche village les approvisionnements. Seuls les Bactriens, suivant l'ordre de Bessos, restaient l'arme au pied.

Entre-temps, Darius mande Artabaze, et lui expose les révélations de Patron ; Artabaze n'hésite pas :

– Il faut passer dans le camp des Grecs : les Perses se joindront à eux, dès que le danger sera connu.

Résigné à son destin, renonçant désormais à tout conseil salutaire, Darius embrasse Artabaze, son seul soutien en ces conjonctures ; il ne devait jamais le revoir ; et le visage mouillé de leurs larmes communes, il lui ordonne de dénouer ses embrassements : puis il se couvre la tête, pour ne pas le voir qui s'éloignait en gémissant comme on quitte un bûcher funèbre ; et il se jeta le visage contre terre. C'est alors que les gardes habituels du roi, qui devaient veiller à son salut même au prix de leur vie, se dispersèrent, ne s'estimant pas aussi forts que les masses armées qu'ils croyaient voir s'avancer. Infinie était donc la solitude du roi sous sa tente ; il n'avait autour de lui qu'un petit nombre d'eunuques :

ils ne savaient où se réfugier. Mais lui, sans témoins, ne cessait de réfléchir, de rouler projet sur projet. Puis, la solitude, où, peu auparavant, il avait cherché une consolation, lui devint odieuse, et il fait appeler Bubacès. Il le regarde en face, et lui dit :

– Partez, pensez à vous : jusqu'au bout, vous avez montré à votre roi la fidélité que vous lui deviez ; moi, j'attends ici l'arrêt de mon destin. Tu t'étonnes peut-être que je ne mette pas un terme à ma vie : si je meurs, j'aime mieux que le criminel soit un autre que moi.

Quand il eut terminé, l'eunuque remplit de ses gémissements la tente et même tout le camp. D'autres se précipitèrent ensuite, et se mirent à se lamenter sur le roi, déchirant leurs vêtements et criant la sinistre plainte barbare. Les soldats perses, quand la clameur parvint à eux, n'osèrent ni prendre les armes, de peur de se heurter aux Bactriens, ni rester au repos, craignant le reproche d'impiété s'ils semblaient abandonner le roi. Le camp entier retentissait de cris variés et discordants, poussés sans signal ni commandement.

Leurs hommes apportèrent à Bessos et à Nabarzanès la nouvelle du suicide de Darius : les plaintes les avaient induits en erreur ; à bride abattue, ils accourent, suivis de ceux qu'ils avaient choisis pour exécuter leur crime ; entrés dans la tente, et avertis par les eunuques que le roi était vivant, ils le firent arrêter et enchaîner. Ce roi, qu'un char transportait naguère, et à qui allaient consécrations divines et honneurs personnels, devenu maintenant, sans intervention d'une force étrangère, prisonnier de ses esclaves, on le place sur un chariot sordide. On pille le trésor du roi et son mobilier, comme en vertu du droit de la guerre ; et, pliant sous un butin qu'ils doivent au pire des crimes, tous les coupables se mettent à fuir. Artabaze, suivi de ceux qui reconnaissaient son autorité et des mercenaires grecs, gagnait la Parthiène, estimant tout plus sûr que le regard des parricides. Les Perses, accablés de promesses par Bessos, mais essentiellement parce qu'ils n'avaient personne d'autre à suivre, se réunirent aux Bactriens, avec qui ils firent leur jonction au bout de trois jours. Pour que le roi ne fût pas privé de tout honneur, on enchaîna Darius avec des entraves d'or : encore une de ces dérisions comme sa destinée ne cessait d'en imaginer. Et, afin qu'on ne pût reconnaître le roi à sa tenue, le véhicule avait été recouvert de peaux sordides ; les gens qui menaient les bêtes ne le connaissaient pas, pour qu'on ne risquât pas, en cours de marche, de le montrer aux curieux. Des gardes suivaient de loin.

À la nouvelle que Darius était parti d'Ecbatane, Alexandre quitte la route qui s'ouvrait vers la Médie, et se met activement à poursuivre le fuyard. Il parvient à Tabes, ville de l'extrême Parètacène, où des déserteurs l'avertissent que Darius s'enfuit précipitamment vers Bactres. Le Babylonien Bagistanès lui donne des informations plus sûres ; il affirmait non pas certes que le roi était enchaîné, mais en danger d'être assassiné ou mis dans les fers. Le roi convoqua les généraux :

— La tâche qui subsiste, dit-il, est énorme, mais nous en viendrons très vite à bout. Darius n'est pas loin, abandonné des siens ou leur succombant. En sa personne repose notre victoire ; et ce succès est la récompense de la rapidité.

Unanimes, ils s'écrient qu'ils sont prêts à le suivre : la fatigue, le danger, peu importe ! Aussi emmène-t-il l'armée en toute hâte ; on eût dit une course plutôt qu'une marche ; même la nuit, on ne se reposait pas des peines du jour. Et ainsi, Alexandre s'avança de 90 km; il finit par arriver au village où Bessos s'était saisi de Darius. Là, on s'empare de Mélon, l'interprète de Darius : malade, il n'avait pu suivre l'armée, et, surpris par la célérité d'Alexandre, il se donnait pour un transfuge. C'est lui qui rapporte ce qui s'est passé. Mais la fatigue imposait un repos ; aussi Alexandre adjoignit-il à 6 000 cavaliers d'élite 300 soldats appelés dimaques. Ils endossaient une lourde armure, mais allaient à cheval ; quand les circonstances ou le terrain le demandaient, ils constituaient une formation d'infanterie.

Sur ces entrefaites, Alexandre est abordé par Orsilos et Mithracénès : ils avaient déserté par répulsion pour le parricide de Bessos, et annonçaient que les Perses étaient à 90 km de distance, et qu'ils montreraient, eux, un raccourci. L'arrivée de ces transfuges fit plaisir au roi. Dès la tombée de la nuit, guidé par eux, il s'engage avec un corps de cavalerie légère sur l'itinéraire indiqué ; la phalange avait ordre de suivre avec toute la hâte possible. Lui-même, qui allait en formation carrée, réglait la course de façon à maintenir la cohésion, des premiers aux derniers rangs. Ils avaient avancé de 54 km, quand se présenta Brochubèlos, fils de Mazée, et autrefois préteur de Syrie ; déserteur lui aussi, il annonçait que moins de 36 km les séparaient de Bessos : « Comme l'armée ne se tenait pas sur ses gardes, sa marche était inorganique et désordonnée ; ils paraissaient prendre la direction de l'Hyrcanie ; si Alexandre hâtait sa poursuite, il les trouverait dispersés ; Darius était encore vivant. » Le déserteur avait inspiré à Alexandre, déjà prompt par nature, le désir de rejoindre Darius. Aussi, à bride abattue, dans une course effrénée, ils vont. Déjà, on percevait le grondement de l'armée ennemie en marche, mais un nuage de poussière barrait la vue. Alexandre commanda donc une brève halte : le temps que la poussière retombât. Déjà les Barbares les avaient vus, et eux, ils avaient vu l'armée barbare qui s'en allait ; or les Grecs n'auraient certes pas été à égalité de forces, si Bessos avait eu autant d'ardeur pour le combat que pour le parricide. En effet, les Barbares avaient la supériorité du nombre et de la force ; en outre, ils étaient frais pour engager la bataille contre un ennemi harassé. Mais le nom d'Alexandre et sa gloire (ce qui, à la guerre surtout, est d'un poids décisif) les épouvantent et les mettent en fuite. Bessos et tous ses complices arrivent alors au chariot de Darius ; ils l'exhortent à monter à cheval, à se soustraire à l'ennemi par la fuite. Darius atteste que les dieux vengeurs sont avec lui, et, invoquant l'assistance d'Alexandre, il se refuse à accompagner les parricides. Alors, brûlant aussi de colère, ils accablent le roi sous les traits, et le laissent percé d'une quantité de blessures. De plus, après avoir tué deux esclaves qui accompagnaient le roi, ils blessent grièvement l'attelage, pour qu'il ne puisse les suivre plus loin. Leur crime exécuté, pour disséminer les traces de leur fuite, Nabarzanès se dirigeait vers l'Hyrcanie et Bessos vers Bactres, avec une faible escorte de cavaliers. Les Barbares, privés de leurs chefs, se dispersaient dans les directions, où les menaient l'espérance ou la peur ; seuls, 500 cavaliers s'étaient groupés, ne sachant encore s'il était préférable de résister ou de fuir.

Quand Alexandre eut découvert l'affolement des ennemis, il envoie Nicanor avec une partie de sa cavalerie pour arrêter leur fuite ; lui, il les suit avec le gros des troupes. On tua environ 3 000 hommes qui résistaient ; quant à ce qui restait de l'armée, on le poussait devant soi comme des troupeaux, sans y toucher, l'ordre du roi étant de s'abstenir de tout massacre. Il n'y avait pas un des prisonniers qui pût faire connaître le chariot de Darius : tous les chariots qu'on saisissait étaient fouillés un par un ; mais il ne subsistait aucune trace de la fuite du roi. Alexandre allait si vite qu'à peine 3 000 cavaliers étaient à sa suite, mais ceux qui le suivaient avec plus de lenteur ramassaient les fuyards par régiments entiers.

Le croira-t-on ? Il y avait plus de captifs que de gens pour les capturer : la fortune leur avait, dans leur effroi, si complètement enlevé leurs facultés qu'ils ne distinguaient ni la faiblesse numérique des ennemis, ni leur masse à eux.

Pendant ce temps, privées de guide, les bêtes, qui tiraient Darius, avaient quitté la route stratégique, et, après un écart de plus de 700 mètres, s'étaient arrêtées dans une vallée, épuisées par la chaleur ainsi que par les blessures. Non loin, il y avait une fontaine ; les gens qui connaissaient le pays l'avaient indiquée au Macédonien Polystratos, qui s'y rendait consumé par la soif ; en buvant l'eau puisée dans son casque, il remarqua les traits enfoncés dans le corps des bêtes mourantes. Il s'étonna qu'on les eût massacrées plutôt qu'emmenées ; à moitié mort...[25]

Quinte-Curce, V, 9, 1 – 13, 25.

Chez Plutarque, Darius prononce quelques derniers mots et Alexandre accomplit un geste hautement symbolique.

Là, ils passèrent par-dessus des tas d'argent et d'or abandonnés sur place, et longèrent une foule de chariots chargés d'enfants et de femmes qui erraient sans conducteurs, puis ils poussèrent jusqu'aux premiers rangs de l'armée, comptant y trouver Darios. Ils eurent de la peine à le découvrir, criblé de coups de javelots, étendu dans son chariot et sur le point de mourir. Cependant il demanda à boire, et, lorsqu'il eut bu de l'eau fraîche, il dit à Polystratos, qui la lui avait donnée :

---

25. La suite ne nous est pas parvenue.

— Mon ami, c'est pour moi le comble du malheur de recevoir un service et de ne pouvoir le rendre ; mais tu en seras récompensé par Alexandre, et Alexandre le sera par les dieux pour sa clémence envers ma mère, ma femme et mes enfants. Je lui donne ma main droite par ton intermédiaire.

En disant ces mots, il prit la main de Polystratos, puis il expira. Quand Alexandre survint, il se montra visiblement affligé de l'événement. Il enleva sa chlamyde et la jeta sur le corps de façon à l'en couvrir. Il fit revêtir d'ornements royaux le corps de Darius et l'envoya à sa mère, puis il admit son frère Exathrès au nombre des Hétaïres.

Plutarque, 43, 2 – 7.

Séquence 26

LES AMAZONES

Été 330

Personnages :

Alexandre en star virile et procréatrice, adulée par une belle fan.

Thalestris, reine des Amazones, en mère porteuse.

Les Amazones en armes.

Il y avait à la frontière de l'Hyrcanie, la nation des Amazones ; elles occupaient, dans la région du Thermodon, les plaines de Thémiscyre. Elles avaient pour reine Thalestris, qui commandait à toute la contrée comprise entre le mont Caucase et le fleuve du Phase. Brûlant du désir de voir le roi, Thalestris passa les frontières de son pays ; arrivée à proximité, elle dépêcha des gens pour annoncer à Alexandre la venue d'une reine qui souhaitait passionnément le rencontrer et le connaître. Admise immédiatement à le voir, elle laissa en arrière ses compagnes, sauf 300 qui l'accompagnèrent, et elle s'avança ; aussitôt que le roi apparut à ses regards, elle sauta de son cheval, tenant deux lances à la main. Le vêtement des Amazones ne les couvre pas tout entières : car le côté gauche de la poitrine est nu, mais le reste, à partir de là, est voilé. Pourtant, les plis de leur robe, qu'elles retiennent par un nœud, ne tombent pas au-dessous du genou.

Elles conservent un de leurs seins pour nourrir leurs enfants de sexe féminin : elles brûlent celui de droite pour tendre l'arc ou brandir les javelots avec plus de facilité. Sans trahir de frayeur, Thalestris regardait Alexandre, et ses yeux considéraient ce roi dont l'allure ne répondait nullement à la célébrité : car tous les Barbares respectent une taille majestueuse, et ils croient que, seuls, sont capables de grandes actions ceux qui doivent à un bienfait de la nature une prestance rare. Quand on l'interrogea pour savoir si elle avait quelque demande à formuler, elle reconnut, sans hésiter, qu'elle était venue pour avoir des enfants du roi : elle était digne de mettre au monde les héritiers de l'empire d'Alexandre ; elle conserverait la fille, rendrait le garçon au père. Alexandre lui demande si elle désirait s'allier à lui pour faire la guerre ; et elle, prétextant qu'elle avait abandonné son royaume sans personne pour le garder, elle insistait et lui demandait de ne pas la laisser partir déçue dans ses espérances. Les désirs amoureux de la femme étaient plus ardents que les siens ; et ils amenèrent le roi à s'arrêter quelque peu : 13 jours furent consacrés à satisfaire la passion de la reine. Puis elle gagna son royaume, et Alexandre la Parthiène.

Quinte-Curce, VI, 5, 24 – 32.

Plutarque ne croit pas à la réalité historique de cet épisode qui fut sans doute monté de toutes pièces pour mieux associer Alexandre à ses deux grands ancêtres, Héraclès et Achille, qui avaient jadis combattu ce peuple belliqueux. Héraclès avait battu la reine Hippolyte et lui avait ravi sa ceinture, tandis qu'Achille avait tué la reine Penthésilée devant Troie et avait regretté son geste en découvrant la divine beauté de sa victime.

C'est là que l'Amazone vint le trouver, au dire de nombreux auteurs, parmi lesquels Cleitarchos, Polykleitos, Onésicrite, Antigénès et Istros ; mais Aristobule, Charès le chambellan, Ptolémée, Anticleidès, Philon de Thèbes, Philippe de Théangéla, et en outre Hécatée d'Érétrie, Philippe de Chalcis et Douris de Samos disent que c'est là pure invention. Alexandre semble témoigner en faveur de ces derniers : en effet, dans une lettre adressée à Antipater, où il fait un récit circonstancié de tout ce qui s'était passé, il écrit que le roi des Scythes lui offrit sa fille en mariage, mais il ne parle pas de l'Amazone. On dit que, longtemps après, Onésicrite lut à Lysimaque, devenu roi, son quatrième livre, où il était question de l'Amazone, et que Lysimaque, en souriant doucement, lui demanda : « Et moi, où étais-je alors ? » Du reste, que l'on ajoute foi ou non à ce récit, l'admiration pour Alexandre n'en sera ni diminuée ni accrue.

Plutarque, 46.

Séquence 27

LE COMPLOT DE PHILOTAS

Automne 330

Personnages :

Alexandre en juge et partie, condamnant pour l'exemple.

Philotas, général de cavalerie.

Parménion, gouverneur de la Médie et père de Philotas.

Antigonè, originaire de Pydna, faite prisonnière à Damas avec les bagages de Darius après la bataille d'Issos. Elle fut donnée à Philotas.

Cratère, commandant des phalangistes.

Dimnos, hétaïre originaire de la ville macédonienne de Chalaestra. Conspirateur.

Nicomaque, amoureux de Dimnos.

Cébalinos, frère de Nicomaque.

Démétrios, Peucolaüs, Nicanor (sûrement pas le fils de Parménion, mort de maladie en Hyrcanie), **Aphobétos, Iolaüs, Dioxène, Archépolis, Amyntas** (attention un autre), le clan des conspirateurs.

Métron, page d'Alexandre, préposé à l'arsenal.

Héphaistion, Coènos, Erigyos, Perdiccas, Léonnatos, conseil rassemblé par Alexandre pour juger Philotas.

Atarrhias, soldat chargé avec 300 hommes d'arrêter Philotas.

Amyntas (attention un autre), préteur royal.

Bolon, vieux général macédonien.

Suspicion, perfidie, règlements de compte, jalousie, rancœur, vengeance, cour martiale, aveux sous la torture et exécution.

La version courte :

Philotas, fils de Parménion, jouissait d'une grande considération parmi les Macédoniens, car il avait la réputation d'être vaillant et endurant, et nul ne paraissait, après Alexandre, plus généreux ni plus attaché à ses amis. En tout cas, on raconte qu'un de ses familiers lui demandant de l'argent, il ordonna de lui en donner, et comme son intendant objecta qu'il n'en avait pas :

– Comment ? s'écria-t-il, n'as-tu pas même une coupe ou un vêtement ?

Mais il était gonflé d'orgueil et fier de ses immenses richesses ; il déployait dans les soins de son corps et dans son régime de vie un luxe scandaleux pour un particulier. À ce moment, son affectation de grandeur et sa hauteur étaient sans mesure ; dénué de grâ-

Le complot de Philotas 249

ces, faisant figure d'homme maladroit et grossier, il excitait les soupçons et l'envie, si bien que Parménion lui-même lui dit un jour :

– Mon fils, de grâce fais-toi plus petit !

Depuis très longtemps d'ailleurs Alexandre lui-même entendait dire du mal de lui. À l'époque où l'on prit à Damas les trésors de Darius vaincu en Cilicie, parmi les nombreux prisonniers qu'on amena dans le camp, se trouvait une femme, originaire de Pydna, d'une beauté remarquable, nommée Antigonè ; elle échut à Philotas. Jeune, avec une femme aimée, il ne se gêna pas pour tenir en buvant beaucoup de propos de soldat fanfaron, s'attribuant, à lui et à son père, le mérite des plus grands exploits, et traitant Alexandre de gamin qui leur devait son renom de conquérant. La femme rapporta ces propos à un de ses familiers, et celui-ci, comme il est naturel, à un autre, en sorte qu'ils parvinrent aux oreilles de Cratère, qui, emmenant Antigonè avec lui, la conduisit secrètement auprès d'Alexandre. Celui-ci, l'ayant entendue, lui enjoignit de continuer ses relations avec Philotas et de venir lui rapporter tout ce qu'elle entendrait, dire à son amant.

Philotas ne se doutait pas qu'il était ainsi épié ; il vivait avec Antigonè, et il laissait échapper sur le compte du roi, par colère ou par vantardise, beaucoup de paroles et de discours déplacés. Mais Alexandre, malgré la force des témoignages qu'on lui apportait contre Philotas, patienta en silence et se contint, soit qu'il se fiât au dévouement que Parménion avait pour lui, soit qu'il craignît d'affronter le crédit et l'influence du père et du fils. Or, à ce moment, un Macédonien nommé Dimnos, originaire de Chalaestra, qui conspirait contre Alexandre, engagea Nicomaque, un jeune homme dont il était épris, à participer à son entreprise. Nicomaque refusa et révéla le complot à son frère Cébalinos.

Celui-ci se rendit chez Philotas et le pria de les introduire auprès d'Alexandre, parce qu'ils avaient à l'entretenir de questions graves et capitales. Mais Philotas (pour quelle raison ? C'est ce qu'on ignore) ne les mena point auprès du roi, sous prétexte que celui-ci s'occupait d'autres affaires, plus importantes. Et il agit ainsi par deux fois. Dès lors, se méfiant de Philotas, ils s'adressèrent à un autre. Conduits par lui en présence d'Alexandre, ils commencèrent par lui révéler la conspiration de Dimnos, puis ils firent doucement entendre que Philotas avait par deux fois négligé leur requête. Leurs paroles émurent vivement Alexandre, puis, quand il apprit que Dimnos, se voyant pris, s'était défendu et avait été tué par l'homme envoyé pour l'arrêter, il fut encore plus profondément troublé, à la pensée que les preuves du complot lui échappaient. Aigri contre Philotas, il convoqua ceux qui le haïssaient de longue main, et qui dirent dès lors ouvertement que c'était faiblesse de la part du roi de croire que Dimnos, un homme de Chalaestra, avait osé entreprendre seul une action si hardie, qu'il n'était qu'un comparse, ou plutôt l'instrument d'une autorité supérieure et qu'il fallait rechercher les membres de la conspiration parmi ceux qui avaient le plus d'intérêt à la cacher. Le roi ayant prêté l'oreille à ces paroles et à ces soupçons, on lui apporta dès lors mille accusations contre Philotas. En conséquence celui-ci fut arrêté et mis à la question en présence des amis du roi, qui lui-même écoutait dehors derrière une tenture. Comme Philotas, s'adressant à Héphaistion, recourait à d'humbles et pitoyables supplications, on dit qu'Alexandre s'écria :

– Se peut-il que, manquant à ce point de fermeté et de courage, Philotas, tu aies mis la main à une telle entreprise ?

Philotas fut mis à mort, et Alexandre envoya aussitôt des hommes en Médie pour tuer aussi Parménion, cet homme qui avait pris une grande part aux conquêtes de Philippe et qui, seul parmi les amis plus âgés d'Alexandre, ou du moins plus qu'aucun d'eux, l'avait engagé à passer en Asie. Lui qui avait trois fils, il en avait déjà vu mourir deux au cours de l'expédition, et il périt lui-même avec le troisième. [26]

Plutarque, 48, 1 – 49, 13.

La version longue, mais si dramatique :

Il avait 8 jours que le camp était dressé, quand le roi, invincible et même inaccessible aux assauts de l'étranger, fut l'objet d'un attentat de ses concitoyens. Dimnos, qui n'avait auprès d'Alexandre qu'une autorité et un crédit moyens, brûlait d'amour pour un mignon appelé Nicomaque, et il était lié par les complaisances d'un amant qui ne se donnait qu'à lui. Un jour, ce Dimnos, dont le visage laissait percevoir une sorte d'égarement, écarta tout témoin, et se retira avec le jeune homme dans un temple ; il commence par lui révéler qu'il est porteur de secrets confidentiels, et, au nom de leur mutuelle affection et des gages de leurs sentiments réciproques, il demande à Nicomaque, que la curiosité tient en suspens, de promettre par serment qu'il garderait pour lui ce qui lui serait révélé. L'autre, persuadé que Dimnos ne lui confierait rien qui dût être révélé, même au prix d'un parjure, prend les dieux qui l'entendaient à témoin de son serment. Alors, Dimnos découvre qu'un complot contre le roi est mis au

---

26. Nicanor était mort de maladie en quittant l'Hyrcanie et Hector, le plus jeune, était mort noyé sur le Nil après le naufrage de sa barque (Quinte-Curce IV, 8, 7-8).

point pour le surlendemain, et qu'il s'est, pour ce projet, fait le complice d'hommes vaillants et célèbres. À ces mots, le jeune homme nie fermement qu'il se soit engagé pour une affaire de parricide, et qu'aucun scrupule religieux ne peut l'obliger à taire ce crime. Dimnos, fou d'amour et de crainte, saisit la main de son mignon, et, avec des pleurs, le supplia d'abord de participer au projet et à sa réalisation ; « s'il n'en avait pas l'énergie, au moins qu'il ne trahît pas un homme qui lui donnait, après tant d'autres preuves, un gage suprême de ses bons sentiments envers lui, en confiant sa tête à une loyauté non encore éprouvée. » Finalement, il veut effrayer son ami qui s'obstine dans son refus du crime, et le menace de mort : c'est par sa tête que les conjurés commenceraient leur acte sublime. Puis, il le traite tantôt d'efféminé, lâche comme une femme, tantôt de traître à ses amours, ou bien il lui fait d'immenses promesses, parlant même de royauté : il cherchait à endoctriner une âme qui avait horreur d'un crime pareil. Puis, il tira son épée, l'approchant soit de la gorge de Nicomaque, soit de la sienne, et, mêlant la menace à la prière, il lui arracha enfin non seulement la promesse de se taire, mais celle de prêter son concours. En fait, le jeune homme, dont la fermeté ne se démentait pas, et qui eût mérité d'être chaste, n'avait rien changé à sa décision première, mais il faisait semblant de tout accepter par amour pour Dimnos. Continuant son enquête, il le questionna sur les complices qu'il avait, dans cette glorieuse entreprise : il importait fort de savoir quels hommes allaient prêter leur bras pour un acte si mémorable. Dimnos, dont l'amour et le crime altéraient la raison, le remercie et le félicite à la fois de se joindre, sans réticences, à d'aussi vaillants guerriers que le garde du corps Démétrios, que Peucolaüs et que Nicanor ; il cite en outre Aphobètos, Iolaüs, Dioxène, Archépolis, Amyntas.

Après cette conversation, Nicomaque se rend chez son frère, qui s'appelait Cébalinos, et lui révèle ce qu'il a appris. Ils décident qu'il demeurera dans sa tente, pour éviter que, le voyant aller chez le roi, dont il n'était pas un des familiers, les conjurés ne comprennent qu'ils sont trahis. Quant à Cébalinos, il se place devant le vestibule de la tente royale, car il lui est interdit de pénétrer plus avant, et il attend quelqu'un du premier escadron des Amis, qui l'introduise auprès du roi. Par hasard, ils avaient tous été congédiés, sauf Philotas, fils de Parménion, qui, pour une raison mal déterminée, était demeuré dans la tente royale. Cébalinos, la figure bouleversée, et offrant les marques d'un affolement complet, lui dévoile ce qu'il tient de son frère, et l'invite à le faire savoir au roi sans attendre. Philotas le félicite, entre tout de suite chez Alexandre ; tous deux s'entretiennent longuement d'autres sujets, sans que Philotas révèle rien de ce que lui a appris Cébalinos. Vers le soir le jeune homme l'arrête au passage, dans le vestibule, pour lui demander s'il a exécuté la commission. L'autre allégua que le roi n'avait pas eu le temps de l'écouter, et s'en alla. Le lendemain, Cébalinos est encore là quand il se dirige vers la tente, et quand il entre il lui rappelle ce qu'il lui a fait savoir la veille. Philotas répond qu'il s'en inquiète, mais, cette fois encore, il ne révèle pas au roi ce qu'il a appris.

Il devenait suspect à Cébalinos ; aussi, persuadé qu'il ne fallait pas s'adresser à lui plus longtemps, dénonce-t-il le complot qui se forme à un jeune noble, appelé Métron, et préposé à l'arsenal. L'autre cache Cébalinos dans l'arsenal, et, tout de suite, fait connaître les révélations du dénonciateur au roi, qui, par hasard, était aux bains. Le roi envoie des gardes se saisir de Dimnos, et entre dans l'arsenal. Là, Cébalinos, dans l'exaltation de sa joie, lui dit :

– Ah ! Tu m'es conservé, arraché vivant à des mains impies !

Ensuite, Alexandre s'enquiert de ce qu'il lui fallait connaître, et il est mis au courant de tout, point par point. Il insista encore, pour savoir depuis quand Nicomaque lui avait fait sa dénonciation. Et comme Cébalinos reconnaissait qu'il y avait deux jours passés, Alexandre, estimant bien suspecte une loyauté qui avait tant attendu pour le renseigner, donna ordre de l'arrêter. Mais l'autre aussitôt de protester, disant qu'à l'instant même où il avait appris les faits, il avait couru en informer Philotas : celui-ci avait été au courant de tout. Le roi lui demanda encore s'il était vraiment allé trouver Philotas, s'il avait insisté pour qu'il lui transmît la dénonciation ; comme Cébalinos maintenait ses déclarations antérieures, Alexandre, levant les bras vers le ciel et versant des larmes, gémissait d'être récompensé de la sorte par celui de ses amis qu'il avait le plus aimé. Entre-temps, Dimnos, qui n'ignore pas pourquoi le roi le convoque, se blesse grièvement de son épée, qu'il avait par hasard avec lui ; mais l'arrivée des gardes l'arrête, et on le transporte dans la tente royale. Le roi le regarde en face :

– Quel crime si grand, dit-il, ai-je commis contre toi, Dimnos, pour que Philotas te parût plus digne que moi en personne de régner sur la Macédoine ?

Dimnos avait déjà perdu la parole ; il gémit, détourne du roi son visage, s'écroule aussitôt, et expire.

Le roi fit convoquer Philotas et lui dit :

– Cébalinos, qui a mérité le dernier supplice, s'il est vrai que, pendant deux jours, il a dissimulé le complot préparé contre ma personne, reporte maintenant la responsabilité sur Philotas, à qui il affirme avoir transmis immédiatement la dénonciation. Plus ton rang dans mon amitié te rapproche de moi, plus grand fut le crime de te taire, et, je l'avoue, cette attitude va mieux à Cébalinos qu'à

Le complot de Philotas   255

Philotas. Tu as les sympathies de ton juge, s'il y a un moyen de nier ce qu'il n'y a pas eu moyen de commettre.

Philotas, sans la moindre peur (dans la mesure où son visage reflétait ses sentiments), répliqua que Cébalinos lui avait transmis les paroles d'un prostitué, mais qu'il n'y avait point cru devant si mince garantie, craignant de prêter à rire s'il rapportait une querelle entre un débauché et son amant : mais le suicide de Dimnos prouvait qu'il n'aurait pas dû garder pour lui ce qu'il savait, quel qu'en fût l'intérêt. Et, serrant le roi entre ses bras, il le supplia de tenir compte de sa vie passée plutôt que d'un silence coupable, un silence, et non pas un acte. Je ne saurais dire si le roi le crut, ou s'il renferma sa colère au fond de lui-même ; il lui tendit la main en gage de réconciliation, et déclara que Philotas, à son avis, avait méprisé plutôt que dissimulé la dénonciation.

Néanmoins, il convoqua le conseil des Amis, à l'exclusion de Philotas, et il donna ordre d'introduire Nicomaque. Celui-ci exposa devant le roi exactement ce qu'il avait fait savoir à son frère. Parmi les meilleurs amis du roi, il y avait Cratère qu'une rivalité dans la faveur d'Alexandre opposait à Philotas ; Cratère n'ignorait pas qu'en vantant sans mesure son courage et ses services Philotas avait souvent déplu à Alexandre et qu'ainsi il se trouvait suspect non pas de scélératesse, mais du moins d'orgueil. Convaincu qu'il n'aurait aucune occasion plus favorable pour accabler son ennemi, il donne à sa haine l'apparence du dévouement :

– Plût au ciel, dit-il, que, dès le début, tu eusses discuté de cette affaire, elle aussi, avec nous ! Nous t'aurions conseillé, si tu voulais pardonner à Philotas, de permettre qu'il ignorât tout ce qu'il te devait, au lieu de l'obliger, en l'amenant à craindre pour sa vie, à méditer sur ses risques plus souvent que sur ta bonté. Car lui, il pourra toujours conspirer contre toi ; toi, tu ne pourras pas toujours pardonner à Philotas. Rien ne te permet de penser que le pardon transformera un homme qui eut pareille audace. Il sait que, lorsqu'on a épuisé ta mansuétude, on ne peut en espérer encore. Pour ma part, je sais bien que, même si, vaincu par le remords ou par ton bienfait, il voulait, lui, se tenir tranquille, son père Parménion, chef d'une armée si importante et qui, par son prestige bien établi sur des soldats qui sont à toi, atteint presque au faîte de ta grandeur, supportera mal de te devoir la vie de son fils. Il y a des bienfaits que nous haïssons. On a honte de reconnaître qu'on a mérité la mort. Il ne reste à Philotas qu'une issue : mieux aimer qu'on croie qu'il a été lésé que gracié. Aussi, sache-le, tu seras obligé de défendre ta vie contre eux. Il subsiste assez d'ennemis qu'il va falloir poursuivre : protège ton flanc contre les ennemis. de l'intérieur ; si tu les écartes, je ne redoute rien de ceux de l'extérieur.

Ainsi parla Cratère. Les autres étaient persuadés que Philotas n'aurait pas fait le silence sur la dénonciation, si le complot n'avait eu lieu sous son instigation ou avec sa complicité : « Quel homme fidèle et loyal, pris, non pas même parmi les Amis, mais dans la plus basse plèbe, aurait entendu ce qu'on avait révélé à Philotas sans courir immédiatement trouver le roi ? Le fils de Parménion ne l'a pas fait, préfet de la cavalerie, arbitre de tous les secrets du roi, – même après le précédent de Cébalinos qui lui avait communiqué personnellement les révélations de son frère ! Il avait même prétendu que le roi n'avait pas eu de temps pour l'entendre, – cela, de peur que le dénonciateur ne cherchât l'entremise d'un autre. Nicomaque, bien que tenu par le serment prêté aux dieux, s'était hâté d'alléger sa conscience : Philotas, après avoir consumé une journée presque entière dans les amusements et les plaisanteries, avait répugné à glisser dans un entretien si long et peut-être dépourvu d'intérêt quelques paroles qui concernaient le salut du roi. Mais, s'il prétextait qu'il n'avait pas cru à ces révélations d'enfants, pourquoi alors ces deux jours d'atermoiement, comme s'il prenait au sérieux ce qu'on lui apprenait ? Il aurait dû renvoyer Cébalinos, si vraiment il ne croyait pas à sa dénonciation. Quand le danger vous menace seul, la grandeur d'âme est de mise : quand on craint pour la vie du roi, on doit croire n'importe quoi, et accueillir même des dénonciations inconsistantes. »

À l'unanimité on décide donc de mettre à la question Philotas, afin de l'obliger à dénoncer ses complices. Le roi les renvoie, en leur recommandant de tenir cachée leur décision. Puis, afin que rien ne trahisse le projet qu'on venait d'adopter, il fait proclamer qu'on se mettra en route le lendemain. Même, Philotas fut invité au repas, le dernier pour lui, et le roi eut le cœur non seulement de dîner, mais de converser en ami avec celui qu'il avait condamné. Puis, à la seconde veille, après l'extinction des feux, quelques hommes se réunissent sous la tente royale, dont Héphaistion, Cratère, Coènos et Erigyios, parmi les Amis, et, du côté des Ecuyers, Perdiccas et Léonnatos. Ils firent parvenir à ceux qui montaient la garde au prétoire l'ordre de conserver leurs armes pendant la veille. Déjà, toutes les entrées étaient gardées par des cavaliers, à qui l'on avait commandé aussi d'occuper les routes, afin de ne laisser personne joindre secrètement Parménion, qui avait alors le commandement de la Médie et de troupes importantes.

Atarrhias, à la tête de 300 hommes d'armes, était entré dans la tente : on lui adjoint 10 pages, accompagnés chacun par 10 écuyers. On partagea entre eux la charge d'arrêter les autres conjurés ; pour Atarrhias, on l'envoya avec ses 300 hommes chercher Philotas ; trouvant fermé l'accès de la maison, il voulait le forcer, assisté par les 50 gardes les plus énergiques : les autres avaient reçu l'ordre de cerner la maison, pour empêcher Philotas de s'échapper par une issue secrète. Mais celui-ci, soit dans la tranquillité de sa conscience, soit accablé par la fatigue, était la proie du sommeil ; il était encore engourdi quand Atarrhias le surprit. Il finit par secouer sa torpeur, et dit, comme on l'enchaînait :

– Ta bonté a succombé, ô mon roi, à la méchanceté de mes ennemis !

Sans le laisser parler davantage, on le mène, tête voilée, dans la tente royale. Le lendemain, le roi convoqua tous les soldats en assemblée.

Environ 6 000 soldats y étaient venus ; en outre, une foule de marchands et de domestiques remplissait la tente. Les écuyers cachaient Philotas au milieu d'eux, afin que la foule ne pût l'apercevoir avant l'allocution du roi à ses troupes. Une antique coutume macédonienne voulait que les affaires capitales fussent instruites par le roi et jugées par l'armée – en temps de paix, par le peuple – et le roi était sans pouvoir, si son autorité ne s'était pas d'abord imposée. Donc, l'on apporta d'abord le cadavre de Dimnos, dont on ignorait en général les desseins et la fin dramatique.

Ensuite, le roi s'avança dans l'assemblée ; ses traits exprimaient sa douleur intérieure. L'affliction de ses amis aussi augmentait fort l'impatience. Longtemps, le roi, baissant les yeux vers le sol, se tint dans une attitude d'accablement et de stupeur. Enfin, il reprit possession de lui-même, et dit :

– J'ai failli, soldats, vous être enlevé par le crime des hommes : la providence des dieux et leur miséricorde m'ont sauvé la vie ; à vous voir si dignes de respect, j'ai senti s'aggraver malgré moi ma colère contre ces parricides, puisque le principal, non ! Le seul fruit de ma vie est de pouvoir récompenser encore tous ces vaillants soldats à qui je dois tant !

Le complot de Philotas 259

Le discours fut interrompu par les lamentations de l'armée, et tous les yeux se remplirent de larmes. Le roi reprit :

– Bien plus considérable sera le trouble que je susciterai dans vos cœurs, lorsque je vous aurai montré les instigateurs d'un si grand crime. Au moment de vous les révéler, j'hésite, et je tais leurs noms, comme s'ils pouvaient échapper au châtiment. Mais il faut que je triomphe du souvenir d'une affection passée, et que je dévoile le complot de citoyens impies. Comment passerais-je sous silence un tel sacrilège ? Parménion, à son âge, lui que tant de bienfaits reçus liaient et à mon père et à moi, lui, le plus ancien de tous mes amis, il s'est fait le chef d'une entreprise aussi criminelle. Son aide, Philotas, a suborné pour me perdre Peucolaüs, Démétrios, ce Dimnos dont vous pouvez voir le cadavre, et d'autres, également insensés.

Partout, c'était, dans l'assemblée entière, cet orageux frémissement d'indignation et de douleur, qui caractérise la foule, surtout celle des soldats, quand la sympathie l'agite – ou la colère. Ensuite, on introduit Nicomaque, Métron, et Cébalinos, qui exposent chacun le contenu de leur dénonciation. Aucun d'eux n'indiquait Philotas comme complice du crime. Aussi, après. le jaillissement de l'indignation, la voix des dénonciateurs fut-elle accueillie par le silence.

Alors le roi :

– Quels furent, à votre avis les sentiments de celui qui, ayant eu connaissance de tels faits, en a précisément étouffé la révélation ? Or, leur gravité est mise en lumière par la mort de Dimnos. Cébalinos n'était pas sûr de ce qu'il rapportait, mais il n'a pas craint les supplices ; Métron n'a pas hésité un seul instant pour se débarrasser de ce qu'il avait appris, si bien qu'il entra précipitamment là où je prenais mon bain. Seul, Philotas n'a eu peur de rien, n'a rien cru. Ah ! Le beau courage ! Lui ? Il se serait ému du péril de son roi, il aurait changé de visage, et se serait inquiété d'entendre une pareille dénonciation ? À coup sûr, sous ce silence s'abrite un crime ; un violent désir de régner a poussé au pire des sacrilèges cette âme inconsidérée. Son père est à la tête de la Médie ; lui-même, dont l'autorité auprès de nombreux chefs de corps l'emporte sur ma puissance, aspire au-delà de ce qu'il possède. On méprise aussi mon isolement, car je n'ai pas d'enfants. Mais Philotas a tort : vous, vous êtes mes enfants, mes parents, mes frères ; tant que vous vivez, je ne puis être un isolé.

Il lit ensuite une lettre qu'on avait saisie et que Parménion avait adressée à ses fils Nicanor et Philotas : à vrai dire, elle n'était pas tellement compromettante ; car en voici la teneur : « Prenez d'abord soin de vous, puis des vôtres : c'est le moyen d'atteindre notre but. » Le roi ajouta que la lettre était tournée de façon à être intelligible pour les complices, si elle parvenait aux fils de Parménion, tout en étant incompréhensible pour des non-initiés, si on l'interceptait :

– L'on objectera que Dimnos, quand il dénonça tous les autres complices, omit le nom de Philotas. Ce n'est pas une preuve de son innocence, mais de sa puissance, s'il inspire, à ceux qui peuvent le trahir, une crainte telle qu'ils laissent son nom, tout en avouant ce qui les concerne, eux. Mais Philotas est dénoncé par sa vie même. C'est lui qui fut l'allié et le complice de mon cousin Amyntas [27], quand celui-ci machina, en Macédoine, un complot criminel

---

27. Fils du roi de Macédoine, Perdiccas II, il était âgé de 5 ans lorsque son père mourut. Son oncle Philippe eut la régence, avant de s'approprier le trône. Philippe maria Amyntas à sa fille Cynanné. Mais quand Alexandre succéda à son père, Amyntas prit position d'opposant, et même de candidat à la royauté. Il fomenta un complot et fut exécuté.

contre ma personne ; c'est lui qui a marié sa sœur à Attale[28], le plus dangereux de tous mes ennemis ; c'est lui qui, recevant de moi une lettre où, comme le voulaient notre intimité et notre amitié, je lui communiquais la prédiction de l'oracle de Zeus Hammon, répondit avec insolence qu'il me félicitait d'avoir été admis au nombre des dieux, mais déplorait le sort de ceux qui auraient à vivre sous un roi qui dépassait la condition humaine. Voilà qui prouve l'ancienneté de sa désaffection à mon égard, et sa jalousie envers ma gloire. J'ai pourtant, soldats, gardé en moi tout cela, aussi longtemps que j'ai pu ; car j'avais l'impression de m'arracher une partie de mon être, si je déconsidérais devant moi-même des hommes qui me devaient tant. Mais nous n'avons plus à punir de simples paroles : la témérité du langage a fait place aux épées. Si vous m'en croyez, c'est Philotas qui les a aiguisées contre moi ; si vous l'en croyez, lui, il a tout de même laissé faire. Où dois-je me réfugier, soldats ? À qui dois-je confier mon salut ? La cavalerie, élite de mon armée, les premiers d'une illustre jeunesse, c'est lui seul que je leur ai donné pour chef ; ma vie, mes espérances, ma victoire, je les ai confiées à sa loyauté et à sa protection. J'ai élevé son père à la hauteur même où vous m'avez placé ; j'ai rangé sous son pouvoir discrétionnaire la Médie, qui est la plus opulente de mes provinces, et des milliers de citoyens et d'alliés. À l'endroit d'où j'attendais un secours, se dresse un danger. Trop heureux, si j'étais mort au combat, proie pour un ennemi, plutôt que victime d'un concitoyen ! Maintenant, sauvé des seuls

---

28. Il appartenait à la plus haute noblesse macédonienne. Il était l'oncle de Cléopâtre, l'épouse de Philippe. Peu après la mort de Philippe, Alexandre le fit assassiner (voir séquence 7, p. 59) car Attale n'hésitait pas à lui montrer son hostilité. Il était en liaison avec l'Athénien Démosthène, voire avec le Perse Memnon.

périls que j'ai redoutés, me voici exposé à ceux que je n'aurais pas dû craindre. Il vous arrive souvent, soldats, de me demander de veiller à ma vie. Or, ce à quoi vous m'invitez, vous pouvez me le procurer. Vos bras, vos armes sont mon refuge : sans votre assentiment, je ne veux pas de la vie ; avec lui, je ne puis vivre que vengé par vous.

Alors il fit avancer Philotas, mains attachées derrière le dos et tête couverte d'un manteau usé. L'on percevait facilement l'émotion que provoquait l'aspect si lamentable d'un homme qu'auparavant on ne regardait pas sans le jalouser. On l'avait vu, la veille, général de la cavalerie, on savait qu'il avait participé au dîner du roi ; et tout à coup il apparaissait aux regards non pas même en accusé, mais en condamné, pis encore : dans les fers ! Et l'on se prenait à penser aussi à la destinée de Parménion, général illustre, citoyen tellement célèbre ; il venait de perdre deux fils, Hector et Nicanor, et maintenant, malgré son absence, il était compris dans la même accusation que celui de ses fils que le malheur avait épargné. Aussi le préteur royal Amyntas prononça-t-il contre Philotas de dures paroles : elles soulevèrent de nouveau l'assemblée, qui, sans elles, inclinait à la miséricorde : « On les avait livrés aux Barbares ; aucun ne serait rentré dans sa patrie, près de sa femme et de ses parents ; comme un corps mutilé une fois la tête enlevée, privés de nom et d'âme ils auraient été sur une terre étrangère la risée de l'ennemi. » Contrairement à ce qu'il espérait, les paroles d'Amyntas ne plurent point au roi, parce que le rappel de leurs femmes, de leur patrie rendait les soldats moins ardents pour accomplir le reste de leur tâche.

Alors Coènos, qui pourtant avait épousé une sœur de Philotas, s'emporta contre Philotas avec plus de fureur que personne ; il le traita de parricide envers le roi, la patrie et l'armée, et ramassant une pierre qui, par hasard, se trouvait à ses pieds, il allait la lui lancer : en général, on estima qu'il voulait lui éviter la torture. Mais Alexandre retint son bras, en affirmant qu'il fallait permettre à l'accusé de se défendre, et qu'il ne permettrait pas un jugement dans d'autres conditions. Ensuite, Philotas reçut l'ordre de parler. Mais le sentiment de sa culpabilité ou la gravité du péril lui ôtèrent ses facultés et sa voix : il n'osait ni élever ses regards ni ouvrir la bouche. Puis, il se mit à pleurer et s'évanouit dans les bras de celui qui le tenait ; on essuya ses yeux avec son manteau : il récupéra peu à peu les sens et la parole, et on crut qu'il allait parler. Le roi, alors, le regarda en face :

— Tu vas avoir des Macédoniens pour juges ; je te le demande : est-ce que tu leur parleras leur langue maternelle ?

Alors Philotas :

— Outre les Macédoniens, dit-il, il y a ici beaucoup de gens, qui, à mon avis, comprendront plus aisément mes paroles, si j'use de la langue dont tu t'es servi, ne cherchant, je pense, qu'à rendre tes paroles intelligibles à plus d'auditeurs.

— Ne voyez-vous pas, dit alors le roi, à quel point Philotas répugne à employer notre langue maternelle ? Car, seul, il ne daigne pas l'apprendre. Mais laissons-le parler comme il lui plaira, pourvu que vous vous rappeliez que nos coutumes et notre langue lui inspirent une égale répulsion.

Sur ce, il sortit de l'assemblée.

Alors Philotas :

— Un innocent trouve facilement des paroles ; mais, dans ses paroles, un malheureux conserve difficilement la mesure. C'est pourquoi, pris entre ma conscience, irréprochable, et mon destin, inique, je suis désemparé, et ne sais comment déférer et à mes sentiments et à ma situation. Oui, il est absent le meilleur juge de ma cause : je ne puis, par Hercule, imaginer pourquoi il s'est refusé à m'entendre ; après avoir entendu le pour et le contre, il pourrait me condamner aussi bien que m'acquitter ; comme il ne m'a pas entendu, l'on ne peut m'absoudre en son absence, moi qu'il a condamné lorsqu'il était là. Quoique la défense d'un homme enchaîné ne soit pas seulement inutile, mais odieuse (car il semble non pas instruire son juge, mais l'accuser), cependant, malgré les conditions où je parle, je ne ferai pas défaut à ma propre cause et ne risquerai pas de sembler m'être condamné moi-même. Car je ne vois pas, moi, de quoi l'on peut m'accuser. Personne ne me cite au nombre des conjurés ; sur mon compte, Nicomaque n'a rien dit ; Cébalinos n'a pas pu en savoir plus qu'on ne lui en avait confié. Or le roi croit que j'ai été l'âme de la conjuration ! Comment Dimnos aurait-il pu passer sous silence son chef de file, d'autant plus que, interrogé sur ses complices, il aurait dû me citer, même sans raison valable, pour entraîner plus facilement celui qu'il sondait ? Car ce n'est pas une fois le complot découvert qu'il a omis de me nommer : on pourrait alors penser qu'il épargnait un complice ; mais, quand il avouait son secret personnel à Nicomaque dont il espérait le silence, c'est alors que, donnant le nom de tous, il omettait le mien seul. Une question, camarades : si Cébalinos ne m'avait pas abordé, s'il n'avait rien voulu m'apprendre sur les conjurés, aurais-je aujourd'hui à me défendre, moi que personne ne nommait ? Admettons que Dimnos, vivant encore, voulût m'épargner : et les autres ? Avouant ce qui les concerne, sans doute me passeront-ils, moi, sous silence ? Le malheur est sans générosité, et, en règle générale, un coupable, dans les tortures de son propre supplice, se console avec celui d'autrui. De tant de complices, pas un n'avouera la vérité, même sur le chevalet ? Or personne n'épargne un mourant, et un mourant, je pense, n'épargne personne. Passons donc d'abord au véritable, au seul grief : « Pourquoi, dit-on, avoir fait le silence sur la dénonciation ? Pourquoi ce calme, quand tu l'as entendue ? » Quand j'ai reconnu cette attitude, quelle qu'elle soit, tu m'as pardonné, Alexandre, où que tu sois maintenant : j'ai embrassé ta main, gage de réconciliation, et j'ai pris part à ton dîner. Si tu m'as cru, j'ai été mis hors de cause ; si tu m'as épargné, j'ai été acquitté : mais, au moins, respecte ta sentence. Qu'ai-je fait, la nuit dernière, après avoir quitté ta table ? Quel nouveau crime t'a été dénoncé, qui a changé tes sentiments ? Je dormais avec accablement, quand, en m'enchaînant, mes ennemis me réveillèrent d'un sommeil où j'oubliais mes malheurs. Un parricide, un traître repose-t-il en un sommeil si profond ? Les criminels, que torture le repentir, sont incapables de bien dormir ; les Furies les tourmentent : inutile d'avoir consommé le parricide, il suffit de l'avoir envisagé. Pour moi, je devais ma quiétude d'abord à mon innocence, ensuite à ta main offerte ; je n'ai pas craint que la cruauté d'autrui eût sur toi plus d'action que ta propre clémence. Non ! Ne te repens pas de m'avoir cru ; la révélation me venait d'un enfant incapable de présenter ni témoin ni garantie pour sa dénonciation ; il aurait généralisé les appréhensions, si on avait commencé à l'écouter. Malheureux que j'étais ! J'ai cru être témoin d'une querelle entre un amant et son mignon, et j'ai tenu pour suspecte sa bonne foi parce qu'au lieu de formuler lui-même sa dénonciation, il se substituait son frère ; j'ai craint qu'il soutînt n'avoir chargé Cébalinos de rien : j'aurais ainsi paru responsable du danger couru par de nombreux Amis du roi. Et alors même que je n'ai fait de tort à personne, il s'est trouvé quelqu'un pour préférer ma mort à ma sauvegarde ! Quelles inimitiés n'aurais-je donc pas suscitées, si j'avais pris à partie des innocents ? On m'objectera le suicide de Dimnos. Pouvais-je deviner qu'il aurait lieu ? Pas du tout. Ainsi, la seule chose qui ait donné de l'autorité à la révélation ne pouvait agir sur moi, quand Cébalinos s'est adressé à moi. Mais, par Hercule, si j'avais été, dans un pareil crime, le complice de Dimnos, je n'aurais pas dû rester deux jours sans lui révéler que nous étions trahis ; quant à Cébalinos, on aurait pu le supprimer, et sans peine. Ensuite, après cette dénonciation que j'allais garder pour moi, j'ai pénétré, seul, dans la tente du roi, et, j'avais une épée au côté : pourquoi ai-je différé mon forfait ? Sans Dimnos avec moi, ai-je manqué d'audace ? Mais alors, ce fut lui, le chef de la conjuration ! Moi, Philotas, qui ambitionne de régner sur la Macédoine, je me cachais sous son ombre. Lequel de vous ai-je corrompu de mes dons ? Pour quel général, pour quel préfet, ai-je eu des prévenances suspectes ? On m'objecte mon mépris pour notre langue nationale, et mon dédain des mœurs macédoniennes : belle façon pour moi de guetter un empire que de le mépriser. Il y a longtemps que notre langue natale a dépéri au contact des nations étrangères : vainqueurs comme vaincus doivent apprendre un langage qui n'est pas le leur. Non, par Hercule, tout cela me nuit moins que le complot du fils de Perdiccas, Amyntas, contre le roi. L'amitié qui me liait à lui, je ne refuse pas de m'en justifier, si nous avons eu tort d'avoir de l'affection pour le frère du roi. Mais, si le haut rang de sa fortune nous obligeait à le vénérer, est-ce donc pour mon manque de perspicacité que l'on m'accuse, ou bien les amis des criminels doivent-ils mourir eux aussi, quoique innocents ? Si c'est légitime, pourquoi me laisser vivre si longtemps ? Si c'est injuste pourquoi est-ce seulement aujourd'hui que l'on me tue ? Mais, dit-on, j'ai écrit déplorer le sort des gens qui auraient à vivre sous les ordres de qui se croyait fils de Zeus. Loyauté de l'amitié, dangereuse liberté d'un conseil sincère, vous m'avez trompé ! c'est vous qui m'avez incité à ne pas cacher ma pensée. Je le reconnais : j'ai écrit cela au roi, je ne l'ai pas écrit à propos du roi. Je ne cherchais pas à le rendre odieux : je craignais pour lui. Il me paraissait plus digne d'Alexandre de se reconnaître tout bas pour la descendance de Zeus que de s'en faire, en public, une gloire indiscrète. Mais, puisque l'oracle n'est pas susceptible d'erreur, que le dieu apporte à mon procès son témoignage : maintenez-moi dans les fers le temps de demander à Hammon si j'ai ourdi un crime mystérieux et secret. Celui qui a reconnu notre roi pour son fils, ne laissera échapper aucun de ceux qui auront conspiré contre son descendant. Si vous croyez les tortures moins susceptibles d'erreur que les oracles, je ne repousse même pas ce moyen de découvrir la vérité. D'ordinaire, les accusés, qui risquent leur vie, font venir devant vous leurs proches parents. Or mes deux frères, je viens de les perdre ; pour mon père, je n'ai ni la possibilité de l'amener devant vous, ni le cœur de l'invoquer puisque cette terrible accusation porte sur lui aussi. Bien sûr il ne suffit pas que lui, qui avait à l'instant tous ses enfants et qui maintenant ne se repose que sur un seul, il perde encore celui-ci : il doit, lui aussi, prendre place sur mon bûcher. Alors, père tant aimé, tu mourras par ma faute, et tu mourras avec moi ! C'est moi qui t'enlève la vie, moi qui mets fin à ta vieillesse. Pourquoi donc m'avoir donné le jour, si les dieux haïssaient le malheureux que je suis ? Pour que je te procure les joies qui t'attendent ? Je ne sais qui est le plus à plaindre, ma jeunesse ou ta vieillesse : moi, je disparais dans la pleine force de l'âge ; toi, le bourreau va t'enlever une vie que la nature allait reprendre, si la fortune avait voulu attendre. Parler de mon père m'a remis dans l'esprit la timidité et la prudence avec lesquelles je devais signaler les révélations de Cébalinos. Car Parménion, informé que le médecin Philippe se préparait à empoisonner le roi, écrivit à celui-ci, pour qu'il ne bût pas un remède prescrit par le médecin [29]. Est-ce qu'on a cru mon père ? Est-ce que sa lettre a eu quelque autorité ? Moi-même, toutes les fois que j'ai rapporté ce que j'avais appris, je me suis vu repoussé et même raillé pour ma crédulité. Si nos dénonciations sont odieuses, et nos silences suspects, que devons-nous faire ?

De la foule environnante, une voix s'éleva :

– Ne pas conspirer contre vos bienfaiteurs.

Et Philotas :

– Qui que tu sois, dit-il, tu as raison. En conséquence, si j'ai conspiré, je ne me dérobe pas au châtiment, et je cesse de parler, puisque mes derniers mots ont semblé pénibles à vos oreilles.

Ceux qui le gardaient l'emmènent alors.

Il y avait parmi les généraux un nommé Bolon, homme d'action, mais ignorant les arts de la paix et les manières policées de la ville : vieux soldat sorti du rang pour s'élever au grade où il était alors parvenu ; dans le silence général, il entreprit, avec la violence d'une audace bornée, de rappeler aux autres les cas nombreux où on les avait expulsés des logements dont ils avaient pris possession, pour que la lie des esclaves de Philotas s'installât à la place de ses compagnons d'armes mis à la porte. Tout au long des rues avaient stationné ses chariots chargés d'or et d'argent ; mais lui, il n'admettait aucun de ses compagnons à proximité de son logement : ceux de ses valets qui veillaient sur son sommeil renvoyaient tout le monde, afin que cette femmelette ne fût pas réveillée par le bruit, ou, plus exactement, par le silence de conversations étouffées. Il s'était moqué des rustres de Macédoine, les traitant de Phrygiens, de Paphlagoniens, lui qui, Macédonien d'origine ne rougissait pas d'avoir un interprète pour entendre des

---

29. Voir séquence 13, p. 101.

gens de même langue que lui. Maintenant il voulait qu'Hammon fût consulté ; or, il avait accusé Zeus de mensonge quand celui-ci reconnut Alexandre pour son fils : il craignait sans doute qu'on accueillît mal une offre spontanée des dieux. Quand il conspirait contre la vie de son roi et ami, il n'avait point interrogé Zeus : il voulait maintenant consulter l'oracle, – le temps que son père implore l'aide de ceux qu'il commandait en Médie, et, avec l'argent confié à sa garde, pousse des scélérats à s'associer à son crime. Eux, les Macédoniens, ils enverraient consulter l'oracle, non pour interroger Zeus sur ce que le roi leur a révélé, mais en action de grâce, afin d'acquitter les vœux formulés pour la sauvegarde du meilleur des rois.

Alors, l'assemblée entière s'enflamma ; cela commença par les gardes du corps, qui, à grands cris, voulaient déchirer de leurs propres mains le parricide : ce qui n'était pas pour déplaire à Philotas, qui craignait des supplices plus graves. Le roi, revenu dans l'assemblée, renvoya la séance au lendemain, soit pour le torturer en prison aussi, soit pour un complément d'information ; et, quoique ce fût à la tombée de la nuit, il convoque les Amis. Tous optaient pour la lapidation, suivant la coutume macédonienne, sauf Héphaistion, Cratère et Coènos d'après qui il fallait user de la torture pour arracher à Philotas la vérité ; à cet avis se rangent finalement ceux qui avaient émis une opinion différente. La séance terminée, Héphaistion avec Cratère et Coènos se lève pour mettre Philotas à la question. Le roi appela Cratère, eut avec lui une conversation dont le sujet resta secret, puis se retira au fin fond de son logement ; écartant tous témoins, il attendit le résultat de la torture, tard dans la nuit.

Les bourreaux disposent sous les yeux de Philotas toutes sortes d'instruments de supplice. Et lui, de son propre mouvement :

– Pourquoi ce retard, dit-il, à tuer, maintenant qu'il avoue, l'ennemi, l'assassin du roi ? En quoi est-il besoin de la torture ? J'ai agi avec préméditation, consciemment.

Cratère exige qu'il renouvelle ses aveux dans les supplices. On s'empare de lui ; et, pendant qu'on bandait ses yeux et qu'on lui enlevait ses vêtements, il invoquait les dieux de sa patrie, les lois de l'humanité : en vain ! Il s'adressait à des sourds. Puis, les pires tourments le déchirent : c'est un condamné, et les bourreaux, ses ennemis, cherchent à plaire au roi. Au début, le feu, les coups, qui visaient moins à le faire parler qu'à le châtier, avaient beau l'accabler, il eut la force de contenir toute parole, et même toute plainte ; mais une fois que son corps, tuméfié par les plaies, fut incapable de supporter les coups de fouet frappant ses os mis à nu, il promet de dire ce qu'on cherchait à savoir, si toutefois on voulait mettre fin à son martyre. Mais il exigeait qu'on jurât, sur la vie d'Alexandre, d'arrêter la torture, et qu'on fît partir les bourreaux. Il obtint l'un et l'autre ; alors :

– Cratère, dit-il, dis-moi donc ce que tu veux que je te dise.

Comme l'autre, se voyant ainsi bafoué, s'emportait et rappelait les bourreaux, Philotas demanda un moment pour reprendre le souffle, et promit de révéler ce qu'il pouvait savoir, sans rien omettre. Entre temps, quand le bruit du supplice de Philotas se fut répandu, les cavaliers, tous ceux de la plus haute noblesse, et plus particulièrement ceux qui touchaient à Parménion par des liens étroits de parenté, redoutèrent la loi macédonienne, qui prévoyait la peine de mort aussi bien pour les proches de ceux qui avaient conspiré contre le roi ; les uns se suicident, les autres s'enfuient dans les montagnes inaccessibles et dans l'immensité des solitudes : une terreur sans limites se répandit dans le camp entier. À la fin, le roi, averti de cet affolement, fit connaître que l'application de la loi condamnant les proches des coupables était suspendue.

Quant à Philotas, l'on ne saurait décider s'il a dit vrai ou s'il a voulu au prix d'un mensonge échapper au supplice : en effet, l'aveu sincère et l'affirmation mensongère visent manifestement tous deux à mettre un terme à la souffrance. Bref :

– Vous n'ignorez pas, dit-il, toute l'amitié que mon père avait pour Hègéloque ; je parle de cet Hègéloque[30] qui mourut au combat : il fut la cause de tous nos maux. Car, dès que le roi se fit saluer du titre de fils de Zeus, il manifesta son indignation : « Nous reconnaissons donc pour roi, dit-il, un homme qui croit indigne de lui d'avoir Philippe pour père ? C'en est fait de nous, si nous pouvons endurer cette infamie. Qui exige de passer pour un dieu, méprise, outre les hommes, les dieux mêmes. Nous avons perdu Alexandre, perdu notre roi : nous avons affaire à un orgueil que ne sauraient supporter ni les dieux auxquels il s'égale, ni les hommes dont il se retranche. Avons-nous donc, au prix de notre sang, créé un dieu qui nous méprise, qui se refuse à entrer dans une assemblée de mortels ? Croyez-moi : si nous sommes des hommes, nous aussi les dieux nous adopteront. Qui donc a vengé l'assassinat de son aïeul Archélaüs[31], ensuite d'Alexandre[32], de Perdiccas[33] ? Lui, il a bien pardonné aux assassins de son père ! » Ainsi parla Hègéloque pendant le repas ; et, le lendemain, au petit jour, mon père me convoque. Il était sombre et voyait ma tristesse : ce que nous venions d'entendre était de nature à nous plon-

---

30. Ami de Parménion, il était un des opposants à la politique orientale d'Alexandre.

31. Fils de Perdiccas, roi de Macédoine de 413 à 399.

32. Fils d'Amyntas et frère de Philippe. Il régna sur la Macédoine de 369 à 368.

33. Fils d'Amyntas V et frère de Philippe. Roi de Macédoine de 365 à 360.

ger dans l'inquiétude. Nous décidâmes de le convoquer pour voir si nous avions affaire aux bavardages d'un homme appesanti par le vin, ou à des projets sérieusement conçus : il arriva, et spontanément parla dans les mêmes termes ; il ajouta que, si nous avions assez d'audace pour montrer le chemin, il réclamerait le premier rôle après nous ; si nous manquions de courage, il couverait son dessein en silence. Parménion estimait le moment mal choisi : car Darius vivait encore ; en assassinant Alexandre, nous travaillerions pour l'ennemi, et non pour nous ; Darius supprimé, l'Asie et, en général, l'Orient entier viendraient récompenser les assassins du roi. Le conseil fut approuvé, et l'on prit l'engagement réciproque de s'y conformer. Pour ce qui concerne Dimnos, je ne sais rien ; et pourtant, après mon aveu, je me rends compte qu'il est sans profit pour moi d'être absolument étranger à ce crime.

De nouveau, on le mit à la torture, lui frappant le visage et les yeux à coups de lances ; il fut bientôt obligé d'avouer ce crime aussi. Comme on exigeait ensuite qu'il exposât le plan du complot, il répondit que, voyant le roi disposé à s'arrêter longuement à Bactres, il craignit que son père, âgé de 70 ans, si grand général d'une si grande armée, gardien d'un si grand trésor, ne mourût entre temps : « Resté seul, et une si grande aide venant à lui manquer, il n'aurait aucune raison de tuer le roi. Il s'était donc hâté, tant que le bénéfice en était tangible, de mener son projet à fin ; il acceptait la torture, bien qu'il fût hors d'état de la supporter. »

Les autres se concertèrent, et estimèrent le supplice suffisant ; ils reviennent alors auprès du roi ; le lendemain, celui-ci fit lire en public les aveux de Philotas, et donna ordre de transporter jusqu'à lui le coupable, incapable de marcher. Comme celui-ci ne se rétractait

Le complot de Philotas

sur aucun point, on introduisit Démétrios, accusé d'avoir participé à la dernière affaire. Protestant avec vigueur, et niant toute préméditation contre le roi avec autant de fermeté que d'impassibilité, il allait jusqu'à s'offrir à la torture ; alors Philotas, regardant à l'entour, s'arrêta à un certain Calis, debout près de lui et l'invita à se rapprocher. L'autre, affolé, refusa de passer à côté de lui. Alors Philotas :

– Laisseras-tu Démétrios mentir, et moi aller de nouveau au supplice ?

Calis n'avait plus ni voix ni sang, et les Macédoniens soupçonnaient Philotas de vouloir compromettre des innocents, car le nom du jeune homme n'avait été donné ni par Nicomaque, ni par Philotas lui-même pendant la torture ; mais, dès que Calis vit, autour de lui, les préfets royaux, il reconnut que Démétrios et lui avaient participé à la conjuration, Aussi, à un signal, tous ceux que Nicomaque avait nommés furent-ils tués à coups de pierres, selon la coutume macédonienne. Alexandre se trouvait libéré à la fois d'un danger de mort et surtout d'un danger d'impopularité : car, si leur culpabilité n'avait pas été indiscutable, l'armée n'aurait pu voir, sans une indignation générale, la condamnation de Parménion et de Philotas, les premiers des Amis. Le point de vue sur la torture varia donc : tant qu'il nia le crime, on taxa le supplice de cruauté ; après l'aveu, même ses amis refusèrent à Philotas leur pitié.

Quinte-Curce, VI, 7, 1 – 11, 40.

Et Diodore ajoute :

Alexandre procéda d'autre part à un tri parmi les Macédoniens : il enrôla dans une seule unité, qu'il nomma « Bataillon des Indisciplinés », ceux qui tenaient contre lui des propos hostiles, ceux que la mort de Parménion avait indignés, et, en outre, ceux qui, dans les lettres expédiées en Macédoine, avaient écrit des choses contraires à l'intérêt du roi. Il ne voulait pas que la franchise déplacée de leur langage corrompît le reste de l'armée macédonienne.

Diodore, XVII, 80, 4.

Séquence 28

LA CAPTURE DE BESSOS

Été 329

Personnages :

Alexandre, parvenu, dans sa course au parricide, au pied du Caucase et ayant repéré Bessos et son armée en Bactriane. Il en profite pour fonder plusieurs Alexandries supplémentaires avant de capturer cet usurpateur de la royauté.

Bessos, le traître, le fourbe, le tueur, le faux roi.

Spitaménès, son compagnon de traîtrise qui va retourner sa veste.

Dataphernès, complice de Spitaménès.

Oxathrès, frère de Darius et devenu un proche d'Alexandre au point d'être son garde du corps.

Catanès, tireur d'élite perse, prêt à faire un carton à coups de flèches sur des oiseaux affamés de chair morte.

Bagodaras, compagnon de Bessos.

Ptolémée, chargé avec ses troupes de la capture de Bessos.

Justice implacable : humiliation, souffrance, dispersion et pourrissement du corps sur place et privation de sépulture.

Plusieurs versions de sa capture et des différents supplices, aussi sadiques les uns que les autres, qu'il a subis ou non.

De là il prit la direction du Tanaïs. Là on lui amena Bessos ; non satisfait de l'enchaîner, on l'avait dépouillé de tout ce qui pouvait le couvrir. Spitaménès, qui le tenait, lui avait passé une chaîne autour du cou : Barbares et Macédoniens prenaient un plaisir égal à ce spectacle. Alors Spitaménès :

– Vengeur de mes deux rois, toi et Darius, dit-il, je t'ai amené l'assassin de son maître, et je l'ai pris avec le procédé dont il m'avait donné l'exemple. À ce spectacle, puisse Darius ouvrir les yeux ! Qu'il se dresse des Enfers, lui qui n'a pas mérité le supplice passé, mais qui mérite la consolation présente !

Alexandre félicite vivement Spitaménès ; puis, se tournant vers Bessos :

– Quelle fureur bestiale, dit-il, s'est emparée de ton esprit quand tu as eu le courage d'enchaîner d'abord, d'assassiner ensuite un roi à qui tu devais tant ! Il est vrai que tu t'es déjà récompensé de ce parricide en usurpant le titre de roi.

L'autre n'osa pas se justifier de l'assassinat ; pour le titre de roi, il prétendit ne le porter que pour remettre son peuple à Alexandre ; s'il avait tardé, un autre aurait mis la main sur la royauté. Alors Alexandre fit s'approcher le frère de Darius, Oxathrès, qui était l'un de ses gardes du corps, et il lui fit livrer Bessos : on devait le crucifier et lui couper le nez et les oreilles, puis les Barbares le transperceraient avec des flèches, et garderaient le cadavre afin que même les oiseaux n'y touchassent pas. Oxathrès s'engage à s'occuper de tout. Il ajoute que Catanès est plus qualifié que personne pour tenir les oiseaux à l'écart : il désirait faire voir le talent prodigieux du tireur, car Catanès atteignait son objectif avec tant de sûreté que même les oiseaux ne lui échappaient pas. Peut-être, maintenant, avec la diffusion du tir à l'arc s'étonnerait-on moins de ce talent. Mais, à l'époque, le spectacle parut une merveille prodigieuse, et Catanès en retira beaucoup de considération. Ensuite, tous ceux qui avaient amené Bessos reçurent des gratifications. Mais Alexandre remit son supplice, afin qu'il fût exécuté à l'endroit où, lui-même, il avait tué Darius [34].

Quinte-Curce, VII, 5, 36 – 43.

Bessos, qui s'était proclamé Grand Roi, sacrifia aux dieux et convia ses Amis à un banquet. Au cours de cette beuverie, il se prit de querelle avec l'un de ses compagnons nommé Bagodaras. Leur rivalité s'envenimant, Bessos, saisi de colère, forma le dessein de tuer Bagodaras. Puis, cédant aux conseils de ses Amis, il changea d'avis. Mais, une fois hors de danger, Bagodaras mit la nuit à profit pour se réfugier auprès d'Alexandre. Ce dernier garantit sa sécurité, ce qui, avec l'espoir d'être récompensés par Alexandre, engagea les principaux généraux perses à former une conspiration. Ils se saisirent de Bessos et l'amenèrent à Alexandre. Le roi leur accorda d'importantes récompenses. Il chargea d'autre part le frère et la parenté de Darius du

---

34. En fait son procès se déroula à Bactres pendant l'hiver 329/328 et il fut exécuté à Ecbatane (Quinte-Curce, VII, 10, 10. Arrien, IV, 7, 3).

soin de châtier Bessos. Ceux-ci lui infligèrent toutes les avanies et mauvais traitements possibles. Puis ils coupèrent son corps en petits morceaux qu'ils dispersèrent avec des frondes.

Diodore, XVII, 83, 7 – 9.

Ayant traversé le fleuve Oxos, il marcha en toute hâte là où il savait Bessos installé avec ses troupes. À ce moment-là des messagers vinrent le trouver de la part de Spitaménès et de Dataphernès, pour lui annoncer que, si on leur envoyait une petite troupe avec un chef pour la commander, Spitaménès et Dataphernès arrêteraient Bessos et le livreraient à Alexandre ; ils le gardaient d'ores et déjà sans fers. Lorsqu'il entendit ces propositions, Alexandre fit une pause et conduisit son armée plus lentement. Il envoie Ptolémée fils de Lagos à la tête de trois hipparchies de Compagnons, tous les cavaliers lanceurs de javelots, l'unité d'infanterie de Philotas, une chiliarchie d'hypaspistes, tous les Agrianes et la moitié des archers, en leur donnant l'ordre de rejoindre en toute hâte Spitaménès et Dataphernès. Ptolémée avança conformément aux ordres, couvrit dix étapes en quatre jours et arriva au campement où, la veille, les Barbares de Spitaménès avaient bivouaqué.

Là, Ptolémée apprit que l'idée de livrer Bessos n'était pas très ferme dans la tête de Spitaménès et Dataphernès. Il laissa donc les fantassins, en leur ordonnant de suivre en ordre de bataille, et lui-même s'élança avec les cavaliers. Il parvint au village où se trouvait Bessos avec quelques hommes. Car Spitaménès et ses hommes étaient déjà partis, tout honteux de livrer eux-mêmes Bessos. Ptolémée cerna le village avec ses cavaliers – il y avait en fait une

La capture de Bessos 279

sorte de rempart percé de portes tout autour – et il fit savoir par un héraut aux Barbares du village qu'il les laisserait s'en aller s'ils lui livraient Bessos. Et eux laissèrent entrer les hommes de Ptolémée dans le village. Ptolémée s'empara de Bessos et se retira. Il envoya un courrier au-devant d'Alexandre pour lui demander comment il fallait présenter Bessos au regard d'Alexandre ; celui-ci ordonna de lui présenter Bessos nu, enchaîné dans un carcan et installé sur le côté droit de la route où lui-même et l'armée devaient passer. Et Ptolémée agit ainsi. Alexandre aperçut Bessos, arrêta son char et lui demanda pour quelle raison Darius, ce roi qui était aussi son parent, son bienfaiteur, pour quelle raison il l'avait amené, enchaîné, et finalement exécuté. Bessos répondit qu'il n'avait pas décidé cela tout seul, mais en accord avec des proches de Darius, dans l'espoir d'obtenir d'Alexandre leur salut. Alexandre ordonna alors de lui donner le fouet et il demanda au héraut d'énumérer tout ce que lui-même avait reproché à Bessos pendant qu'il l'interrogeait. Bessos fut ainsi torturé et expédié à Bactres pour être mis à mort. Voilà ce qu'écrit Ptolémée au sujet de Bessos.

Arrien, *Anabase*, III, 29, 6 – 7 ; 30, 1 – 5.

Lorsque plus tard, il eut trouvé Bessos, il le fit écarteler : on courba vers le même point deux arbres droits, et l'on attacha à chacun d'eux une partie du corps de Bessos, et, quand ces arbres furent relâchés, chacun d'eux, en se redressant avec vigueur, emporta la partie qui lui était liée.

Plutarque, 43, 6.

Séquence 29

LA MORT DE KLEITOS LE NOIR

Automne 328

Personnages :

Alexandre en victime inconsolable de ses beuveries.

Kleitos le Noir, son frère de lait, ivre et arrogant.

Ptolémée, Perdiccas, Lysimaque et Léonnatos, les compagnons parmi les convives invités au festin fatidique.

Xénodochos de Cardia, Artémios de Colophon, deux nobles invités.

Cléoménès de Laconie et Aristandros, deux devins.

Aristophanès, un garde du corps.

Erreur irréparable due à l'abus d'alcool et aussi aux non-dits de certains proches d'Alexandre hostiles à sa politique de « persisation ». Lassitude ? Fatigue ? Le dieu vivant n'est plus vénéré, surtout lorsqu'il se comporte comme un ivrogne irresponsable, un humain tombé bien bas. La mort s'approche de lui et tue déjà ses proches.

Ce Kleitos avait, au Granique, protégé de son bouclier le roi qui combattait tête nue, et tranché de son épée la main de Rhosacès qui allait atteindre le roi à la tête : vieux soldat de Philippe et célèbre par maints exploits guerriers. Sa sœur Laniké, autrefois nourrice d'Alexandre, était chérie du roi comme une mère. Pour ces raisons il confia au loyalisme et à la surveillance de Kleitos la partie la plus solide de l'empire. Après avoir reçu l'ordre de préparer son départ pour le lendemain, Kleitos est invité à un festin solennel, qui commença tôt. Là, le roi, échauffé par l'excès de vin, perdit toute mesure dans ses jugements sur lui-même, et se mit à exalter ses exploits : fatigant à entendre, même pour qui avait la conviction qu'il disait vrai. Les plus vieux restèrent silencieux, jusqu'à ce que, commençant à dénigrer les actes de Philippe, il se vantât que l'illustre victoire de Chéronée fût son œuvre, et qu'une si belle gloire lui eût été enlevée par la méchanceté et la jalousie de son père : « Quant à Philippe, à l'occasion d'une révolte qui avait opposé soldats macédoniens et mercenaires grecs, affaibli par une blessure reçue au cours de l'échauffourée, il était resté étendu, ne trouvant plus de sûreté qu'à faire le mort : et lui, Alexandre, il avait couvert de son bouclier le corps inerte, et tué de sa main ceux dont l'assaut menaçait Philippe. Tout cela, jamais son père n'avait consenti à l'admettre, mécontent de devoir son salut à son fils. Aussi, après l'expédition, qu'il avait faite seul, sans Philippe, contre les Illyriens, avait-il écrit, une fois vainqueur, à son père, que l'ennemi était battu et en fuite ; pourtant Philippe n'avait, en aucun point, participé à la lutte. La gloire ? En étaient dignes non ceux qui assistaient aux initiations de Samothrace, à l'heure où il fallait brûler et dévaster l'Asie, mais ceux dont on avait peine à croire les exploits. » Les hommes jeunes eurent plaisir à entendre ces propos et d'autres analogues ; mais leurs aînés en souffraient, surtout à cause de Philippe, sous qui ils avaient vécu plus longtemps ; alors Kleitos, qui, lui aussi avait manqué de sobriété, se tourna vers les convives étendus au-dessous de lui et leur rappela des vers d'Euripide, de façon que le roi pût percevoir un bourdonnement plutôt que des paroles. Le sens en était que blâmable était la coutume grecque d'inscrire sur les trophées le seul nom des rois : ceux-ci captaient une gloire acquise par le sang d'autrui. Bref, le roi, soupçonnant quelque malveillance dans ces propos, interrogea ses voisins immédiats sur ce qu'ils avaient entendu des paroles de Kleitos. Et, pendant qu'ils se taisent obstinément, Kleitos, peu à peu, élève la voix, et vante les actions de Philippe et ses campagnes en Grèce, leur donnant toujours la préférence sur le présent. De là, naquit une dispute entre jeunes et vieux ; et le roi, qui semblait écouter avec patience Kleitos diminuer ses mérites, avait conçu une colère démesurée. Il paraissait pourtant capable de se maîtriser, si Kleitos imposait une fin à cet insolent début ; mais son exaspération augmentait : car l'autre n'omettait rien de tout cela. Et Kleitos, dans son audace, en venait à défendre Parménion, et préférait la victoire de Philippe sur les Athéniens à l'anéantissement de Thèbes : en plus du vin, il cédait à une mesquine agressivité. À la fin :

— Quand il faut mourir pour toi, dit-il, Kleitos est à la première place ; mais, lorsqu'après la victoire tu joues à l'arbitre des récompenses, emportent le principal ceux qui raillent avec le plus d'insolence le souvenir de ton père. À moi tu me décernes la Sogdiane, tant de fois rebelle et qui, province insoumise, est aussi une province indomptable. Je suis livré à des fauves, dont la nature n'est qu'emportement. Mais cela ne touche que moi, passons. Les soldats de Philippe, tu les méprises, et tu oublies que, si le vieil

Atarrhias, ici présent, n'avait pas ramené en ligne les jeunes qui désertaient, nous piétinerions encore autour d'Halicarnasse. Alors, comment as-tu pu dompter l'Asie avec ces petits jeunes ? À mon avis c'est la vérité, l'authentique réflexion que fit ton oncle en Italie : qu'il était tombé sur des hommes, toi sur des femmes.

Des critiques irréfléchies et inconsidérées, dont il le criblait, aucune n'avait blessé Alexandre plus que l'allusion à Parménion, faite en termes élogieux. Néanmoins, il réprima son ressentiment, se bornant à lui ordonner de sortir du banquet. Et il ajouta seulement que, si Kleitos avait parlé plus longtemps, il lui aurait peut-être reproché la vie qu'il lui avait sauvée : car souvent il s'en était insolemment vanté. En même temps, comme l'autre tardait à se lever, ses voisins de lit l'empoignant s'efforçaient, en le blâmant ou en le raisonnant, de le faire sortir. Comme on l'entraînait, Kleitos, en qui la colère s'ajoutait à sa violence de tout à l'heure, s'écrie que de sa poitrine il a protégé le dos du roi : « Maintenant que le temps d'un si grand bienfait s'en est allé, le souvenir même en est odieux ». Il reprochait aussi à Alexandre le meurtre d'Attale et, finalement, raillant l'oracle de Zeus qu'Alexandre revendiquait pour son père, il déclarait que ses paroles au roi contenaient plus de vérité que la réponse paternelle. Le roi avait conçu une colère telle que, dans son état normal, il aurait eu grand peine à la dominer. En réalité, depuis longtemps le vin avait triomphé de sa lucidité, et, tout d'un coup, il sauta de son lit. Stupeur des Amis qui, jetant leurs coupes au lieu de les poser, se dressent, anxieux de voir ce qu'il va faire dans un pareil emportement. Alexandre arrache une lance des mains d'un écuyer ; il essaie d'en transpercer Kleitos, qui persévérait dans sa folle intempérance de langage ; Ptolémée et Perdiccas le retiennent. Ils le tenaient à bras le corps et, bien qu'il s'efforçât de se dégager, gagnaient du temps :

Lysimaque et Léonnatos lui avaient même arraché sa lance. Lui, implorant le loyalisme des soldats, il s'écrie que ses amis intimes se saisissent de lui, comme naguère c'était arrivé à Darius ; il ordonne qu'avec la trompette on les avertisse de se rassembler en armes devant la tente royale. Alors Ptolémée et Perdiccas se jettent à ses genoux, le supplient de renoncer à l'entraînement de la colère et de prendre le temps de réfléchir : il réglera toute l'affaire le lendemain avec plus de justice. Mais il n'entendait rien dans le vacarme de sa colère. Aussi, incapable de se maîtriser, court-il dans le vestibule de sa tente et, arrachant sa lance à une sentinelle, il se poste à la sortie par où nécessairement s'en allaient ses invités. Tous les autres étaient partis ; le dernier, Kleitos, sans lumière, allait sortir. Le roi lui demande qui il est. Et, dans sa voix, perçait l'atrocité criminelle de son dessein ; l'autre, ne se rappelant plus sa colère, mais seulement celle du roi, répondit qu'il était Kleitos et qu'il sortait du banquet. À ces mots Alexandre lui perça le flanc avec sa lance et, arrosé du sang du mourant :

— Maintenant, dit-il, va trouver Philippe, Parménion et Attale.

La nature a mal servi le caractère de l'homme en le laissant d'ordinaire soupeser non l'avenir, mais le passé. C'est ainsi que le roi, une fois son esprit libéré de la colère et son ivresse dissipée, comprit la grandeur de son crime : tardive lucidité. Il avait devant les yeux un cadavre, celui d'un homme qui, en cette affaire, avait poussé jusqu'à l'abus la liberté de langage, mais qui, par ailleurs, était un homme de guerre hors de pair et qui, à le reconnaître sans fausse honte, lui avait sauvé la vie. Roi, il s'était arrogé les atroces fonctions de bourreau, punissant par un meurtre abominable une intempérance de langage, que le vin pouvait excuser. Dans le vestibule entier, coulait le sang du convive de naguère ; les sentinelles, stupéfaites et comme hébétées, montaient la garde à distance, et la solitude accueillait plus de liberté dans le repentir. Il tira donc la lance du cadavre étendu et la retourna contre lui-même ; il allait s'en frapper la poitrine, quand les sentinelles volent à lui et, malgré sa résistance, la lui arrachent des mains ; puis, le soulevant, ils le portent sous sa tente. Il s'était affalé sur le sol et toute la demeure royale retentissait de ses gémissements et de ses plaintes désolées. Ensuite il se labourait le visage avec ses ongles, et il implorait les assistants de ne pas permettre qu'il survécût à un pareil déshonneur. Ces prières se perpétuèrent pendant toute la nuit ; comme il se demandait si la colère des dieux ne l'avait pas poussé à un pareil crime, il se rappela qu'on n'avait pas fait, à la date prévue, le sacrifice annuel à Dionysos : aussi, accompli parmi le vin et la bonne chère le meurtre manifestait-il la colère de ce dieu. D'ailleurs, il était surtout remué par la stupeur de tous ses amis : « Personne n'oserait à l'avenir causer avec lui ; il serait obligé de vivre dans la solitude, comme font les bêtes sauvages, inspirant parfois l'épouvante et parfois ressentant la peur ».

Dès l'aube, il fit porter à l'intérieur de la tente le corps toujours ensanglanté. Quand on l'eut placé devant lui, ses yeux se remplirent de larmes :

– Telle est donc, dit-il, ma reconnaissance envers ma nourrice, dont deux fils, à Milet, sont allés à la mort pour ma gloire ! Voici son frère, seule consolation de sa solitude, et c'est moi qui l'ai tué au cours d'un festin. Où va-t-elle se rendre, la malheureuse ? De tous les siens je suis l'unique survivant, et le seul qu'il lui sera insupportable de voir. Et moi, bandit pour mes sauveurs, à mon retour dans ma patrie je ne pourrai donc pas tendre la main à ma nourrice sans lui remémorer son désastre !

Comme il ne s'arrêtait pas de pleurer et de gémir, ses amis firent enlever le cadavre. Pendant trois jours il resta inerte, claustré. Dès que ses écuyers et ses gardes du corps se furent rendu compte qu'il persévérait dans sa volonté de mourir, tous ensemble ils font irruption dans la tente, et ils triomphèrent de sa longue résistance à leurs prières, obtenant, non sans peine, qu'il prît de la nourriture. Pour diminuer sa honte de l'assassinat, les Macédoniens décrètent que le meurtre de Kleitos est légal ; ils allaient lui refuser la sépulture, si le roi n'avait ordonné qu'on l'enterrât.

Quinte-Curce, VIII, 1, 20 – 52 ; 2, 1 – 12.

Des gens venus de la côte avaient apporté des fruits de la Grèce à Alexandre, qui en admira la fraîcheur et la beauté, et appela Kleitos pour les lui montrer et lui en offrir. Il se trouva qu'à ce moment Kleitos faisait un sacrifice ; il le quitta pour venir auprès du roi, et trois des moutons qui avaient déjà reçu les aspersions rituelles le suivirent. Apprenant cela, Alexandre consulta les devins Aristandros et Cléoménès de Laconie, qui déclarèrent que c'était là un mauvais présage. Alexandre ordonna de faire en toute hâte un sacrifice d'expiation pour le salut de Kleitos, d'autant plus que lui-même, deux nuits auparavant, avait eu en dormant un rêve étrange : il avait cru voir Kleitos assis en vêtements noirs au milieu des fils de Parménion, qui étaient tous morts. Cependant Kleitos n'eut pas plus tôt fait ce sacrifice qu'il se rendit au dîner du roi, qui, lui, avait sacrifié aux Dioscures. Quand la beuverie fut devenue fort animée, on chanta des vers d'un certain Pranichos (ou, selon d'autres, de Piérion), dans lesquels les généraux récemment battus par les Barbares étaient honnis et ridiculisés. Les convives les plus âgés s'en indignèrent et injurièrent à la fois le poète et le chanteur, mais

Alexandre et son entourage, qui prenaient plaisir à entendre le chanteur, lui ordonnèrent de continuer. Alors Kleitos, qui était déjà ivre et dont la nature rude et fière était portée à la colère, se fâcha tout rouge, et dit qu'il était mal d'outrager ainsi, en présence de Barbares et d'ennemis, des Macédoniens qui valaient beaucoup mieux que les rieurs en dépit de leur infortune. Alexandre répondit que Kleitos plaidait sa propre cause en appelant infortune ce qui était lâcheté. Alors Kleitos se mit debout et s'écria :

– C'est pourtant cette lâcheté qui t'a sauvé, toi, le fils des dieux, quand déjà tu tournais le dos à l'épée de Spithridatès, et c'est par le sang des Macédoniens et par ces blessures que tu es devenu grand au point de te prétendre fils d'Ammon et de renier Philippe.

Alexandre fut piqué au vif :

– Ah ! tête maudite, s'écria-t-il, voilà bien les propos que tu ne cesses de tenir sur mon compte pour diviser les Macédoniens ; crois-tu que tu auras lieu de t'en réjouir ?

– Mais dès maintenant, réplique Kleitos, nous n'avons pas lieu de nous réjouir d'être ainsi payés de nos peines, et nous envions le bonheur de ceux qui sont morts avant de nous voir, nous Macédoniens, déchirés par les bâtons des Mèdes et obligés de supplier des Perses pour avoir accès auprès de notre roi !

Entendant ces paroles hardies, les amis d'Alexandre se lèvent en face de Kleitos et le chargent d'injures, tandis que les plus âgés s'efforcent d'apaiser le tumulte, et qu'Alexandre, se tournant vers Xénodochos de Cardia et Artémios de Colophon, leur dit :

– N'avez-vous pas l'impression que les Grecs qui vivent au milieu des Macédoniens sont comme des demi-dieux parmi des bêtes sauvages ?

Loin de céder, Kleitos somma Alexandre de dire devant toute la compagnie ce qu'il entendait par là, ou bien de ne pas inviter à sa table des hommes libres ayant leur franc-parler et de ne fréquenter que des Barbares et des esclaves, qui se prosterneront devant sa ceinture perse et sa tunique blanche. Alexandre, ne pouvant plus maîtriser sa colère, prend une des pommes qui étaient sur la table, la lui lance et l'en frappe, puis cherche son épée. Mais un des gardes du corps, Aristophanès, s'était hâté de la lui enlever. Les autres entourent le roi et le supplient, mais lui se lève d'un bond, se met à crier et appelle à lui ses hypaspistes en langue macédonienne, ce qui était le signe chez lui d'un grand trouble. Puis il ordonne au trompette de sonner l'alarme, et, comme celui-ci tarde et refuse, il le frappe à coups de poing. Cet homme fut par la suite tenu en haute estime, parce qu'il avait contribué plus que personne à empêcher que le tumulte ne gagnât tout le camp. Kleitos ne voulant toujours pas se calmer, ses amis le poussèrent à grand-peine hors de la salle. Mais il s'efforça d'y rentrer par une autre porte en récitant avec autant d'impertinence que d'audace ces iambes de l'*Andromaque* d'Euripide :

– « Las ! Comme il règne en Grèce un usage funeste ! »

Alors Alexandre, saisissant la lance d'un de ses gardes, au moment où Kleitos approchait de lui en écartant le rideau tendu devant la porte, le perça de part en part. Kleitos s'abattit en gémissant et en hurlant. Aussitôt la colère du roi l'abandonne. Il revient à lui, et, voyant ses amis immobiles et silencieux, il se précipite pour arracher la lance du cadavre et il tente de s'en frapper le cou, mais on l'en empêche. Les gardes du corps lui saisissent les mains et le portent de force dans sa chambre.

Alexandre passa la nuit à pleurer amèrement et, le jour suivant, ayant perdu la voix à force de crier et de se lamenter, il resta couché en poussant de profonds gémissements. Ses amis, alarmés de son silence, entrèrent de force dans sa chambre. Il ne voulut pas les écouter ; il ne prêta attention qu'au devin Aristandros. Celui-ci lui rappela la vision qu'il avait eue au sujet de Kleitos, ainsi que le présage, signes que ces événements étaient depuis longtemps fixés par le destin ; il parut alors se calmer.

Plutarque 50, 3 – 52, 2.

Séquence 30

LE MARIAGE AVEC ROXANE

Hiver 328

Personnages :

Alexandre en fin politique qui n'en est pas moins homme, envoûté par la beauté d'une jeune princesse iranienne.

Roxane, La Resplendissante (*Raoxsna* = lumière) la belle et jeune princesse iranienne.

Oxyartès, noble bactrien, père de Roxane. Il fut l'homme de confiance de Bessos, avant de se ranger aux côtés d'Alexandre.

Iraniens et Macédoniens témoins de l'union symbolique de leurs deux peuples au cours d'un festin somptueux offert par le père de la mariée.

Instants solennels dignes de *Gala*. La rencontre fortuite, le coup de foudre, la décision prise sur le champ de s'unir pour le meilleur et pour le pire de l'Europe et de l'Asie. Liesse et bonheur des têtes couronnées mêlées à la piétaille fascinée.

De là il parvint dans une région soumise à l'autorité d'un satrape bien connu, Oxyartès ; celui-ci se remit à la discrétion du roi. Alexandre lui rendit son gouvernement et se contenta d'exiger que deux de ses trois fils prissent du service sous ses ordres. Le satrape lui remit aussi celui qui devait rester avec lui. Il avait mis une opulence de Barbare à organiser un festin où le roi était son invité. Il présidait le repas avec une grande magnificence, quand il fit entrer 30 jeunes filles nobles. L'une d'elles était sa propre fille, Roxane, d'une beauté sans égale et d'une élégance d'attitude rare chez les Barbares. Elle s'était avancée parmi un choix de beautés, mais c'est vers elle que tous tournèrent leurs regards, surtout le roi, déjà moins maître de ses passions parmi les faveurs de la Fortune, dont l'humanité ne se méfie pas assez. Aussi lui qui, voyant l'épouse de Darius, voyant ses deux jeunes filles auxquelles, pour la beauté, l'on n'aurait pu comparer personne sauf Roxane, n'avait eu que des sentiments de père, se laissa-t-il si bien aller à son amour pour cette petite jeune fille, sans naissance par rapport à une ascendance royale, qu'il déclara essentiels pour affermir son empire des mariages entre Perses et Macédoniens : « Pas d'autre moyen capable d'enlever leur honte aux vaincus, leur orgueil aux vainqueurs. Achille aussi, dont précisément il tirait son origine, avait eu commerce avec une captive [35] ; l'on ne devait pas croire qu'il attentait à son honneur : il voulait s'unir à elle par un mariage légal. » Le père entendit ces paroles avec la joie d'un bonheur inattendu, et le roi, dans toute la flamme de son désir, fit apporter le pain, selon la coutume de chez lui ; c'était là chez les Macédoniens le symbole le plus sacré de l'union charnelle ; on le partageait avec une épée, et

---

35. Briséis qu'il reçut en butin et qu'Agamemnon lui ravit, ce qui provoqua la fameuse colère d'Achille.

Le mariage avec Roxane

chaque époux y goûtait. Je crois que ceux qui ont donné ses mœurs à cette nation ont voulu, par cet aliment simple et usuel, montrer à ceux qui fondaient un foyer le peu dont ils devaient se satisfaire. De la sorte, le roi de l'Asie et de l'Europe s'unit en mariage à une femme, qui lui fut présentée au nombre des attractions d'un festin ; une captive allait lui donner l'enfant qui commanderait aux vainqueurs [36]. Ses amis avaient honte de ce que, en train de boire et de manger, il se fût choisi un beau-père parmi des gens qui avaient capitulé. Mais, depuis le meurtre de Kleitos, la franchise avait disparu : ils approuvaient du visage, qui est, chez l'homme, ce qu'il y a de plus servile.

Quinte-Curce, VIII, 4, 21 – 30.

36. Enceinte à la mort d'Alexandre en 323, elle donnera naissance à un fils, Alexandre IV, protégé par Olympias. Roxane sera mise à mort, ainsi que son fils, par Cassandre, le fils d'Antipater, vers 310. Après la mort d'Alexandre, Cassandre règnera sur la Macédoine et la plus grande partie de la Grèce et sera aussi responsable de la mort d'Olympias. Alexandre épousera également Stateira, la fille de Darius à Suse en même temps que Parysatis, la fille d'Artaxerxès III. Stateira sera étranglée sur l'ordre de Roxane et de Perdiccas après la mort d'Alexandre. A ses trois épouses, s'ajoute Barsine, fille d'Artabaze qui lui donnera un fils, Héraclès.

Séquence 31

LE COMPLOT DES PAGES

Printemps 327

Personnages :

Alexandre, faisant halte à Bactres, exaspéré de découvrir que l'opposition à sa politique d'intégration et à son culte de la personnalité s'étend et se manifeste encore.

Cléon, flatteur macédonien.

Callisthène, originaire d'Olynthe, détruite en 347 par Philippe, neveu d'Aristote et historiographe d'Alexandre.

Polypercon, Macédonien railleur.

Hermolaüs, page royal. Il fait partie de la haute noblesse macédonienne et est entré à la cour entre 13 et 15 ans pour servir le roi.

Sopolis, officier de la cavalerie des Hétaïres et père d'Hermolaüs.

Sostrate, page royal amant d'Hermolaüs.

Nicostrate, Antipater, Asclépiodore, Philotas, fils du Thrace Karsis, **Anticlès**, fils de Théocritos, **Élaptonios, Épiménès**, fils d'Arséas, les autres pages royaux compromis dans la tentative d'assassinat.

Euryloque, frère d'Épiménès.

Ptolémée et **Léonnatos**, en gardes du corps.

Les mécontents grondent et à nouveau Alexandre va perdre un proche qui le lâche, et non des moindres, un de ses biographes. Le récit de *L'histoire d'Alexandre* de Callisthène s'arrêtera là faute d'auteur.

Quand tout fut préparé, il estima le moment venu pour une folie, qu'il avait autrefois projetée, et il se mit à réfléchir aux moyens de recevoir les honneurs divins. Il ne voulait pas seulement qu'on l'appelât, mais bien qu'on le crût fils de Zeus, comme s'il pouvait commander aux âmes aussi bien qu'aux langues, et il ordonna que, tout comme des Perses, les Macédoniens le saluassent en l'adorant prosternés contre terre.

Donc, un jour de fête, le roi fait préparer un banquet aussi somptueux que possible, pour y convier, en plus de ses principaux amis macédoniens et grecs, l'aristocratie des ennemis. Il s'installa parmi eux, mais, après un bref repas, il quitta le festin. Cléon, selon un plan préétabli, se lança dans un discours admiratif sur les mérites du roi ; puis, il passa en revue ses bienfaits, dont on ne pouvait le remercier qu'en reconnaissant publiquement en lui une divinité qui ne leur échappait pas : au prix d'un peu d'encens, ils s'acquitteraient de si grands mérites. Si les Perses adoraient leurs rois au nombre des dieux, ce n'était pas piété seulement, mais sagesse ; car la majesté du pouvoir garantissait le salut individuel. Hercule même et Liber le Vénérable n'avaient pas eu la consécration divine avant d'avoir vaincu la jalousie des hommes de leur temps : à propos de chacun, la postérité ne croyait qu'autant qu'elle avait la garantie des contemporains. Si tous les autres hésitent, lui seul, quand le roi entrera au festin, se prosternera à ses pieds : « mais les autres devaient l'imiter, et d'abord ceux qui avaient la sagesse en partage : à eux en effet de montrer l'exemple d'un culte adressé aux rois ».

Fort ouvertement, ce discours visait Callisthène. Le sérieux de l'homme et sa franchise décidée étaient mal vus du roi, comme si, seul, il retardait les Macédoniens prêts à une telle flatterie. Alors, dans le silence, et sous les regards de tous qui se concentraient sur lui, Callisthène dit :

– Si tu avais parlé en présence du roi, on n'aurait à coup sûr besoin de personne pour te répondre ; lui-même, en effet, te demanderait de ne pas le contraindre à s'avilir en des coutumes importées et étrangères et, par ce genre d'adulation, de ne pas attirer la haine sur le rare bonheur de ses actes. Mais, en son absence, je te réponds, moi, à sa place : il n'y a pas de fruit à la fois durable et précoce ; et les honneurs célestes, tu ne les donnes pas au roi, tu les lui ôtes. Car il faut du temps pour qu'on admette une divinité, et toujours c'est la postérité qui rend aux grands hommes ce témoignage de reconnaissance. Pour ma part, je souhaite au roi une immortalité tardive, et que sa vie soit longue et sa majesté éternelle. La divinisation suit quelquefois la vie d'un homme, mais jamais ne va de pair avec elle. À l'instant, tu nous citais Hercule et Liber le Vénérable comme exemples d'une immortalité octroyée. Crois-tu qu'ils sont devenus dieux par l'unique décision d'un banquet ? La Nature les a écartés de la vue des mortels avant que la renommée les élevât au ciel. Allons donc ! Toi et moi, Cléon, nous faisons des dieux ! C'est nous qui allons octroyer au roi la garantie de sa divinité ! Il me plaît d'éprouver ta puissance : fais donc quelqu'un roi, toi, qui peux faire un dieu. Il est donc plus facile de donner le ciel que l'Empire ? Puissent les dieux favorables avoir entendu sans jalousie les paroles de Cléon, et permettre aux événements de suivre le cours qui, jusqu'ici, les a portés. Qu'ils veuillent que nos coutumes nous suffisent ! Je ne rougis pas de ma patrie, et je n'ai pas de leçons à recevoir des vaincus sur la manière dont je dois, moi, honorer mon roi ; je leur abandonne la victoire, si c'est d'eux que nous tenons les lois qu'il nous faut observer.

L'auditoire écoutait favorablement Callisthène comme le champion de la liberté publique. Outre l'adhésion muette, il avait suscité des paroles d'approbation, surtout de la part des anciens, à qui il était pénible de changer leurs habitudes pour adopter une coutume étrangère. Or le roi n'ignorait aucun des arguments, qui s'étaient affrontés, car il était là, derrière le rideau dont il avait fait entourer les lits. D'où ce message à Agis et à Cléon : l'entretien terminé, ils laisseraient les seuls Barbares se prosterner selon leur coutume nationale, quand il entrerait ; et peu après, comme s'il venait de régler des affaires d'un intérêt supérieur, il regagna le festin. Comme les Perses l'adoraient, Polypercon qui avait la place au-dessus du roi, se moqua de l'un d'eux, dont le menton touchait la terre et l'exhorta à heurter le sol avec plus de force ; il provoqua la colère qu'Alexandre, depuis longtemps, était incapable de contenir.

— Toi donc, lui dit Alexandre, tu ne m'adores pas ? À toi seul nous paraissons mériter la raillerie ?

Polypercon répondit que ni le roi ne méritait la raillerie ni lui le mépris. Le roi alors l'arrache de son lit, le jette à terre ; et comme l'autre était tombé sur le visage :

— Eh bien, dit-il, tu as fait exactement ce dont tu viens de rire à propos d'autrui.

Et, après avoir donné ordre de l'emprisonner, il mit fin au banquet.

En vérité, Polypercon finit, après une longue punition, par obtenir son pardon ; mais, envers Callisthène, que son esprit de résistance avait, depuis longtemps, rendu suspect, la colère d'Alexandre fut plus tenace. L'occasion de la satisfaire s'offrit sans retard. C'était, comme nous l'avons dit ci-dessus, une coutume de l'aristocratie macédonienne de remettre au roi ses fils au moment de leur formation, pour des fonctions assez peu dissemblables de ce que les esclaves ont à faire. Ils montaient la garde, la nuit, par roulement, à la porte de la demeure où le roi reposait ; c'est eux qui introduisaient les concubines par une autre entrée que celle où se trouvait le poste militaire. Ils recevaient les chevaux des mains des palefreniers, et les approchaient du roi quand il allait monter ; ils l'accompagnaient aussi à la chasse, au combat, car ils possédaient à fond tous les arts de chevalerie. On considérait comme leur privilège essentiel le droit de manger, assis, avec le roi. Lui seul, il avait le pouvoir d'user contre eux de châtiments physiques. Leur corps a constitué chez les Macédoniens une sorte de pépinière d'officiers et de préfets ; de là provinrent plus tard ces rois, dont la descendance, bien des années après, disparut devant la puissance de Rome.

Or, comme Hermolaüs, enfant de grande famille, qui appartenait au corps des pages royaux, avait atteint le premier un sanglier que le roi avait l'intention de tuer, il fut fouetté sur son ordre ; fort sensible à cette humiliation il alla pleurer auprès de Sostrate. Celui-ci appartenait au même corps, et avait pour lui une passion ardente. Voyant déchiré un être pour lequel il se mourait d'amour, et ayant peut-être quelque autre raison ancienne d'en vouloir au roi, après engagements réciproques il poussa le jeune homme, déjà spontanément irrité, à comploter avec lui l'assassinat du roi. Et ils menèrent leur affaire sans enfantine irréflexion, car ils choisirent avec habileté ceux qu'ils s'adjoindraient pour leur crime. Ils élurent comme complices Nicostrate, Antipater, avec Asclépiodore et Philotas ; par leur intermédiaire, ils recrutèrent Anticlès, Élaptonios et Épiménès. Mais, pour réaliser leur dessein, la route qui s'ouvrait à eux n'était pas facile : il fallait que, la même nuit, tous les conjurés fussent de garde, de façon à ne pas être entravés par des gens étrangers au projet ; or le hasard voulait qu'ils eussent à veiller alternativement. Ils perdirent donc trente-deux jours à modifier le tour de garde, et à mettre au point le reste des préparatifs. Enfin arrivait la nuit où les conjurés devaient être de garde ensemble ; ils étaient heureux de leur loyauté réciproque, dont tant de jours avaient apporté la preuve : la crainte ni l'espoir n'avaient transformé aucun d'eux ; si grande fut chez tous la haine envers le roi ou la loyauté des uns pour les autres ! Ils étaient donc debout à la porte de l'appartement où le roi dînait, afin de le ramener dans sa chambre à sa sortie du festin. Mais le bonheur du roi, en même temps que la gaieté des convives, amena tout le monde à de plus généreuses libations ; puis les « jeux de la table » firent durer le repas : les conjurés tantôt se félicitaient de ce que le roi serait assoupi au moment de l'agression, tantôt s'inquiétaient, par crainte que le festin ne traînât jusqu'au jour. Car, à l'aube, d'autres devaient prendre la garde à leur place, leur tour à eux ne revenant que dans huit jours ; et ils ne pouvaient espérer que tous resteraient fidèles jusqu'à ce moment-là.

Mais, comme le jour paraissait déjà, le banquet prit fin ; le roi se remit aux mains des conjurés, joyeux que l'occasion s'approchât de perpétrer le crime ; c'est alors qu'une femme, d'esprit, à ce qu'on crut, prophétique, et qui vivait constamment chez le roi – car on croyait qu'une force lui faisait prédire l'avenir – non seulement croisa Alexandre qui s'en allait, mais lui barra, le passage ; son regard et ses yeux trahissaient son agitation intérieure, et elle lui conseilla de retourner au festin. Lui, pour plaisanter, répondit que les dieux lui donnaient un bon conseil et, rappelant ses amis, il allongea le festin jusqu'aux environs de la deuxième heure du jour. Déjà c'était le tour d'autres factionnaires du corps des pages ; ils allaient prendre la garde à la porte de la chambre ; pourtant les conjurés restaient à leur place, bien que leur service fût terminé : si opiniâtre est l'espoir, quand l'esprit humain s'en est repu. Le roi, avec des paroles plus bienveillantes que jamais, les invita à aller se reposer, puisqu'ils avaient passé toute la nuit debout. Chacun d'eux reçut 50 sesterces, et ils furent félicités d'avoir continué à veiller, même après leur tour. Eux, déçus dans leur grand dessein, ils rentrent chez eux ; et tous attendaient la nuit où ils seraient de garde : seul Épiménès, subitement transformé par l'amabilité avec laquelle le roi l'avait distingué, lui, parmi les conjurés, ou encore parce qu'il croyait que les dieux faisaient obstacle au projet, découvrit ce qui se tramait à son frère Euryloque, que, jusqu'alors, il avait voulu exclure de la conjuration. Tous avaient devant les yeux le supplice de Philotas. Aussi Euryloque se saisit-il immédiatement de son frère ; il arrive à la tente du roi, réveille les gardes du corps, affirme que ce qu'il apporte intéresse la sécurité du roi. Le moment auquel ils étaient arrivés, leurs visages qui reflétaient l'agitation de leur cœur, le chagrin de l'un des deux frères alarmèrent Ptolémée et Léonnatos qui veillaient au seuil de la chambre. Aussi, ouvrant les battants et apportant de la lumière, ils réveillent le roi alourdi par le vin et le sommeil. Reprenant peu à peu ses esprits, il leur demanda quelle nouvelle ils apportaient. Sans tergiverser, Euryloque lui dit que sa maison n'est pas complètement abandonnée des dieux, puisque son frère, qui pourtant avait osé un crime impie, en manifestait le repentir et avait choisi son intermédiaire pour une révélation spontanée : un complot avait été organisé pour la nuit qui venait de finir ; ce projet criminel avait pour auteurs ceux que le roi suspectait le moins.

Alors Epiménès révèle l'affaire point par point, ainsi que les noms des conjurés. À coup sûr, Callisthène n'avait pas été indiqué comme complice du crime, mais il était certain qu'il prêtait une oreille complaisante aux critiques et aux griefs formulés par les jeunes gens contre le roi, au cours de leurs conversations. Certains ajoutent qu'entendant Hermolaüs se plaindre à lui des coups reçus Callisthène les avait invités à se rappeler qu'ils étaient déjà des hommes ; on ne peut préciser si ces paroles visaient à consoler des coups endurés, ou à exciter la rancœur des jeunes gens. Alexandre, qui avait secoué le sommeil de son corps et de son esprit, évoqua l'image du grand péril auquel il avait échappé, et immédiatement il gratifia Euryloque de 50 talents et de l'opulente fortune d'un nommé Tiridate ; et il n'attendit pas qu'il l'en priât pour lui accorder la grâce de son frère. Quant aux auteurs du forfait, y compris Callisthène, il ordonne qu'on les garde enchaînés. Une fois qu'on les eut conduits dans sa tente, il passe, la journée entière et la nuit suivante, alourdi par le vin et les veilles, à se reposer. Le lendemain, il réunit un conseil nombreux, auquel participaient les pères et les proches des inculpés, peu sûrs eux-mêmes de leur salut : car la coutume macédonienne exigeait leur mise à mort, vu qu'elle vouait à la peine capitale tous les individus qui, par le sang, se trouvaient toucher aux conjurés. Le roi fit introduire les accusés, à l'exception de Callisthène ; sans hésiter, ils reconnurent leurs desseins. De toute part, on les prend à partie, et le roi en personne leur demande ce qu'il avait fait qui justifiât le crime monstrueux projeté par eux contre lui.

Devant la stupeur de tous les autres, Hermolaüs parla :

– Oui, puisque tu le demandes, comme si tu ne le savais pas, nous avons formé le projet de te tuer parce que tu as substitué, à une royauté sur des hommes libres, un despotisme sur des esclaves.

Alors, avant tout autre, son propre père, Sopolis, s'écriant qu'il assassine son père, se dresse et, lui mettant la main devant la bouche, affirme qu'il ne faut pas écouter plus longtemps un individu qu'égarent son crime et ses souffrances. Le roi arrête le père, et ordonne à Hermolaüs de répéter la leçon de son maître Callisthène.

– J'use, dit alors Hermolaüs, de ta bienveillance et je répète la leçon, celle de nos malheurs. Combien y a-t-il de Macédoniens qui survivent à ta cruauté ? Combien ? J'entends : à l'exclusion de la populace. Attale, Philotas, Parménion, Alexandre Lynceste et Kleitos, pour ce qui est de l'ennemi, ils vivent, se battent à leur rang, te protègent de leurs boucliers et reçoivent des blessures pour ta gloire, pour la victoire : tu les as merveilleusement récompensés. L'un a arrosé ta table avec son sang ; un autre eut à subir plusieurs morts ; des généraux de tes armées, placés sur le chevalet, ont servi de spectacle aux Perses, qu'ils avaient vaincus. Parménion, sans pouvoir se défendre, a été assassiné ; de sa main tu avais fait périr Attale : car, alternativement, tu utilises le bras de ces malheureux pour exécuter tes hautes œuvres et, peu après t'être servi d'eux pour commettre tes crimes, tu les fais tout à coup assassiner par d'autres.

Éclatent tout aussitôt des cris unanimes qui interrompent Hermolaüs ; son père avait tiré l'épée fatale, et sans aucun doute il allait le frapper, si le roi ne l'avait retenu ; il ordonna en effet à Hermolaüs de parler, et demanda qu'on l'entendît avec patience accroître les raisons qu'on avait de l'exécuter. Une fois le calme péniblement revenu, Hermolaüs reprit :

— Que tu es généreux d'autoriser à se défendre des enfants sans expérience de la parole ! En revanche, une prison enferme la voix de Callisthène ; car il est le seul capable de parler. En effet pourquoi ne comparaît-il pas, quand on entend même ceux qui ont fait des aveux ! C'est que tu crains d'entendre la libre voix d'un innocent, et son regard t'est insoutenable. Or j'affirme qu'il n'a rien fait. Voici ceux qui, avec moi, ont eu ce projet magnifique : aucun ne saurait dire que Callisthène ait été notre complice, bien qu'il y ait longtemps que le plus juste, le plus compréhensif des rois ait résolu de le tuer. Voilà donc ta façon de récompenser les Macédoniens, dont tu prodigues le sang, marchandise commune et à bon marché ! Mais, pour toi, il y a 30 000 mulets qui portent, captif, l'or de l'ennemi, alors que tes soldats ne ramèneront rien à la maison, sauf des cicatrices gratuites. Tout cela nous avons pu l'endurer avant que tu nous aies livrés aux Barbares, et que tu aies innové en envoyant les vainqueurs sous le joug. Le costume, la civilisation perse t'enchantent, tu as pris haine pour les mœurs de la patrie. Nous avons donc voulu tuer le roi des Perses, et non celui des Macédoniens. Tu es un déserteur, nous te poursuivons de par la loi de la guerre. C'est toi qui as voulu que les Macédoniens s'agenouillent devant toi et t'adorent comme un dieu ; c'est toi qui désavoues Philippe pour ton père ; et si quelque dieu avait rang avant Zeus, tu mépriserais même Zeus ! Tu t'étonnes que ton orgueil nous soit insupportable, à nous, hommes libres ? Qu'espérons-nous de toi, nous qu'attend ou bien la mort, quoique innocents, ou — ce qui est plus lugubre que la mort — une vie d'esclaves ? Quant à toi, si tu peux te corriger, tu me dois beaucoup. Le premier en effet je t'ai enseigné ce que des hommes nés libres sont incapables de subir. Pour tous les autres, pitié !

N'accable pas de supplices des vieillards, désormais sans enfants par ta faute. Nous, fais-nous exécuter, afin que notre mort nous octroie ce que nous avons demandé à la tienne.

Voilà ce que dit Hermolaüs.

Le roi :

— La fausseté de ce qu'il vient de dire sous l'inspiration de son maître, ma patience vous l'a révélée. Il a reconnu le pire des crimes : pourtant, non seulement je l'ai écouté, moi, mais j'ai exigé que vous l'écoutiez, bien persuadé, en autorisant ce bandit à parler, qu'il manifesterait la rage dont l'impulsion l'a incité à m'assassiner, moi qu'il devait révérer tel un père. Récemment, comme il avait eu à la chasse une attitude insolente, je l'ai fait punir selon la coutume nationale, appliquée par les plus anciens des rois de Macédoine. Ces châtiments sont une nécessité ; les pupilles les endurent de leurs tuteurs, les épouses de leurs maris ; nous autorisons même les esclaves à fouetter les enfants de cet âge. Voilà quelle fut ma cruauté à son égard, et il a voulu s'en venger par un meurtre abominable. Vous connaissez ma douceur pour tous ceux qui ne m'obligent pas à sortir de mon naturel : inutile d'insister. Que le supplice des parricides n'ait pas l'approbation d'Hermolaüs, puisque c'est celui qu'il a mérité, par Hercule je n'en suis nullement étonné. Car, lorsqu'il loue Parménion et Philotas, il sert sa propre cause. Quant à Alexandre Lynceste, qui a deux fois attenté à ma vie, je l'ai absous malgré un double témoignage ; bien qu'il eût été convaincu une nouvelle fois, je me suis abstenu pendant trois ans jusqu'à ce que vous, vous demandiez qu'enfin un supplice mérité lui fît expier son crime. Attale ? vous vous rappelez son hostilité à ma personne avant que je fusse roi. Pour Kleitos, que m'a-t-il obligé de m'irriter contre lui ! Or j'ai supporté ses propos téméraires, insultants pour vous et pour moi, plus longtemps qu'il ne les eût supportés de ma part. La clémence des rois et des chefs n'est pas fonction de leur seul caractère, mais aussi du caractère de ceux qui obéissent. La déférence adoucit le pouvoir, mais, dès que le respect est sorti des cœurs et que, grandeur et humilité, nous mêlons tout, nous avons besoin de la force pour repousser la force. Mais pourquoi m'étonner qu'il ait blâmé ma cruauté, quand il a osé me reprocher ma cupidité ? Je ne veux pas vous prendre à témoins un par un, pour ne pas rendre odieuse à moi-même ma libéralité, en la rendant pénible à votre amour-propre. Considérez l'armée dans son ensemble : tout à l'heure elle n'avait que ses armes, maintenant elle couche dans des lits d'argent ; les tables ploient sous l'or ; les soldats emmènent des troupeaux d'esclaves ; les dépouilles de l'ennemi, ils n'en peuvent soutenir le poids ! Mais il paraît que j'honore beaucoup les Perses, que nous avons vaincus ! Vraiment, je donne une preuve indiscutable de mesure en n'exerçant pas, même sur des vaincus, une orgueilleuse autorité. Je suis venu en Asie non pour détruire la structure des États, ni pour faire de la moitié du monde un désert, mais pour que ceux que j'ai soumis militairement n'aient pas à regretter ma victoire. Aussi se battent à vos côtés et, pour votre empire, répandent leur sang des hommes qui, traités tyranniquement, se seraient révoltés. La possession n'est pas durable, où nous mène le glaive ; mais la reconnaissance des bienfaits est éternelle. Si nous voulons posséder l'Asie au lieu de la traverser simplement, ces gens-là doivent avoir leur part de notre clémence : c'est leur loyalisme qui assoira mon empire pour l'éternité. Et certes, notre avoir surpasse notre capacité. L'on ne connaît pas d'arrêt dans la cupidité, quand on veut remplir davantage ce qui déborde déjà. Pourtant, dit-on, je communique les mœurs des vaincus aux Macédoniens. Certes je vois, en bien des nations, des coutumes qu'il n'y a pas à rougir d'imiter et, pour gouverner comme il faut un si grand empire, nul autre moyen que d'être à la fois leurs modèles et leurs disciples. Il y avait presque de quoi rire, quand Hermolaüs m'a demandé de renier Zeus, qui me reconnaît par son oracle. Les réponses des dieux aussi dépendent-elles de moi ? Il m'a offert le titre de fils : l'accepter ne fut pas nuisible à l'exécution de nos entreprises. Puissent les Indiens aussi me croire un dieu ! Car, dans les guerres, tout est fonction de la renommée ; et souvent, même une croyance erronée a tenu lieu de vérité. Et pensez-vous que c'est par un penchant au faste que j'ai orné vos armes d'or et d'argent ? À des gens pour qui rien n'est plus ordinaire que ces métaux, j'ai voulu montrer que les Macédoniens, qui ont triomphé de tout le reste, triomphent même de l'or. Donc, je surprendrai d'abord les yeux de ces gens, qui comptent ne trouver chez nous que pauvreté et indigence, et puis je leur apprendrai que nous ne venons pas par désir d'or ou d'argent, mais pour soumettre le monde. Cette gloire, tu as voulu, parricide ! Y couper court et, après la disparition de leur roi, livrer les Macédoniens aux nations soumises. Maintenant, tu m'invites à épargner vos parents. Mieux vaudrait que vous ignoriez ce que j'ai décidé à leur sujet : la mort vous serait d'autant plus lugubre – si vous avez de vos parents le souvenir et le souci ; mais depuis longtemps j'ai supprimé la coutume dont tu parles, de tuer, avec les coupables, leurs parents et leurs proches s'ils sont innocents ; et j'annonce que tous ils garderont les privilèges qu'ils ont eus. Pour ton Callisthène – le seul à qui tu paraisses un homme, parce que tu es un bandit – je sais pourquoi tu veux qu'il comparaisse : afin qu'en face de ce public les insultes que tu viens de me lancer recommencent, prononcées par celui de qui tu les as entendues. S'il était Macédonien je l'aurais fait citer avec toi, maître bien digne du disciple que tu es ; en fait, pour un Olynthien, la législation est différente.

Ensuite il renvoya l'assemblée et fit livrer les condamnés aux hommes du même corps. Ceux-ci, pour que leur cruauté prouvât au roi leur loyalisme, les tuèrent dans les supplices. Callisthène aussi périt torturé : il était innocent du complot ourdi contre la vie du roi, mais il n'était pas fait pour les façons de la cour et des flatteurs. Aussi nul autre meurtre ne suscita chez les Grecs plus de haine contre Alexandre ; car cet homme de mœurs et de culture parfaites, qui l'avait rappelé à la vie quand, après l'assassinat de Kleitos, il s'obstinait à mourir, il ne lui avait pas suffi de le tuer, il l'avait mis à la torture, sans même le laisser se défendre : cruauté que suivit un tardif repentir.

Quinte-Curce, VIII, 5, 5 – 8, 23.

Personne ne sait vraiment quelle fut la fin de Callisthène.

En ce qui concerne la mort de Callisthène, les uns disent qu'il fut pendu par ordre d'Alexandre, les autres qu'il fut enchaîné et mourut de maladie. Quant à Charès, il rapporte qu'après son arrestation il fut gardé enchaîné pendant sept mois pour être jugé dans le Conseil [37] en présence d'Aristote, mais qu'au moment où Alexandre fut blessé dans l'Inde [38], il mourut d'une excessive obésité et de la maladie pédiculaire.

Plutarque, 55, 9.

37. La Ligue de Corinthe.
38. Fin 327, Alexandre fut blessé deux fois en Inde.

Séquence 32

L'INDE MYSTÉRIEUSE

Été 327 au printemps 326

Personnages :

Alexandre, fasciné par ce pays à la faune, à la flore et à la population si étranges. Traversant l'Indus, c'est un chevalier philosophe qui pénètre au pays des merveilles.

Les gymnosophistes, les Brahmanes nus aux paroles pleines de sagesse.

Ptolémée, fils de Lagos.

Dandamis, gymnosophiste.

Calanos, à 73 ans, (Diodore XVII, 107, 2) gymnosophiste vivant à la cour de Taxile, roi de Taxila, important centre religieux. Le Brahmane décidera de suivre Alexandre jusqu'à Babylone.

Onésicrite d'Astypalée, compagnon d'Alexandre, philosophe de l'école de Diogène le Cynique[39]. Excellent marin, il sera le pilote

---

39. Alexandre rencontra le philosophe « habitant dans un tonneau » au début de son expédition : « Les Grecs assemblés à l'Isthme décidèrent par un vote de se joindre à Alexandre pour faire campagne contre la Perse et le proclamèrent chef de l'expédition. A cette occasion, un grand nombre d'hommes

du bateau royal et le chef pilote de l'expédition nautique commandée par Néarque. Il écrira une *Éducation d'Alexandre* qui ne nous est pas parvenue. Il est cité par Arrien et Plutarque.

Quizz surréaliste, sage suicide et nuit d'enfer.

Les gymnosophistes avaient été les principaux instigateurs de la révolte de Sabbas [40] et ils avaient causé beaucoup de maux aux Macédoniens. Il en prit dix qui étaient renommés pour l'habileté et la concision de leurs réponses. Il leur proposa des questions insolubles, en les avertissant qu'il ferait mourir le premier qui aurait mal répondu, et les autres à la suite ; comme juge, il désigna le plus vieux. Il demanda au premier quels étaient à son avis les plus nombreux, des vivants ou des morts :
– Les vivants, répondit-il, puisque les morts ne sont plus.

politiques et de philosophes vinrent le saluer et le féliciter. Il pensait que Diogène de Sinope, qui séjournait à Corinthe, en ferait autant. Mais comme celui-ci se souciait fort peu d'Alexandre et restait tranquillement au Cranéion (faubourg de Corinthe), il se rendit lui-même auprès de lui. Il le trouva couché au soleil. Diogène, voyant tant d'hommes venir à lui, se souleva légèrement et fixa ses regards sur Alexandre, qui le salua et lui adressa la parole pour lui demander, s'il avait besoin de quelque chose. " Oui, répondit le philosophe, ôte-toi un peu de mon soleil ". Ces mots, dit-on, frappèrent Alexandre et le remplirent d'admiration pour la fierté et la grandeur de cet homme qui le dédaignait. Aussi, comme les gens de sa suite, en s'en retournant, riaient et se moquaient du philosophe, il leur dit : " Eh bien, moi, si je n'étais pas Alexandre, je voudrais être Diogène. " » (Plutarque, 14, 1-5)

40. L'Indien Sambhu qu'Alexandre avait nommé satrape « des Indiens des montagnes ».

Au second il demanda si c'est la terre ou la mer qui produit les plus gros animaux ; il répondit :

– La terre, car la mer n'en est qu'une partie.

Au troisième, quel est l'animal le plus rusé ; la réponse fut :

– Celui que l'homme ne connaît pas encore.

Il demanda au quatrième pour quelle raison il avait poussé Sabbas à la révolte :

– Pour qu'il vécût noblement, ou qu'il mourût noblement.

Le cinquième, interrogé sur l'ancienneté relative du jour et de la nuit, répondit :

– Le jour est plus ancien, d'un jour seulement.

Devant l'étonnement du roi, il ajouta que les questions impossibles appellent nécessairement des réponses impossibles. Passant au sixième, Alexandre lui demanda comment l'on se fait le mieux aimer :

– En étant le plus puissant sans se faire craindre.

Des trois derniers, le premier fut prié de dire comment d'homme on peut devenir dieu :

– En faisant, dit-il, ce qu'il est impossible à l'homme de faire.

Le suivant, interrogé sur la question de savoir laquelle est la plus forte, de la vie ou de la mort, répondit :

– C'est la vie, parce qu'elle est capable de supporter tant de maux !

Enfin au dernier il demanda jusqu'à quand il est bon à l'homme de vivre :

– Tant qu'il ne croit pas la mort préférable à la vie.

Alors, se tournant vers le juge, Alexandre lui ordonna de prononcer sa sentence ; il déclara qu'ils avaient tous répondu plus mal les uns que les autres.

– Eh bien, dit Alexandre, c'est toi qui mourras le premier pour ce beau jugement.

– Non pas, roi, répondit-il, à moins que tu n'aies menti quand tu disais que tu mettrais à mort le premier celui qui aurait fait la plus mauvaise réponse.

Plutarque, 64.

Autre version, autres questions pour des concurrents qui reviennent en deuxième semaine.

Les Brahmanes, quand ils apprirent la venue vers eux du roi Alexandre, lui envoyèrent leurs meilleurs philosophes munis d'une lettre. Alexandre prit leur lettre, la lut et y trouva à peu près ceci :
« Nous, gymnosophistes, avons écrit cette lettre à l'homme Alexandre. Si tu viens nous combattre, ce sera sans profit, car tu n'as chez nous rien à t'approprier. Mais si tu veux t'approprier ce que nous possédons, cela ne demande point de combat, mais une demande suppliante, à adresser non pas à nous, mais à la Providence céleste. Et si tu veux savoir qui nous sommes, nous sommes des hommes nus, accoutumés à philosopher, ayant été ainsi créés, non par nous-mêmes, mais par la Providence céleste. Car s'il te revient de faire la guerre, il nous revient de philosopher. »

Après avoir lu cette lettre, le roi Alexandre, pacifiquement continua à marcher vers eux. Et il vit de nombreuses forêts, et des arbres nombreux et magnifiques, couverts de fruits de toutes sortes, ainsi qu'un fleuve qui étalait son cours tout autour de ce pays, et dont l'eau était limpide et blanche comme lait, et des multitudes de palmiers pleins de fruits, et les ceps de vigne portant des milliers de grappes d'une splendeur fort appétissante. Puis

Alexandre les vit eux-mêmes, vivant entièrement nus dans des cabanes et des grottes. Et dehors, au loin, à grande distance d'eux, il vit aussi leurs femmes, et leurs enfants qui vaquaient avec les troupeaux.

Alexandre s'informa alors auprès d'eux en disant :
— N'avez-vous pas de tombeaux ?
Ils répondirent :
— Ce coin de terre, où nous demeurons, nous sert aussi de tombeau. Car c'est là que nous prenons notre repos, sur la terre, en nous ensevelissant nous-mêmes pour dormir. Et de fait, la terre nous fait naître, la terre nous nourrit et c'est sous terre qu'après la mort nous gisons pour le sommeil éternel.

Il posa une autre question :
— Or donc, qui sont les plus nombreux, des vivants ou des morts ?
Ils répartirent :
— Les trépassés sont bien les plus nombreux, mais n'existant plus, ils sont indénombrables, car ceux qu'on voit sont plus nombreux que ceux qui n'apparaissent pas.

Il pose encore une autre question :
— Quel est donc le plus fort, de la vie ou de la mort ?
Ils répondirent :
— La vie, parce que le soleil qui se lève a ses rayons pleins d'éclat, mais qu'on le voit faiblir à son coucher.

Il demanda encore :
— Quel est le plus vaste, de la terre ou de la mer ?
Ils répliquèrent :
— La terre, parce que la mer elle-même se laisse contenir par la terre.

Il posa une autre question :

– Qu'y a-t-il, parmi tous les êtres vivants, de plus malin ?
Ils répondirent :
– L'homme.
– Comment cela ?, demanda-t-il.
Ils lui dirent :
– Fie-t'en à toi-même là-dessus ! Tu es toi-même une bête sauvage, et vois combien tu as de bêtes sauvages autour de toi, afin d'enlever à toi seul la vie à d'autres bêtes sauvages !
Mais, loin de s'irriter, il sourit, puis il posa une autre question :
– Qu'est-ce que la royauté ?
Ils lui répondirent :
– Puissance inique de la convoitise, coup d'audace de chanceux, fardeau doré.
Il demanda encore :
– Qu'y eut-il en premier, de la nuit ou du jour ?
Ils dirent :
– La nuit, car ce qui naît commence à croître dans l'obscurité des entrailles, puis vient à la lumière pour recevoir le jour.
Il demanda à nouveau :
– Quel est le meilleur côté, du gauche ou du droit ?
Ils répondirent :
– Le droit, car le soleil se lève à droite et achève sa révolution dans le ciel du côté gauche, et la femme allaite d'abord du sein droit.
Ensuite, Alexandre leur demanda :
– Avez-vous un seigneur ?
Et ils dirent :
– Oui, nous avons un maître.
Et il dit alors :
– J'aimerais le saluer.

Ils lui désignèrent alors Dandamis qui était allongé sur le sol sur une épaisse jonchée de feuilles d'arbres, à proximité de melons et d'autres fruits placés devant lui. Dès qu'il l'aperçut, Alexandre le salua, et celui-ci répondit à Alexandre : « Salut », mais sans même se lever ni l'honorer en tant que roi. Alexandre lui demanda alors s'ils avaient des possessions, et il répondit :

– Nos possessions sont la terre, les arbres fruitiers, la lumière, le soleil, la lune, la ronde des astres, l'eau. Ainsi, chaque fois que nous ressentons la faim, nous allons vers les arbres aux branches tombantes et mangeons de leurs fruits venus spontanément, car à chaque nouvelle lune tous les arbres de chez nous conçoivent de nouveaux fruits. Nous avons aussi le grand fleuve, et chaque fois que nous avons soif, nous nous déplaçons jusqu'à lui, buvons de son eau, et nous y goûtons le frais. Nous avons encore chacun notre propre femme, et à chaque nouvelle lune, chacun approche sa compagne, jusqu'à ce qu'elle ait conçu deux enfants, dont nous comptons l'un pour le père, et l'autre pour la mère.

Quand il eut entendu ces réponses, Alexandre dit à tous :

– Demandez-moi ce que vous désirez et je vous le donnerai.

Tous répondirent à grands cris :

– Donne-nous l'immortalité !

Alexandre dit alors :

– Je n'en ai certes pas le pouvoir, je ne suis moi-même qu'un mortel !

Ils lui rétorquèrent :

– Pourquoi donc, mortel que tu es, te lances-tu dans tant de guerres ? Est-ce en vue de tout conquérir et emporter quelque part ? N'est-ce pas qu'à nouveau, toi aussi, tu abandonnes cela, à d'autres ?

Alexandre répondit :

– C'est un décret de la Providence céleste, que nous soyons les esclaves et les serviteurs des ordres divins. Car la mer n'a point de mouvement si le vent n'a soufflé, les arbres point d'agitation si l'air ne les a secoués, et l'homme également point d'activité sinon sous l'effet de la Providence céleste. Je désire moi aussi mettre un terme à mes combats mais le maître de ma pensée ne me le permet pas. En effet, si nous avions tous la même pensée, le monde resterait dans l'inaction, la mer ne serait pas sillonnée par les navires, la terre ne serait pas travaillée, on ne célébrerait pas de mariages, on ne concevrait pas d'enfants. Combien, dans les guerres survenues de mon fait, ont eu l'infortune de perdre leurs biens ? Mais d'autres ont eu la fortune de s'enrichir des biens d'autrui ! Car tous reçoivent les biens de tous pour les céder à d'autres, et rien n'est à personne.

Sur ces mots, Alexandre fit apporter à Dandamis de l'or, du pain, du vin et de l'huile :

– Prends cela, vieillard, en souvenir de nous !

Mais Dandamis éclata de rire et dit :

– Ces cadeaux sont sans utilité pour nous, mais pour ne point paraître dédaigneux, nous prendrons l'huile que tu nous offres.

Puis, après avoir amassé du bois, il y mit le feu et, devant Alexandre, il déversa l'huile dans le feu.

Pseudo-Callisthène, III, 5, 1 – 6, 16.

La rencontre de Calanos et d'Alexandre :

Alexandre leur fit des présents et les congédia, puis il envoya Onésicrite à ceux qui étaient les plus réputés et qui vivaient entre eux dans le calme pour les prier de venir auprès de lui. Onésicrite était un philosophe de l'école de Diogène le Cynique. Il rapporte que Calanos lui intima l'ordre, sur un ton très insolent et brutal, d'enlever sa tunique pour écouter nu ses paroles, et qu'autrement il ne s'entretiendrait pas avec lui, même s'il venait de la part de Zeus. Il dit que Dandamis se montra plus courtois et qu'après l'avoir écouté discourir longuement sur Socrate, Pythagore et Diogène, il déclara que ces hommes lui paraissaient heureusement doués, mais qu'ils avaient vécu dans un trop grand respect des lois. D'autres prétendent que Dandamis se borna à dire ces seuls mots :

– Pourquoi Alexandre est-il venu jusqu'ici en faisant un si long chemin ?

Cependant Taxile décida Calanos à se rendre auprès d'Alexandre. Le vrai nom de Calanos était Sphinès, mais, comme il disait à ceux qu'il rencontrait le mot indien « Calè » en guise de « salut », il fut appelé Calanos par les Grecs. C'est lui, paraît-il, qui proposa à Alexandre un modèle imagé du gouvernement : il étendit à terre une peau de bête, toute sèche et racornie, et foula aux pieds l'une des extrémités ; pressée sur un point, la peau se redressa dans ses autres parties. Il fit ainsi le tour de la peau, et montra que le même effet se produisait chaque fois qu'il la pressait, jusqu'au moment où, se plaçant au milieu, il tint ainsi toute la peau immobile. Il voulait démontrer par ce symbole qu'Alexandre devait faire sentir son poids surtout au centre de son empire, et non pas s'égarer au loin.

C'est en Perse aussi que Calanos, qui souffrait du ventre depuis quelque temps, demanda qu'on lui dressât un bûcher. Il s'y rendit à cheval et, après avoir prié, fait des libations sur lui-même et offert en prémices une mèche de ses cheveux, il monta sur le bûcher, salua les Macédoniens présents et les engagea à passer ce jour-là dans la joie et à s'enivrer avec leur roi, ajoutant qu'il le reverrait bientôt à Babylone. Ayant dit ces mots, il s'étendit, se voila la tête et ne bougea pas quand le feu s'approcha de lui ; ainsi, gardant l'attitude qu'il avait prise en se couchant, il s'immola lui-même en sacrifice favorable, selon l'usage traditionnel des sages de son pays.

Au retour du bûcher, Alexandre réunit dans un banquet beaucoup de ses amis et de ses officiers, et proposa un concours de boisson : celui qui boirait le plus de vin pur recevrait une couronne. Le convive qui en but le plus, Promachos, alla jusqu'à quatre conges. Il reçut comme prix une couronne de la valeur d'un talent, mais il ne survécut que trois jours. Quant aux autres, au dire de Charès, 41 d'entre eux moururent aussi d'avoir bu, ayant été saisis dans leur ivresse par un refroidissement glacial.

Plutarque, 65 ; 69, 6 – 7 ; 70.

Dans un livre consacré à Alexandre, il fallait parler de Calanos ; en effet, en Perse, le corps de Calanos s'affaiblit, alors qu'il n'avait jamais été malade auparavant. Mais il ne voulut absolument pas suivre le régime d'un homme affaibli, et il dit à Alexandre qu'il était bien pour lui de partir dans cet état, avant de faire l'expérience d'une maladie qui l'obligerait à changer son régime antérieur. Alexandre essaya longtemps de le faire changer d'idée. Quand il vit qu'il ne céderait pas, mais qu'il partirait autrement si on ne lui accordait pas ce point, il ordonna, conformément à ce que Calanos avait prescrit, qu'on lui dresse un bûcher, et c'est Ptolémée, fils de Lagos, un garde du corps, qui s'en chargerait. Certains disent qu'Alexandre organisa une procession, avec cavaliers et hommes à pied, les uns en armes, les autres portant toutes sortes de parfums pour le bûcher. D'autres prétendent qu'ils portaient des coupes d'or et d'argent et qu'ils étaient vêtus de tenues royales. Calanos avait un cheval à sa disposition, parce qu'il était incapable de marcher du fait de sa maladie. Mais il ne put même pas monter sur son cheval ; il fut transporté sur un brancard, couronné à la manière indienne et il chantait en langue indienne ; les Indiens disent qu'il s'agissait d'hymnes et d'éloges en l'honneur de certains dieux. Quant au cheval sur lequel il devait monter, un cheval royal de race nyséenne, avant de monter sur le bûcher il en fit don à Lysimaque, un de ses disciples en philosophie. Et les coupes, les tapis qu'Alexandre avait fait placer sur le bûcher pour l'orner, il les distribua en cadeaux à ceux qui l'entouraient Il monta sur le bûcher et s'étendit avec dignité et sous les regards de toute l'armée. Il ne parut pas convenable à Alexandre d'assister à ce spectacle qui concernait un ami ; pour les autres, ils trouvèrent admirable de voir qu'au milieu des flammes, aucune partie de son corps ne bougea. Lorsque ceux qui en avaient reçu l'ordre mirent le feu au bûcher, Néarque dit que les trompettes retentirent, conformément aux ordres d'Alexandre, et que l'armée entière poussa son cri de victoire, celui qu'elle pousse en marchant au combat, et que les éléphants lancèrent leur barrissement aigu de guerre, en l'honneur de Calanos. Ce récit, et d'autres récits équivalents sur l'Indien Calanos qu'ont écrits des auteurs de talent, ne sont pas inutiles pour l'humanité, en particulier pour l'homme soucieux de savoir combien forte et inébranlable peut être la résolution d'un homme quand il veut accomplir quelque chose.

Arrien, *Anabase*, VII, 3.

Version imaginaire d'une nuit où Alexandre et son armée affrontent jusqu'au petit matin des monstres effrayants. Ou comment exprimer la peur et l'angoisse des Macédoniens qui pénètrent dans ces terres inconnues si éloignées de chez eux.

Puis, à la onzième heure, marquée par le buccin, je pris à mon tour mon repas et ordonnai aux soldats d'en faire autant, à la lueur d'au moins 2 000 lampes d'or, quand, dès le lever des premiers rayons de lune, subitement, l'aiguillon de la queue dressé, les scorpions indiens, sortant des pâturages en quête de leur point d'eau accoutumé, affluèrent en masses innombrables vers le camp. On ne savait s'ils étaient attirés par notre vacarme ou par la soif ; en tout cas, ils étaient fort prompts à porter le mal. Ces monstres furent suivis d'une immense troupe de serpents à cornes et de serpents des sables, qui se différenciaient par leurs couleurs variées, car les uns avaient des écailles rouges, d'autres noires et blanches, certains paraissaient comme semblables à l'éclat de l'or – tout le pays n'était que sifflements –, nous causant une peur peu mince. Mais nous renforcions le flanc exposé du camp avec les boucliers, et nous avions en main de longues lances, grâce aux pointes fort aiguisées desquelles nous nous mîmes à transpercer ces animaux de malheur et à en jeter parfois bon nombre dans les feux. Cette affaire nous tint occupés près de deux heures à ce travail. Après avoir bu, les plus petits des serpents commencèrent à s'en aller, les plus grands rejoignirent leur repaire, à notre immense joie, quand, vers la troisième heure de la nuit, tandis que nous escomptions quelque repos, des serpents indiens, surmontés de têtes à crête doubles ou triples, épais comme des colonnes, et de longueur un peu supérieure, sortirent pour s'abreuver hors des antres voisins qu'ils avaient dans les montagnes, en raclant le sol de leurs écailles et de leurs gueules ; leur poitrail dressé dévoilait, avec une langue à triple pointe et des yeux brillants de venin, une gorge dont l'haleine elle-même était pestilentielle. Nous les combattîmes pendant plus d'une heure, et en perdant 30 esclaves et 20 soldats. Je priais les Macédoniens de ne point reculer ni de faire défaut devant l'adversité ; et bien qu'ils eussent à supporter de dures épreuves, ils s'appliquaient tous à la tâche. Après les serpents, ce furent des crabes en masses innombrables, recouverts de peaux de crocodile, qui approchèrent du camp, et ces monstres, grâce à la dureté de leur cuirasse, renvoyaient les armes de fer ; beaucoup furent brûlés avec les feux, beaucoup trouvèrent refuge dans le lac.

Déjà fatigués de nos veilles, la cinquième heure de la nuit, marquée par le buccin, nous invitait à dormir. Mais affluèrent alors des lions blancs, d'une taille comparable à celle de taureaux ; après avoir secoué leur nuque avec un profond rugissement, la crinière hérissée, c'est à la vitesse de l'éclair qu'ils nous assaillèrent et se précipitèrent sur les épieux que nous leur opposions. Un tumulte immense survenait aussitôt, accru encore par l'obscurité de la nuit : voilà que des sangliers à l'aspect non moins énorme, rendus redoutables par leurs soies dressées à la façon d'une palissade, et avec eux des lynx tachetés, des tigres et d'épouvantables panthères, engageaient des mêlées sans comparaison avec aucun fléau connu.

Mais il y eut aussi une grande troupe de chauves-souris, grosses comme des pigeons, qui se portèrent contre nos bouches et nos visages, munies de dents comme les hommes, avec lesquelles elles blessaient les membres des soldats.

Apparut en outre une bête d'une espèce encore inconnue, plus grosse qu'un éléphant, armée de trois cornes sur le front, couramment appelée par les Indiens « le tyran denté », et portant une tête de couleur noire, ressemblant à celle d'un cheval. Cet animal, après s'être abreuvé, vit le camp et se lança dans une attaque soudaine contre nous, sans être ralenti par l'éclat des feux et des flammes. Comme, pour lui faire face, je lui avais opposé une troupe de soldats macédoniens, il en tua 36, en mit hors de combat 52 en les piétinant, et ne fut qu'à grand-peine transpercé par nos épieux.

Ensuite, avant l'aube, arrivèrent du ciel qui blanchissait des monstres aux couleurs changeantes à la manière des grenouilles, et avec eux parvenaient jusque dans le camp des souris indiennes semblables à des renards ; leur morsure faisait périr instantanément les quadrupèdes ainsi blessés, tandis qu'elle ne provoquait pas la mort des hommes.

À l'approche du jour, survinrent des corbeaux de nuit, oiseaux semblables aux vautours, mais qui les surpassaient par leur taille prodigieuse, de couleur fauve, au bec et aux pieds noirs. Ils couvrirent tout le bord du lac sans nous causer de dommage, mais en se repaissant de leurs poissons habituels. Nous n'avions osé ni éloigner ni mettre en fuite ces oiseaux, mais après avoir séché leurs serres, ils s'envolèrent tous hors de notre vue. Quant à nos guides qui ne cessaient de nous conduire dans des pièges, et avaient mérité le pire, j'ordonnai de les punir en leur brisant les jambes en sorte qu'ils fussent dévorés de nuit, encore doués de vie et de respiration, par les serpents de la même façon qu'ils avaient voulu que nous le fussions. Et je commandai aussi qu'on leur broie les mains pour qu'ils connussent un supplice digne de leurs forfaits.

Pseudo-Callisthène, *Lettre d'Alexandre à Aristote*, 23 – 30.

Les Indiens tels que les Macédoniens les découvrent :

Les Indiens portent des vêtements de lin, d'après ce que dit Néarque, de ce lin qui provient des arbres dont j'ai déjà parlé. Ce lin est d'une couleur plus éclatante que tout autre lin, ou bien c'est leur sombre carnation qui rend le lin plus éclatant. Ils portent une tunique de lin qui leur arrive à mi-jambes, un manteau jeté sur les épaules et qui s'enroule autour de leur tête. Les Indiens portent aussi des boucles d'oreilles en ivoire, tout au moins les gens riches ; car tous les Indiens n'en portent pas. Néarque dit que les Indiens teignent leur barbe de couleurs fort diverses, les uns la font paraître la plus blanche possible, d'autres très sombre ; chez les uns elle est pourpre, chez les autres rouge sombre, ou même verte. Et les dignitaires se protègent d'une ombrelle pendant l'été. Ils portent des sandales de cuir blanc, très travaillées elles aussi, et leurs semelles sont peintes et épaisses, pour qu'ils aient l'air plus grands. La panoplie des Indiens n'est pas d'un seul type. Les fantassins ont un arc, aussi grand que celui qui le porte. Ils le posent à terre, le bloquent du pied gauche et lancent leur flèche en tirant largement sur la corde. Les flèches font presque 1,30 mètre et rien ne résiste à une flèche d'un archer indien, ni bouclier ni cuirasse, ni aucune autre défense si solide soit-elle. Au bras gauche est fixé un petit bouclier en peau de bœuf brut, plus étroit que le soldat mais presque aussi grand que lui. Certains ont des javelots au lieu d'arcs. Tous portent aussi un large coutelas, qui ne mesure pas moins de 1,30 mètre. Et ce coutelas, lorsque survient un combat au corps à corps (ce qui n'est pas habituel entre les Indiens), ils frappent en le prenant à deux mains pour affermir le coup. Les cavaliers ont deux javelots, de ceux qu'on appelle *saunia*, et un bouclier plus petit que celui des fantassins. Leurs chevaux ne sont pas sellés et ne sont pas bridés à la manière des chevaux grecs ou celtes ; mais ils entourent l'extrémité de la bouche du cheval avec une lanière de cuir brut, cousue et bien ajustée, et ils y fixent, tournés vers l'intérieur, des clous peu pointus en cuivre ou en fer ; chez les riches, les clous sont en ivoire. Dans leur bouche les chevaux ont un mors en fer, pareil à une broche, et on y attache les rênes. Quand on tire sur la rêne, la broche mate le cheval, et les clous qui y sont accrochés le piquent et ne lui laissent d'autre possibilité que d'obéir à la bride.

Physiquement, les Indiens sont minces, grands, et plus légers que les autres hommes. Leurs montures sont généralement des chameaux, des chevaux et des ânes, mais les riches utilisent des éléphants. L'éléphant est en effet chez eux une monture royale ; au deuxième rang vient l'attelage à quatre chevaux, puis le chameau. Il est peu digne de voyager avec un seul cheval. Chez eux les femmes, celles qui sont très sages, ne se laissent séduire par aucun cadeau, mais une femme s'unit à celui qui lui a offert un éléphant ; les Indiens ne trouvent rien de honteux à se donner pour un éléphant, les femmes considèrent au contraire comme un honneur si leur beauté est jugée digne d'un éléphant. Ils se marient sans rien donner ni recevoir ; quand les filles sont à l'âge du mariage, leur père les conduit en public et les donne en prix au vainqueur à la lutte, la boxe ou la course, ou à quiconque a donné la preuve de sa particulière bravoure. Les Indiens sont des mangeurs de pain et des cultivateurs, en tout cas ceux qui ne sont pas montagnards. Les montagnards mangent la viande des bêtes sauvages.

Arrien, *L'Inde*, XVI, 1 – XVII, 5.

Séquence 33

LA BATAILLE CONTRE POROS

Mai 326

Personnages :

Alexandre en fin stratège, pratiquant la ruse, le bluff et le camouflage avec succès, rencontrant enfin un ennemi à sa taille, et qui ne s'enfuit pas, lui.

Poros, roi du Pendjab. Un géant courageux de 2,20 mètres.

Spitacès, frère de Poros.

Hégésimaque et **Nicanor** (un autre), deux jeunes têtes brûlées macédoniennes.

Ptolémée, Coènos, Perdiccas, Héphaistion, Antigène, Léonnatos, Tauron, généraux aux ordres d'Alexandre.

Attale, officier des pézétaïres. Il fut impliqué dans le procès contre Philotas mais fut reconnu innocent.

Taxile, roi de Taxila.

Combat titanesque contre des éléphants géants sur les rives de l'Hydaspe, affluent de l'Indus. Difficile traversée du fleuve aux flots impétueux en cette saison de mousson et de fonte des neiges.

Terrible affrontement sous des pluies diluviennes et des nuages bas qui couvrent le champ de bataille d'une nuit noire. Les deux Titans deviendront amis.

Puis il atteignit l'Hydaspe. Poros, dans l'intention d'arrêter l'ennemi, avait pris position sur la rive ultérieure du fleuve. Il opposait une barrière de 85 éléphants d'une étonnante vigueur ; derrière eux, 300 chars, environ 30 000 fantassins, parmi lesquels des archers, dont nous avons dit ci-dessus que les flèches, trop lourdes, ne pouvaient porter avec précision. Quant au roi, il avait pour monture un éléphant qui dépassait tous les autres ; ses armes, embellies par l'or et l'argent, mettaient en valeur sa taille peu commune. Son âme répondait à sa force physique, et c'était un sage, autant qu'on peut l'être en pays barbare. Outre l'aspect de l'ennemi, l'ampleur du fleuve à traverser effrayait les Macédoniens. S'étalant sur 720 mètres de large, avec un lit profond qui ne découvrait de gué nulle part, il présentait l'aspect d'une mer vaste. L'étendue que ses eaux recouvraient en largeur ne freinait pas son élan ; mais, comme un fleuve qui se serait trouvé à l'étroit dans un lit encaissé, il allait, torrentiel, et s'écrasait sur ses rives ; en plus d'un endroit, ses ondes refoulées révélaient la présence de récifs cachés. Encore plus terrible d'aspect était la rive que chevaux et hommes recouvraient. Immobiles, les éléphants géants dressaient leur masse énorme ; comme on les excitait à dessein, ils fatiguaient les oreilles de leurs affreux barrissements. Le fleuve d'un côté, l'ennemi de l'autre avaient frappé d'une peur imprévue les Macédoniens, dont le cœur savait pourtant ne pas renoncer, et qui, souvent, avaient fait l'épreuve d'eux-mêmes. En effet, ils estimaient impossible de diriger vers la rive leurs instables radeaux et d'accoster sans danger. Il y avait, au milieu du fleuve, abondance d'îles, où passaient Macédoniens et Indiens, en nageant avec leurs armes au-dessus de la tête. Là, s'engageaient des escarmouches sans importance ; et les deux rois, d'après l'issue d'un incident, auguraient du résultat de toute la bataille. Or, dans l'armée macédonienne, se distinguaient par leur témérité et leur audace Hégésimaque et Nicanor, deux jeunes nobles que le bonheur constant de leur parti avait enflammés de mépris pour n'importe quel danger. Ils se mirent à la tête des jeunes gens les plus hardis qui, avec leurs lances pour armes, nagèrent jusqu'à une île tenue par des ennemis en force, et, ayant dans leur audace leur meilleure arme, ils tuèrent beaucoup d'Indiens. Ils pouvaient se retirer avec gloire. Mais, pendant qu'ils attendaient de nouveaux assaillants, qu'ils sous-estimaient et même méprisaient, ils furent cernés par des ennemis qui avaient nagé sans être vus et qui, de loin, les accablèrent sous les projectiles. Ceux qui avaient échappé à l'ennemi furent enlevés par la vitesse du courant ou disparurent dans les gouffres, et ce combat exalta fort la confiance de Poros, qui distinguait tout de la rive.

Ne sachant que faire, Alexandre organisa finalement cette ruse pour surprendre l'ennemi : il y avait dans le fleuve une île plus vaste que les autres, boisée et, par là, propre à dissimuler une embuscade ; en outre, un fossé très profond, non loin de la rive qu'il occupait, pouvait cacher de l'infanterie, et même des hommes avec leurs chevaux. Donc, pour détourner l'ennemi de surveiller du regard cette position favorable, il ordonna à Ptolémée de chevaucher, avec tous les escadrons, loin de l'île, et d'effrayer les Indiens en poussant des cris de temps à autre, comme s'il avait l'intention de passer le fleuve. Pendant plusieurs jours, Ptolémée agit de la sorte ; cette stratégie contraignit Poros à porter lui aussi son armée sur le point que l'autre feignait de menacer. Désormais, l'île était hors de la vue des ennemis ; Alexandre fit dresser sa tente à un endroit de la rive qui en était éloigné ; il ordonna à la cohorte, qui l'accompagnait d'ordinaire, de monter la garde devant la tente, et de déployer tout exprès aux regards de l'ennemi l'appareil entier de la magnificence royale. En outre, comme Attale avait son âge et n'était pas sans lui ressembler de visage et de corps, surtout vu de loin, il lui passa le costume royal, afin qu'il donne l'illusion que le roi commandait en personne sur cette rive, et ne s'occupait point de la traversée. Une tempête retarda d'abord, favorisa ensuite cette manœuvre : la fortune faisait tourner en bien même les obstacles. Alexandre se préparait à traverser le fleuve avec ses autres troupes, dans la direction de l'île dont nous avons déjà parlé ; l'ennemi ne pensait qu'à ceux qui, avec Ptolémée, tenaient la rive en contrebas ; mais une bourrasque répandit une pluie à peine supportable à l'abri ; les soldats, accablés sous la nuée, firent demi-tour vers la terre ferme, abandonnant les embarcations et les radeaux. Mais l'ennemi ne pouvait entendre leur vacarme désordonné ; car le bruit du vent les en empêchait. Au bout de peu de temps, la pluie cessa ; mais des nuages si épais couvrirent le ciel qu'ils cachaient la lumière, et c'est à peine si des interlocuteurs se reconnaissaient entre eux. Un autre se fût épouvanté de cette nuit qui bouchait le ciel, alors qu'il fallait naviguer sur un fleuve inconnu, et que, peut-être, l'ennemi occupait l'endroit de la rive où ils se dirigeaient, aveugles et désemparés. Mais le roi, appelant la gloire au prix du péril, et trouvant sa chance dans l'obscurité qui épouvantait les autres, signifia à tous de monter silencieusement sur les radeaux, et il fit détacher d'abord celui sur lequel il embarquait. L'endroit de la rive que l'on gagnait était libre d'ennemis : car Poros ne se préoccupait encore que de Ptolémée. Un seul navire, brisé par le flot contre un récif, s'échoua ; tous les autres échappèrent ; et Alexandre ordonna aux soldats de prendre leurs armes et de former les rangs.

Alexandre était en train de mener au combat son armée répartie en deux ailes quand Poros apprend que la rive est occupée par des hommes et leurs armes, et que c'est le moment de la décision. D'abord, par un défaut de l'esprit humain, il se laissa aller à son espoir ; il croyait que, selon l'accord conclu, son allié Abisarès arrivait. Puis, la lumière plus limpide lui découvrit l'armée ennemie ; il opposa à sa marche 100 quadriges et 4 000 cavaliers. Le chef des troupes de choc était Spitacès, son propre frère. Les chars constituaient l'essentiel de ses forces ; chacun d'eux avait six hommes d'équipage : deux avec boucliers et deux autres répartis de chaque côté ; les autres étaient les cochers, qui d'ailleurs n'étaient pas sans armes : car, dès qu'il fallait se battre de près, ils lâchaient les rênes et accablaient l'ennemi d'une quantité de javelots. Mais, en cette journée, les chars furent d'un secours à peu près nul. En effet, comme on l'a dit ci-dessus, la pluie, tombant avec une violence inaccoutumée, avait rendu les plaines glissantes et inutilisables pour la cavalerie ; les chars, lourds et à peu près incapables de bouger, étaient pris dans la boue et les fondrières. Par contraste, Alexandre, avec une armée légère et mobile, chargea avec vigueur. Les Scythes et les Dahes partirent les premiers à l'attaque des Indiens ; puis il lança Perdiccas avec ses cavaliers sur l'aile droite des ennemis. Déjà la bataille s'était étendue sur tout le front, quand les conducteurs des chars, persuadés que c'était l'ultime ressource des leurs, se ruèrent à bride abattue en pleine mêlée. C'était un danger pour les deux partis également. En effet, au premier choc, l'infanterie macédonienne était écrasée, mais les chars, lancés sur un terrain glissant et impraticable, renversaient ceux qui les conduisaient. D'autres chars furent précipités par les chevaux, qui s'emballaient, dans les fondrières et les trous, et jusque dans le fleuve. Quelques chevaux, chassés par les projectiles de l'ennemi, arrivèrent à Poros qui, avec une belle vigueur, animait la bataille. Voyant les chars, disséminés sur tout le front, errer sans conducteurs, il répartit les éléphants entre ceux de ses amis qui l'entouraient. Derrière eux, il avait installé l'infanterie, en particulier les archers qui, selon l'habitude, tapaient sur des tambourins, ce qui correspondait pour les Indiens au chant de la trompette. Le vacarme n'avait pas d'action sur les éléphants, car leurs oreilles étaient faites depuis longtemps à ce bruit, qu'ils connaissaient. En tête de la ligne des fantassins, on portait une statue d'Hercule[41] : pour ceux qui se battaient il n'y avait pas de stimulant plus fort ; avoir abandonné ses porteurs était infamant pour un soldat. On prévoyait même la peine capitale pour ceux qui ne la ramenaient pas de la bataille : car la crainte, qu'autrefois leur avait inspirée ce dieu, alors leur ennemi, s'était muée en culte et en adoration. Quant aux Macédoniens, ils marquèrent un léger temps d'arrêt en considérant les bêtes et surtout le roi indien. Les bêtes, placées au milieu de la troupe, donnaient de loin l'impression de tours, et, par ses proportions, Poros dépassait presque ce que peut atteindre un homme ; à la grande taille de Poros semblait ajouter encore la bête qui le portait, car elle s'élevait au-dessus de toutes les autres autant qu'il dépassait lui-même les autres hommes. D'où ces paroles d'Alexandre, quand il eut examiné le roi et la ligne des Indiens :

– Je vois enfin un danger à la taille de mon génie : nous avons affaire en même temps à des bêtes et à des hommes hors de l'ordre.

41. Vishnu.

Et, regardant Coènos, il lui dit :

– Quand, accompagné de Ptolémée, de Perdiccas et d'Héphaistion, j'aurai foncé sur l'aile gauche de l'ennemi et que tu me verras en plein dans l'ardeur de la mêlée, ébranle leur aile droite et enfonce leurs rangs en désordre. Toi, Antigène, toi, Léonnatos, ainsi que Tauron, vous donnerez l'assaut à leur centre et presserez leur ligne de front. La meilleure utilisation possible de nos lances, qui sont fort longues et solides, sera contre les bêtes et leurs conducteurs : délogez ceux qu'elles portent ; elles, percez-les de coups. Elles sont un soutien hasardeux et c'est surtout contre les leurs que leur violence se déchaîne. Un commandement les pousse contre l'ennemi, l'épouvante contre les leurs.

Sur ces mots, il lance son cheval, sans attendre. Déjà, selon le plan établi, il avait attaqué les rangs ennemis, quand Coènos, avec une violence inouïe, attaque l'aile gauche. En outre, la phalange, d'un seul élan, rompit le centre des Indiens. Poros fit donner les éléphants du côté où il avait noté la charge de la cavalerie ; mais cet animal lent et presque incapable de bouger ne pouvait égaler la vitesse des chevaux. Les Barbares n'avaient même pas le moyen d'utiliser les flèches : car elles sont longues et fort lourdes ; elles ne s'adaptent avec précision et commodité que si l'arc porte d'abord sur le sol. Mais, s'efforçant de tirer sur un terrain qui glissait et gênait leur effort, les archers furent devancés par la rapidité de l'ennemi. Donc, sans tenir compte de l'ordre du roi – ce qui, en général, arrive quand, dans l'affolement, la crainte commande avec plus d'autorité que le chef – il y avait autant de généraux que de régiments dispersés. L'un ordonnait de former une ligne continue, l'autre une ligne morcelée ; certains de tenir bon, quelques-uns de prendre l'ennemi à revers. Aucune décision n'était prise en commun. Néanmoins Poros, aidé d'un petit nombre d'hommes, pour qui le sentiment de l'honneur était plus fort que la crainte, persiste à rallier ses troupes éparses et à aller à la rencontre de l'ennemi ; il fait placer les éléphants devant son front de bataille. Grande fut la terreur provoquée par les bêtes : leur barrissement, auquel on n'était pas habitué, avait bouleversé non seulement les chevaux, animaux que tout effraie, mais les hommes et les rangs. Les vainqueurs de naguère regardaient autour d'eux où ils pourraient fuir, – quand Alexandre lâcha sur les bêtes l'infanterie légère agrienne et thrace, troupes meilleures pour l'escarmouche que pour le corps à corps. Elles lancèrent une masse énorme de projectiles contre les éléphants et leurs conducteurs ; en outre la phalange, les croyant effrayés, poussa sans faiblir. Mais certains, les poursuivant avec trop de témérité, s'attirèrent la fureur des bêtes, par les blessures qu'ils leur faisaient. Écrasés sous leurs pattes, ils apprirent aux autres à attaquer avec plus de prudence. Le spectacle était particulièrement terrible quand les éléphants saisissaient armes et hommes avec leur trompe et, par-dessus leur tête, les remettaient à leurs conducteurs. On lutta donc sans résultat, tantôt poursuivant, tantôt fuyant les éléphants ; et cela prolongea, tard dans la journée, l'incertaine bataille, jusqu'au moment où l'on entreprit de leur couper les pattes avec des haches, matériel dont on avait prévu l'utilisation. On appelait copides les épées légèrement recourbées en forme de faux, dont on se servait pour atteindre les trompes des éléphants. La crainte non seulement de mourir, mais, dans la mort même, de subir un supplice nouveau, ne négligeait aucune garantie. Aussi les éléphants, épuisés finalement par les blessures, renversent-ils, dans leur élan, les Indiens ; et ils écrasent leurs conducteurs, après les avoir précipités à terre. C'est pourquoi, plus épouvantés que dangereux, ils étaient chassés comme du bétail hors de la bataille, quand Poros, abandonné par le gros de ses troupes, accabla, du haut de son éléphant, la ceinture d'ennemis sous des traits depuis longtemps préparés ; à distance il en blessa un grand nombre, mais il était exposé lui aussi aux coups et visé de tous côtés. Il avait déjà reçu neuf blessures dans le dos et dans la poitrine ; comme il avait perdu du sang en quantité, ses mains languissantes laissaient glisser les traita plus qu'elles ne les lançaient. Cela n'empêchait pas son éléphant, encore exempt de blessure, de se ruer, sous l'aiguillon de la rage, contre les rangs ennemis ; mais enfin, le conducteur vit que le roi, le corps affalé et incapable de tenir ses armes, allait s'évanouir. Il excite la bête à fuir ; Alexandre le poursuit, mais son cheval, accablé de blessures et défaillant, se coucha sur le sol, déposant le roi au lieu de le désarçonner. Tandis qu'il changeait de cheval, Alexandre prit du retard. Entre-temps, le frère du roi indien Taxile, envoyé au-devant par Alexandre, donna à Poros le conseil de ne pas s'obstiner dans des tentatives désespérées et de se remettre au vainqueur. Mais, malgré l'épuisement de ses forces et la faiblesse causée par la perte de sang, il revint à cette voix qu'il connaissait :

— Je reconnais, dit-il, le frère de Taxile, traître à son pouvoir et à son royaume.

Et le seul trait resté, par hasard, dans ses mains défaillantes, il le lança contre lui, dont il perça la poitrine de part en part. Après cette dernière preuve de sa valeur, il accéléra sa fuite ; mais son éléphant aussi, atteint de plusieurs traits, perdait ses forces. Il arrêta donc sa fuite, et opposa ses fantassins à l'ennemi qui le poursuivait.

Déjà Alexandre l'avait rejoint ; en raison de l'obstination de Poros, il interdit d'épargner quiconque résistait. De tous côtés, les projectiles plurent donc sur les fantassins et sur Poros lui-même ; finalement Poros, écrasé sous les traits, glissa du haut de son éléphant. L'Indien qui conduisait l'animal crut qu'il descendait et, selon l'habitude, fit agenouiller l'éléphant ; dès que celui-ci se fut baissé, les autres, dressés à cela, l'imitèrent et s'abaissèrent au niveau du sol. Cet incident livra aux vainqueurs Poros et tous les autres. Alexandre ordonne de dépouiller le corps de Poros, qu'il croyait mort ; on se précipitait pour lui ôter sa cuirasse et son vêtement, quand l'éléphant se mit à défendre son maître et à attaquer les détrousseurs : il enleva le corps et le plaça de nouveau sur son dos. Aussi les projectiles l'accablent-ils de toutes parts ; il est abattu, et l'on dépose Poros sur une voiture. Dès que le roi le vit ouvrir les yeux, il fut ému de pitié, non de haine :

– Quelle folie t'a poussé, malheureux ! lui dit-il, toi qui connaissais de réputation mes exploits, à risquer le hasard de la guerre, quand Taxile t'offrait, un exemple immédiat de ma clémence envers qui se soumet ?

Mais l'autre :

– À ta question, dit-il, je répondrai avec la franchise que ton interrogation m'a permise. J'estimais que personne n'était plus fort que moi : car je ne connaissais que mes forces, et n'avais pas encore l'expérience des tiennes ; tu es le plus fort : c'est la leçon des événements. Mais même maintenant je ne suis pas à plaindre, étant le second après toi.

Interrogé encore sur ce qu'il pensait que le vainqueur devait décider :

– Ce que te conseille, dit-il, cette journée, qui t'a montré l'instabilité du bonheur.

Cet avertissement lui réussit mieux que n'auraient fait des prières : car cette grande âme impavide, et que le destin même ne brisait pas, parut à Alexandre mériter d'être traitée non seulement avec pitié, mais même avec honneur. Alexandre le soigna pendant sa maladie, tout comme s'il s'était battu pour lui ;

quand Poros, contrairement à l'attente générale, se fut rétabli, il l'admit au nombre des Amis, et ne tarda pas à lui octroyer, en l'agrandissant, le royaume dont il avait été le maître.

Quinte-Curce, VIII, 13, 5 – 27 ; 14, 1 – 45.

L'infanterie indienne perdit 20 000 hommes, ou peu s'en faut ; 3 000 cavaliers furent tués et tous les chars détruits. Deux fils de Poros furent tués, ainsi que Spitakès, gouverneur de cette région de l'Inde, les commandants des éléphants et des chars, tous les commandants de cavalerie et tous les généraux de l'armée de Poros (…) , les éléphants furent capturés, en tout cas ceux qui n'avaient pas été tués au combat. Du côté d'Alexandre, sur les 6 000 fantassins présents au début de l'attaque, environ 80 furent tués. Parmi les archers à cheval, qui avaient été les premiers à se lancer dans l'action, 10 cavaliers furent tués ; la cavalerie des Compagnons eut environ 20 tués et les autres corps de cavalerie environ 200. Poros, après avoir accompli des exploits au combat, non seulement comme général mais comme soldat d'élite, lorsqu'il vit sa cavalerie massacrée et ses éléphants tombés au combat ou bien, privés de cornacs, en train d'errer lamentablement, et la plus grande partie de son infanterie anéantie, Poros ne se replia pas, comme le Grand Roi Darius, en donnant le signal de la fuite autour de lui, mais il lutta tant qu'il y eut un petit groupe d'Indiens à résister au combat. Mais lorsqu'il fut blessé à l'épaule droite, la seule partie non protégée quand il évoluait sur le champ de bataille (car sur le reste de son corps sa cuirasse le protégeait des traits, une cuirasse extraordinaire pour sa solidité et son ajustement, comme ceux qui l'examinèrent s'en rendirent compte ensuite), alors lui aussi se replia en faisant faire demi-tour à son éléphant. Alexandre avait vu quel grand homme et quel soldat d'élite il était au combat, il désira le sauver. Il lui envoya tout d'abord l'Indien Taxile ; et Taxile, ayant avancé son cheval aussi loin qu'il pouvait le faire sans danger par rapport à l'éléphant qui portait Poros, invita Poros à arrêter sa bête : il ne lui était plus possible de fuir, il devait écouter les propositions d'Alexandre. Poros, quand il vit Taxile, cet homme qu'il haïssait depuis longtemps, fit demi-tour et s'élança pour lancer son javelot ; et peut-être l'aurait-il tué si Taxile ne l'avait pas devancé et lancé son cheval en s'éloignant de Poros. Alexandre n'en voulut pas à Poros pour ce geste, il lui envoya d'autres messagers, les uns après les autres, et en particulier Méroès, un Indien qu'il savait être un vieil ami de Poros. Ayant entendu les propos de Méroès et, de plus, terrassé par la soif, Poros arrêta son éléphant et en descendit. Il but et se rafraîchit, puis il demanda à être conduit au plus vite auprès d'Alexandre.

On le conduisit donc ; Alexandre, quand il sut que Poros approchait, s'avança à cheval devant la ligne de bataille et alla à la rencontre de Poros avec quelques-uns de ses Compagnons. Il arrêta son cheval, admira la grande taille de Poros – il faisait plus de 2,20 mètres – sa beauté et cet air insoumis qu'il laissait paraître : c'est un brave qui rencontrait un autre brave, qui s'était magnifiquement battu pour son royaume contre un autre roi. Alors Alexandre parla le premier et lui demanda de dire le sort qu'il désirait. On dit que Poros répondit alors :

– Traite-moi en roi, Alexandre.

Alexandre fut charmé par ce mot :

– Il en sera ainsi, Poros, en ce qui me concerne. Mais en ce qui te concerne, décide ce qui te serait agréable.

Poros dit que tout était dans sa réponse. Alors Alexandre, encore plus charmé par ces mots, rendit à Poros sa souveraineté sur les Indiens et ajouta à son ancien territoire un autre encore plus grand que le précédent ; c'est ainsi qu'il traita en roi un brave qui, dès lors, lui fut fidèle en tout.

Arrien, *Anabase*, V, 18, 2 – 19, 3.

Séquence 34

LA RÉVOLTE DE L'ARMÉE

Automne 326

Personnages :

Alexandre, face à l'Hyphase qui le sépare de l'océan et à son armée épuisée qui refuse de traverser le fleuve, use de tous les moyens matériels et psychologiques à sa disposition pour encourager ses fidèles soldats à ne pas l'abandonner et à continuer avec lui qui est toujours aussi déterminé à conquérir la planète.

Coènos, un des compagnons, en porte-parole de l'armée.

Discours pathétiques, supplications émouvantes déclamées dans les pleurs et accueillies par des cris et des sanglots. Le père est abandonné par ses enfants qui ne croient plus en lui et en son fabuleux destin.

C'est Alexandre qui parle à son armée mécontente :
— Nous ne nous trouvons pas au seuil de nos travaux et de nos fatigues, mais à leur issue. Nous sommes parvenus jusqu'où le soleil se lève, et jusqu'à l'Océan ; sauf obstacle dû à la lâcheté, victorieux nous partirons après avoir dompté l'extrémité du monde, et reviendrons dans la patrie. N'imitez pas les agriculteurs paresseux, en laissant tomber de vos mains, par nonchalance, la récolte mûre. La récom-

pense l'emporte sur le danger ; la région est aussi riche que pacifique. C'est pourquoi je vous mène moins à la gloire qu'au butin. Vous méritez de rapporter dans la patrie les biens que cette mer apporte à ses rives : dignes de ne rien laisser sans l'avoir tenté, de ne rien laisser par craintive abstention. Au nom de vous-mêmes, au nom de votre propre gloire, qui dépasse la portée humaine, au nom de mes bienfaits envers vous et des vôtres envers moi (rivalité où il n'y eut pas de vaincu !), je vous prie et supplie de ne pas abandonner, quand il touche aux bornes des choses humaines, votre nourrisson, votre compagnon de guerre, je ne dirai pas : votre roi. Pour tout le reste, je vous ai commandés ; mais voici la seule chose pour laquelle je serai votre débiteur. Et c'est moi qui vous adresse cette requête, moi qui jamais ne vous ai donné un ordre sans m'être le premier exposé au péril, moi qui souvent ai protégé votre ligne avec mon bouclier. Ne brisez pas dans mes mains une palme, qui m'égalera, si l'on ne me l'envie, à Hercule et à Liber le Vénérable. Donnez cela à mes prières, et enfin rompez votre obstination à vous taire. Où sont-ils, ces cris, preuves de votre allégresse ? Où sont-ils, les regards de mes Macédoniens ? Je ne vous reconnais pas, soldats ; et je ne crois pas que vous me reconnaissiez. Je m'obstine à crier à des sourds, et je m'efforce de réveiller des âmes hostiles et sans ressort.

Et comme, baissant la tête vers le sol, ils persévéraient dans leur silence :

— J'ignore, dit-il, quelle faute j'ai, sans le savoir, commise à votre égard, que vous ne vouliez pas même me regarder. J'ai l'impression d'être dans un désert. Personne ne répond ; personne même ne dit non. À qui m'adressè-je ? Qu'est-ce donc que je demande ? Votre gloire, votre grandeur, c'est là ce que je revendique. Où sont-ils, ceux dont j'ai vu peu auparavant l'émulation, quand ils luttaient à qui recevrait dans ses bras le roi blessé ? Je suis délaissé, abandonné, livré à l'ennemi. Mais, bien que seul, je persisterai dans ma voie. Exposez-moi aux fleuves, aux bêtes et à ces nations dont rien que le nom vous fait trembler : je trouverai, moi que vous délaissez, des gens pour me suivre. Seront avec moi les Scythes, les Bactriens, tout à l'heure nos ennemis, maintenant nos compagnons d'armes. La mort vaut mieux qu'un pouvoir précaire ; partez, rentrez chez vous partez, ayant délaissé votre roi, partez en triomphateurs ! Moi, ici, je trouverai le chemin ou d'une victoire dont vous désespérez, ou d'une mort honorable.

En dépit de ces paroles, il n'y eut pas un soldat dont il pût tirer un mot. Ils attendaient que les chefs et les grands fissent savoir au roi que, accablé par les blessures et par les fatigues ininterrompues du service, ils ne se refusaient pas à leur devoir : seulement ils étaient incapables de l'exécuter. Mais les officiers, paralysés par la crainte, baissaient la tête vers le sol. D'abord une rumeur spontanée, puis des plaintes aussi s'élevèrent, et peu à peu la douleur se manifesta avec plus de liberté, les pleurs coulèrent, au point que le roi, dont la colère se changeait en compassion, fut, lui aussi, en dépit de ses efforts, incapable de retenir des larmes. Finalement, comme l'assemblée entière pleurait sans se contenir, Coènos osa, quand tous les autres hésitaient, s'approcher du terre-plein en faisant signe qu'il voulait parler. Dès que les soldats le virent qui enlevait le casque de sa tête – telle est la coutume quand on s'adresse au roi –, ils se mirent à l'exhorter à plaider pour l'armée. Alors Coènos :

– Que les dieux écartent de nous les pensées impies ; d'ailleurs, il est certain qu'ils les écartent. L'esprit de tes soldats est encore ce qu'il fut toujours : prêts à aller où tu l'ordonneras, à combattre, à courir des dangers, à recommander, avec notre sang, ton nom à la postérité. Donc, si tu t'obstines, même sans armes, nus, exsangues, à ton gré nous marchons derrière toi, ou même devant toi. Mais, si tu veux entendre tes soldats te parler sans feinte, et d'ailleurs sous la contrainte d'une nécessité impérieuse, prête, je t'en prie, une oreille propice à des hommes qui, sans faiblir, ont suivi et, où que tu les mènes, suivront ton commandement et tes auspices. Tu as vaincu, roi, par la grandeur de tes actions, non seulement tes ennemis, mais aussi tes soldats. Tout ce dont est susceptible la condition de mortel, nous l'avons réalisé. Nous avons parcouru les mers et les terres ; tout cela nous est plus familier qu'aux habitants mêmes. Nous voici arrêtés presque à l'extrême bout du monde ; tu t'apprêtes à aller dans un globe différent, et tu cherches une Inde que les Indiens ignorent. Tu souhaites arracher de leurs repaires et de leurs tanières des gens qui passent leur vie parmi les fauves et les serpents, – et cela afin que ta marche victorieuse s'étende au-delà de ce que voit le soleil. Projet digne de ton âme, mais trop élevé pour la nôtre. Car ta valeur connaîtra une éternelle croissance, mais notre force connaît déjà son déclin. Regarde nos corps exsangues, labourés par tant de blessures, déformés par tant de cicatrices. Désormais les armes sont émoussées pour l'attaque, et nous font défaut pour la défense. Nous avons revêtu l'habit perse, parce qu'on ne peut en amener de chez nous ; nous nous sommes avilis à nous vêtir en étrangers. Combien d'entre nous ont de cuirasse ? Qui possède un cheval ? Enquiers-toi du nombre de ceux qu'ont accompagnés leurs esclaves et de ce que chacun conserve de son butin. Victoire totale, dénûment total. Ce n'est pas le goût du luxe qui nous a mis dans la peine : la guerre nous a dévoré ce qui est nécessaire pour la guerre. C'est cette belle armée que tu veux opposer, nue, aux éléphants ? De ceux-ci, j'admets que les Barbares augmentent, exprès, la quantité ; mais ce mensonge même me fait concevoir leur grand nombre. Si la décision d'avancer encore plus dans l'Inde est arrêtée, le pays est moins vaste vers le Midi ; cette région une fois soumise, il te sera possible de dévaler jusqu'à cette mer, que la nature a voulu pour borne des choses humaines. Pourquoi ce détour, quand la gloire, que tu cherches, est sous ta main ? Ici aussi, l'Océan se présente à nous. Sauf si tu préfères les courses errantes, nous voici arrivés où te mène ta Fortune. J'ai mieux aimé m'exprimer ainsi devant toi que devant eux sans toi : non que je veuille me concilier l'armée qui nous entoure, mais pour que tu l'entendes s'exprimer nettement, plutôt que gémir sourdement.

Dès que Coènos eut mis un terme à ses paroles, de partout s'élèvent des cris avec des sanglots, et des voix confuses appellent Alexandre roi, père, maître. Maintenant, d'autres officiers et surtout les plus vieux, dont l'âge rendait le refus plus honorable et l'autorité plus forte, formulaient les mêmes prières. Lui, il ne pouvait ni réprimander leur obstination ni adoucir sa colère. Ne sachant donc que décider, il sauta du haut du terre-plein, et donna ordre de fermer la tente royale, consignant sa porte à tout le monde, sauf à ses familiers. Il accorda deux jours à sa colère ; le troisième jour, il s'avança hors de sa tente et fit élever 12 autels de pierres carrées, en souvenir de son expédition, agrandir aussi les défenses du camp, et laisser des couchettes trop vastes pour la taille humaine : il voulait que toutes choses parussent plus grandes, préparant ainsi à la postérité un émerveillement injustifié.

Quinte-Curce, IX, 2, 26 – 3, 19.

Mais, voyant ses soldats épuisés par des campagnes ininterrompues — cela faisait presque 8 ans qu'ils peinaient aux milieu des épreuves et des combats — Alexandre comprit qu'il était nécessaire, pour cette campagne contre les Gangarides, de stimuler la troupe par un discours adapté aux circonstances. On avait en effet perdu beaucoup de soldats et on ne s'attendait nullement à voir la guerre prendre fin. Il se trouvait aussi que les marches incessantes avaient usé les sabots des chevaux, que la plupart des armes étaient émoussées à force de servir, et que les soldats, faute de costumes grecs de rechange, avaient été contraints d'utiliser des tissus barbares et de retailler les vêtements des Indiens. De plus, par un effet du hasard, des trombes d'eau s'abattirent pendant 70 jours : il ne cessait de tonner et la foudre tombait continuellement.

Considérant que tout cela faisait obstacle à son entreprise, Alexandre n'avait plus qu'un espoir de réaliser ses désirs : c'était d'amener par sa complaisance les soldats à faire preuve de bon vouloir. C'est pourquoi il leur permit de mettre au pillage la région riveraine du fleuve, qui regorgeait de butin de toute sorte. D'autre part, pendant les journées où l'armée était occupée à battre le pays, il rassembla les femmes et les enfants des soldats, instituant en faveur des femmes une distribution mensuelle de blé, tandis qu'il accordait aux enfants une allocation complémentaire déterminée en fonction du classement hiérarchique de leur père. Quand les soldats furent de retour — ils avaient trouvé en battant le pays une grande quantité de biens de toutes sortes — Alexandre les convoqua en assemblée générale et développa à propos de l'expédition contre les Gangarides un discours longuement médité. Mais, comme les Macédoniens n'étaient absolument pas d'accord, il renonça à son entreprise.

Ayant décidé de fixer à cet endroit les bornes de son expédition, il commença par élever des autels de 22 mètres en l'honneur des 12 dieux. Puis, creusant un fossé de 15 mètres de large et de 12 de profondeur, il entoura son camp d'un retranchement trois fois plus grand que celui qui existait antérieurement. Il amoncela d'autre part en deçà du fossé la terre de déblai, édifiant ainsi un rempart imposant. Il ordonna d'autre part aux fantassins de construire des baraquements comportant pour chaque homme deux châlits de 2,20 mètres. Les cavaliers devaient en outre construire deux crèches faisant le double de l'ordinaire. On augmenterait de la même manière les dimensions de tout ce que l'on devait laisser derrière soi. S'il avait décidé d'agir de la sorte, c'est qu'il voulait tout à la fois faire un camp comme en avaient les héros et laisser aux indigènes des vestiges annonçant des hommes de haute taille et d'une force physique dépassant la normale

Diodore, XVII, 94, 1 – 95, 2.

Les Macédoniens étaient las de voir leur roi assumer épreuve après épreuve, affronter danger sur danger ; il y avait des rassemblements dans le camp, les uns se lamentant sur leur sort (les plus modérés), les autres affirmant avec force qu'ils n'iraient pas plus loin, même si Alexandre voulait les entraîner. Quand Alexandre l'apprit, avant que ces troubles et ce découragement prennent une plus grande ampleur parmi les soldats, il convoqua les chefs d'unités et leur parla ainsi :

– Macédoniens et alliés, je vous vois me suivre dans les dangers avec un esprit qui n'est plus celui d'antan, je vous ai donc réunis dans ce but : vous convaincre et vous emmener plus loin, ou bien me laisser convaincre et faire demi-tour. Si vous réprouvez les épreuves que vous avez subies jusqu'à présent et si vous désapprouvez mon propre commandement, alors bien sûr il ne me sert plus à rien de parler. Mais si c'est bien grâce à ces épreuves que l'Inde est entre vos mains, ainsi que l'Hellespont, les deux Phrygies, la Cappadoce, la Paphlagonie, la Lydie, la Carie, la Lycie et la Pamphylie, la Phénicie et l'Égypte ainsi que la Libye grecque et une partie de l'Arabie, la Coilé-Syrie et la Mésopotamie ; si c'est grâce à ces épreuves que Babylone est entre vos mains, ainsi que la Susiane, la Perse, la Médie et les pays que les Perses et les Mèdes dominaient, ainsi que ceux qu'ils ne dominaient pas, les régions au-delà des Portes Caspiennes, de l'autre côté du Caucase, le Tanaïs, les régions au-delà du Tanaïs, la Bactriane, l'Hyrcanie, la mer Hyrcanienne ; si c'est grâce à ces épreuves que nous avons repoussé les Scythes jusqu'au désert, qu'en plus le fleuve Indus coule dans un pays qui est le nôtre, le fleuve Hydaspe aussi, ainsi que l'Akésinès et l'Hydraotès, pourquoi hésitez-vous à ajouter encore l'Hyphase et les régions au-delà de l'Hyphase à l'autorité macédonienne ? Ou bien avez-vous peur que ces autres Barbares ne vous laissent pas continuer ? Les uns se soumettent bien volontiers, les autres sont capturés pendant leur fuite, les autres s'enfuient et nous laissent un territoire vide, territoire qui s'ajoute à ceux de nos alliés et des ennemis soumis. La limite aux épreuves, pour un homme d'élite, il me semble que ce sont ces épreuves mêmes qui nous portent aux actions glorieuses. Mais si quelqu'un veut entendre quelle sera la limite de cette guerre, qu'il apprenne qu'il ne nous reste plus grand-chose à faire jusqu'au Gange et la Mer Orientale ; je vous l'affirme, la mer Hyrcanienne communique très visiblement avec elle : car la Grande Mer fait le tour de toute la terre. En ce qui me concerne, je prouverai aux Macédoniens et aux alliés que le Golfe Indien communique avec le Golfe Persique, et la mer Hyrcanienne avec le Golfe Indien. Depuis le Golfe Persique nous ferons voile avec notre flotte autour de la Libye, jusqu'aux Colonnes d'Héraclès. À partir de ces Colonnes, toute la Libye sise en-deçà sera à nous, ainsi que toute l'Asie et les limites de l'empire d'Asie, celles-là même que le dieu a données à la terre. Mais si vous faites demi-tour, il reste beaucoup de peuples hostiles au-delà de l'Hyphase jusqu'à la mer Orientale, beaucoup aussi entre eux et la mer Hyrcanienne en direction du Borée ; et les peuples Scythes ne sont pas loin en arrière, si bien qu'il est à craindre, si nous retournons, de voir ceux que nous ne tenons pas encore fermement en notre pouvoir poussés à la révolte par ceux que nous ne tenons pas du tout. À ce moment-là, toutes nos peines auront été inutiles, ou bien il faudra recommencer à zéro et affronter d'autres épreuves et d'autres dangers. Mais tenez bon, Macédoniens et alliés ! Les exploits glorieux sont le propre de ceux qui affrontent épreuves et dangers ; il est doux de vivre valeureux et de mourir en laissant une gloire immortelle. Ne savez-vous pas que notre ancêtre, pour n'être pas resté à Tirynthe ou Argos, et même dans le Péloponnèse ou à Thèbes, a atteint un tel degré de gloire que, d'homme qu'il était, il est devenu dieu et est considéré comme tel ? Et pour Dionysos, dont la divinité dépasse celle d'Héraclès, que d'épreuves ! Mais nous, nous sommes parvenus au-delà de Nysa et le Rocher d'Aornos, imprenable pour Héraclès, est entre nos mains ! Vous, ajoutez ce qui reste de l'Asie à ce que vous détenez déjà, ajoutez ce peu à cette masse ! Car nous, qu'aurions-nous accompli de grand et de beau si nous étions restés en Macédoine et si nous avions jugé suffisant de sauvegarder notre terre, sans peine, repoussant aux frontières les Thraces frontaliers, les Illyriens, les Triballes, ou ceux des Grecs qui n'étaient pas favorables à nos intérêts ? Bien sûr, si je vous avais dirigés, bien à l'abri des épreuves et des dangers, en vous laissant affronter seuls ces épreuves et ces dangers, il ne serait pas étonnant que vous soyez las, puisque vous auriez été tous seuls à subir les épreuves tandis que vous en laisseriez à d'autres les récompenses. Mais en réalité les épreuves nous sont communes, nous partageons les mêmes dangers, et les récompenses sont à la portée de tous. La terre est à vous et vous en êtes les satrapes. Actuellement, la plus grande partie des richesses est entre vos mains, et lorsque nous aurons complètement soumis l'Asie, par Zeus, je ne vais pas vous rassasier des biens que chacun espère, je vais vous en submerger. Et ceux qui voudront rentrer chez eux, je les renverrai au pays, ou bien je les ramènerai moi-même ; quant à ceux qui resteront, j'en ferai des objets d'envie pour ceux qui partiront.

Quand Alexandre eut dit ces mots et d'autres du même genre, il y eut un long silence : ils n'osaient pas contredire ouvertement le roi, et ils ne voulaient pas non plus l'approuver. En même temps Alexandre offrit à plusieurs reprises la parole à ceux qui le voulaient, pour le cas où quelqu'un aurait une opinion contraire à la sienne ; mais même ainsi le silence perdurait. Après un long moment Coènos, fils de Polémocrate, rassembla son courage et parla ainsi :

– Roi, puisque tu ne veux pas diriger les Macédoniens avec l'autorité d'un maître, puisque tu dis que tu les conduiras si tu les persuades et que tu ne les forceras pas s'ils te persuadent, en ce qui me concerne, je ne parlerai pas pour nous ici présents, nous qui sommes plus honorés que les autres, nous qui sommes déjà nombreux à avoir reçu la récompense de nos épreuves, nous qui, du fait de notre pouvoir sur les autres, brûlons de te servir en tout ; mais je parlerai pour l'ensemble de l'armée. Et, même pour elle, je ne parlerai pas pour lui faire plaisir, mais je dirai ce que je pense important pour toi, actuellement, et ce que je pense le plus sécuritaire pour l'avenir. J'ai le droit, en raison de mon âge, de ne pas taire ce qui me semble le meilleur parti ; en raison aussi du respect dont je jouis, grâce à toi, auprès des autres, et en raison de mon audace, incontestée jusqu'à présent, dans les épreuves et dans les dangers. En effet, plus nombreux et plus éclatants furent les exploits accomplis sous ton commandement, par toi et tous ceux qui sont partis de chez eux avec toi, plus j'estime important de poser une limite aux épreuves et aux dangers. Car tu vois toi-même combien de Macédoniens et de Grecs sont partis avec toi, et combien il en reste maintenant. Parmi eux, quand tu as senti que les Thessaliens, dès la Bactriane, n'étaient plus très ardents pour affronter les épreuves, tu les as renvoyés chez eux, et tu as bien fait. Parmi les autres Grecs, les uns ont été installés dans les villes que tu as fondées, et ils n'y restent pas tout à fait de leur plein gré ; les autres, qui ont partagé les épreuves et les dangers avec toi, ainsi que l'armée macédonienne, sont ou bien tombés au combat, ou bien, devenus inaptes au combat à cause de leurs blessures, ont été abandonnés çà et là en Asie. Ils sont nombreux à être morts de maladie, et très peu à survivre sur le grand nombre qu'ils étaient, et ceux-ci ne sont plus aussi vigoureux physiquement et leur moral est encore plus atteint. Et chez tous, il y a le désir de revoir leurs parents, s'ils vivent encore, le désir de revoir leurs femmes et leurs enfants, le désir de revoir leur patrie. Une patrie qu'on peut bien leur pardonner de désirer revoir puisqu'ils reviendraient en gens importants et non en petites gens, en riches plutôt que pauvres, grâce à tout ce que tu leur as donné. Maintenant, ne les entraîne pas contre leur gré. Tu ne les trouveras plus pareils dans les dangers s'ils ne vont pas au combat de leur plein gré. Mais toi, reviens aussi chez toi, vois ta mère, règle les affaires des Grecs, rapporte dans la maison paternelle ces grandes et nombreuses victoires, et s'il te semble bon de monter une nouvelle expédition en recommençant à zéro, vas-y ; si tu le veux, contre ces mêmes peuples qui habitent vers l'aurore, ou si tu préfères, contre le Pont-Euxin, ou bien contre Carthage et la Libye sise au-delà de Carthage. C'est à toi qu'il convient de conduire désormais ces expéditions. Et d'autres Grecs et d'autres Macédoniens te suivront, jeunes au lieu de vieux, frais plutôt qu'affaiblis, des soldats qui, du fait de leur inexpérience, n'auront pas peur des choses de la guerre et qui seront plein d'élan grâce à l'espoir qu'ils auront dans l'avenir. Et il est vraisemblable qu'ils te suivront encore plus volontiers quand ils verront tous ceux qui reviennent chez eux riches au lieu de pauvres et célèbres au lieu d'insignifiants comme ils étaient avant, après avoir partagé avec toi les épreuves et les dangers. Ô Roi, il est beau, c'est même la chose la plus belle, de garder la mesure au milieu du succès. Et pour toi qui règnes et qui diriges une telle armée, tu n'as certes rien à craindre des ennemis, mais les divinités agissent à l'égard des humains de façon imprévisible, et, de ce fait, de façon imparable.

Lorsque Coènos eut parlé, il y eut dans l'assistance des applaudissements. Beaucoup versaient des larmes et montraient ainsi encore mieux leur répugnance devant les futurs dangers et leur joie devant un éventuel retour. Alexandre, furieux de voir la liberté de langage de Coènos et l'indécision des autres chefs, leva l'assemblée. Le lendemain, il convoqua à nouveau les mêmes personnes et, plein de colère, il déclara qu'il irait de l'avant et qu'il ne forcerait aucun des Macédoniens à le suivre contre son gré. Car il trouverait des gens qui accompagneraient leur roi de leur plein gré ; pour les autres, ceux qui voulaient rentrer chez eux pouvaient le faire et annoncer à leur entourage qu'ils revenaient en ayant abandonné leur roi au milieu des ennemis. À ces mots il se retira sous sa tente et aucun des Compagnons ne put le rejoindre, ni ce jour-là ni jusqu'au troisième jour : il attendait de voir si les Macédoniens et les alliés changeaient d'avis comme cela arrive souvent parmi la masse des soldats, ce qui les rendrait alors plus dociles. Comme un lourd silence continuait à régner dans le camp et que les soldats étaient visiblement désolés de la colère d'Alexandre, mais peu enclins à changer d'avis à cause d'elle, d'après ce que raconte Ptolémée fils de Lagos, il n'en fit pas moins un sacrifice pour la traversée, mais les victimes ne lui étaient pas favorables. Rassemblant alors les plus anciens des Compagnons et ceux qui lui étaient les plus intimes, comme tout conspirait pour le pousser au retour, il annonça à l'armée qu'il avait décidé de rebrousser chemin.

Alors ils se mirent à hurler, comme une foule en liesse, hétéroclite, peut hurler, et la majorité d'entre eux pleurait. Certains s'approchaient de la tente royale et ils appelaient sur Alexandre de nombreux bienfaits, parce qu'il s'était laissé vaincre par eux seuls. Alors il divisa son armée en 12 escadrons, ordonna d'installer 12 autels, hauts comme les plus hautes tours mais plus larges encore que des tours, pour honorer les dieux qui l'avaient conduit, victorieux, jusque-là, et en mémorial de ses épreuves. Quand les autels furent installés, il sacrifia selon la coutume et offrit des jeux sportifs et hippiques. Il plaça sous l'autorité de Poros tout le territoire jusqu'au fleuve Hyphase, et de son côté, il fit demi-tour en direction de l'Hydraotès.

Arrien, *Anabase*, V, 25, 2 – 29, 3.

Tout d'abord le découragement et la colère poussèrent Alexandre à s'enfermer sous sa tente, où il resta couché ; il déclarait que, s'il ne passait pas le Gange, il ne saurait aucun gré à ses soldats de ce qu'ils avaient auparavant accompli, et qu'il considérait la retraite comme un aveu de défaite. Mais, comme ses amis lui adressaient des exhortations inspirées par les circonstances et que les soldats assiégeaient sa porte et le suppliaient en gémissant et en criant, il se laissa fléchir et leva le camp, non sans imaginer beaucoup de procédés ingénieux et trompeurs en vue de sa gloire : c'est ainsi qu'il fit faire des armes, des mangeoires à chevaux et des mors d'une grandeur et d'un poids extraordinaires et les laissa disséminés sur place. Il éleva aussi aux dieux des autels, que les rois des Praesiens vénèrent encore aujourd'hui quand ils passent le fleuve, et sur lesquels ils sacrifient à la manière des Grecs.

Plutarque, 62, 5 – 7.

Séquence 35

COMBATS CONTRE LES MALLES

Hiver 326

Personnages :

Alexandre en bien mauvaise posture et frôlant la mort de très près.

Démophon, devin.

Les Malles (*malla* = lutteur, athlète), tribu indépendante de costauds vivant au nord du confluent de l'Akésinès et de l'Hydraotès.

Peucestas, officier de la garde des hypaspistes.

Timée, Léonnatos, Aristonos, de braves Macédoniens venant au secours du roi.

Critobule, médecin de Philippe et maintenant d'Alexandre.

Assaut des murailles, corps à corps sanglants contre des colosses sauvages, suspense, dévouement et scène d'arrachage de flèche aussi sadique que celle des westerns où le gentil souffre le martyre en se donnant en sacrifice. Faites chauffer l'eau et apportez la charpie !

On parvint ensuite à la capitale des Sudraques, où la plupart s'étaient réfugiés, avec aussi peu de confiance en leurs murs qu'en leurs armes. Déjà, le roi faisait avancer ses troupes, quand un devin lui conseilla de ne pas entreprendre ou, du moins, de remettre le siège : il voyait la vie d'Alexandre en danger. Alors Alexandre, regardant Démophon (c'était le nom du devin) :

– Si quelqu'un t'interrompait quand tu es occupé à ton métier et que tu examines les entrailles, il te paraîtrait à coup sûr gênant et importun.

Comme l'autre lui répondait affirmativement :

– Estimes-tu, lui dit Alexandre, qu'au moment où j'ai sous les yeux, au lieu de viscères d'animaux, de si grandes choses, il y ait gêne plus considérable qu'un devin empêtré de sa superstition ?

Ne se retardant que le temps de cette réponse, il fait approcher les échelles et, malgré l'hésitation des autres, il monte vers le haut du mur. La corniche du mur était étroite : pas de créneaux, comme en d'autres endroits, qui fissent saillie sur la crête ; mais l'obstacle d'un parapet continu barrait le passage. Aussi le roi était-il sur le rebord, dans une position plutôt instable, repoussant de son bouclier les projectiles qui tombaient sur lui de tous côtés car, de toutes les tours, les ennemis le visaient à distance. Et ses soldats ne pouvaient grimper jusqu'à lui, car, d'en haut, on les écrasait sous un tir violent. Enfin, le devoir l'emporta sur l'étendue du danger ; car ils se rendaient compte qu'en hésitant ils livraient le roi aux ennemis. Mais leur hâte retarda les secours : chaque individu luttant pour parvenir en haut, ils chargèrent les échelles ; elles ne résistèrent pas, et ils roulèrent à terre, décevant l'unique espérance du roi. Il restait là, à la vue d'une si grande armée, comme abandonné dans un désert.

Son bras gauche, qui tournait le bouclier dans la direction des coups, était déjà fatigué, ses amis lui criaient de sauter vers eux, et ils le guettaient, quand il osa un acte incroyable, inouï, et qui constituait plutôt un prodige de témérité qu'une action d'éclat : sautant dans le vide, il s'élança dans la ville pleine d'ennemis, sans pouvoir espérer beaucoup mieux que mourir en soldat et en se vengeant ; car, avant de se redresser, il pouvait succomber au nombre et être pris vivant. Mais il se trouva qu'il avait calculé sa chute de façon à retomber sur ses pieds. Aussi engagea-t-il le combat debout ; par ailleurs, la fortune avait pourvu à ce qu'il n'y eût pas moyen de le cerner. Un arbre vénérable, non loin de la muraille, étendait ses branches revêtues d'un feuillage abondant, et qui semblaient protéger le roi intentionnellement. Pour ne pas être cerné, il s'adossa au vaste tronc, interceptant avec son bouclier les traits dont on l'accablait de face. De loin, en effet, tous ces bras visaient le seul Alexandre, mais personne n'osait s'avancer plus près ; les projectiles portaient plus souvent sur les branches que sur le bouclier. Luttaient en faveur du roi d'abord la gloire d'un nom illustre, ensuite l'absence d'espoir – puissant encouragement à une belle mort. Mais, en raison de l'afflux incessant des ennemis, déjà il avait reçu sur son bouclier une énorme quantité de traits, déjà les pierres avaient fracassé son casque, déjà ses genoux ployaient, alourdis par la continuité de son effort. Aussi, ceux qui étaient au premier rang, l'attaquèrent-ils hardiment et sans précaution : il reçut deux d'entre eux avec son épée, si bien qu'ils s'écroulèrent devant lui, inanimés. Et personne n'eut, ensuite, le cœur de l'assaillir de plus près : de loin, on lui lançait javelots et flèches. Lui, bien qu'exposé à tous les coups, il n'avait pas de peine, les genoux pliés, à se garantir ; mais, à la fin, un Indien lui envoya une flèche d'un mètre (aux Indes, comme nous l'avons dit ci-dessus, les flèches avaient cette longueur) : elle traversa la cuirasse et se fixa un peu au-dessus du flanc droit. Cette blessure l'abattit ; perdant le sang en abondance, il lâcha ses armes, semblable à un moribond, et si épuisé que sa main n'était même pas en état d'arracher le trait. Aussi celui qui l'avait blessé se précipita-t-il, dans son allégresse, pour dépouiller le roi ; mais celui-ci, au contact de la main qui le touchait, sursauta, je pense, devant l'indignité de ce suprême outrage ; il rappela ses esprits défaillants et, relevant son épée, il perça de la pointe le flanc découvert de l'ennemi. Gisaient autour du roi trois cadavres : au loin, la foule consternée. Lui, désireux, avant de rendre l'âme, de mourir pourtant en combattant, il s'efforça de se redresser à l'aide de son bouclier ; et, constatant que la disparition de ses forces l'empêchait d'y réussir, il empoigna de la main droite les branches pendantes, et tâcha de se relever. Mais son corps n'obéit pas davantage, il retomba sur les genoux : de la main, il provoquait celui des ennemis, qui aurait l'audace de se mesurer à lui.

Enfin, survint Peucestas, qui venait d'un autre côté de la ville, après avoir délogé les défenseurs du mur, et qui avait suivi les traces du roi. À sa vue, Alexandre, pour qui cette arrivée représentait non pas une chance de vivre, mais une consolation pour mourir, se laissa choir, épuisé, sur son bouclier. Aussitôt survinrent Timée et, peu après, Léonnatos, et Aristonos. Les Indiens aussi, quand ils surent que le roi était dans leurs murs, abandonnèrent tout pour se précipiter là-bas, et ils serreraient de près ses défenseurs. L'un d'eux, Timée, qui avait reçu nombre de blessures par-devant et combattu en héros, tomba ; Peucestas, traversé, lui aussi, de trois javelots, couvrait néanmoins de son bouclier non pas lui, mais le roi ; Léonnatos, grièvement blessé à la tête en repoussant l'assaut forcené des Barbares, s'affaissa à demi mort aux pieds du roi. Déjà

Peucestas aussi, épuisé par les blessures, avait abaissé son bouclier. À Aristonos s'accrochait le dernier espoir ; mais, grièvement blessé lui aussi, il était incapable de soutenir davantage la violente pression de l'ennemi. Pendant ce temps, le bruit de la mort du roi était arrivé aux Macédoniens. Ce qui aurait affolé d'autres hommes, les exalta. En effet, sans souci d'aucun péril, ils abattirent le mur avec leurs dolabres ; par la brèche qu'ils avaient ménagée, ils firent irruption dans la ville, et ils massacrèrent les Indiens, plus nombreux à fuir qu'à oser se mesurer avec eux. On n'épargna ni vieillards ni femmes ni enfants : ils se figuraient que tout individu qu'ils rencontraient avait blessé leur roi ; enfin, l'anéantissement des ennemis apaisa leur légitime colère.

On ramène le roi sous sa tente ; les médecins scient le bois de la flèche qui était fixée dans son corps sans remuer le fer. Puis ils le mettent nu, et constatent que le trait comportait des crocs et que le seul moyen de pratiquer l'extraction sans risque était d'élargir la blessure par incision. Mais ils craignaient que l'incision ne fût gênée par un afflux de sang, car le trait enfoncé était énorme et il semblait avoir pénétré dans les entrailles. Critobule, praticien hors pair, mais épouvanté par l'étendue du risque, n'osait approcher la main, de peur que l'issue d'une opération mal réussie ne retombât sur sa tête. Le roi le voyait en larmes, apeuré, et blême d'inquiétude :

– Qu'attends-tu, lui dit-il, et jusqu'à quand ? Délivre-moi plutôt de cette douleur au plus vite, puisque de toutes façons je vais mourir. Crains-tu qu'on t'accuse, quand j'ai reçu une blessure inguérissable ?

Finalement Critobule mit fin à sa crainte, ou la dissimula ; il l'invita à se laisser maintenir pendant qu'il lui enlèverait le fer : un mouvement, même léger, serait dangereux. Le roi affirma qu'il n'avait besoin de personne pour le maintenir, et, selon les recommandations de Critobule, il se laissa faire sans broncher. Quand la plaie eut été élargie, et la pointe enlevée, un flux énorme de sang se produisit ; le roi perdit connaissance, une brume couvrit ses yeux, et il resta inerte, tel qu'à l'article de la mort. Comme on ne réussissait pas à enrayer l'hémorragie avec des remèdes, les Amis se mirent à crier à la fois et à sangloter, croyant qu'il avait expiré. Le sang finit par s'arrêter ; peu à peu, il revint à lui, et il commença à reconnaître les assistants. Pendant toute la journée et la nuit qui suivit, les troupes en armes assiégèrent la tente royale : aveu que tous ne vivaient que par son souffle ; et ils ne se retirèrent pas avant d'avoir appris qu'il se reposait en dormant un peu. Aussi rapportèrent-ils au camp un peu plus de confiance en sa guérison.

Après 7 jours de traitement et avant que sa blessure fût cicatrisée, Alexandre apprit que sa mort passait, chez les Barbares, pour une certitude ; il fit donc établir au milieu de deux navires jumelés une tente visible de partout, pour se montrer de là à ceux qui le croyaient mort.

Quinte-Curce, IX, 4, 26 – 5, 30.

Séquence 36

LA DESCENTE DE L'INDUS

325

Personnages :

Alexandre en commandant de vaisseau, découvreur, massacreur et guérisseur.

Ptolémée en agonisant soudain miraculé.

Néarque et Onésicrite, les grands marins du périple fluvial.

Ayant décidé de descendre vers le sud pour rejoindre Babylone par les fleuves et le bord de mer, Alexandre fait construire une flotte par les marins phéniciens, chypriotes et égyptiens qui l'accompagnent et décide de descendre vers l'océan Indien en empruntant l'Hydaspe, l'Akésinès et enfin l'Indus pendant que Cratère et Héphaistion le suivent en deux colonnes de part et d'autre des rives. Nettoyage musclé de poches de résistance et massacre des Brahmanes responsables de l'insoumission. Et enfin la mer, atteinte à l'embouchure de l'Indus dont les marées violentes surprennent désagréablement les Méditerranéens.

Alexandre ordonna donc à l'armée de longer le fleuve en se tenant à la hauteur des navires. Lui-même continuait cependant à naviguer sur le fleuve en direction de l'Océan, et il atteignit le pays des Sambastes, comme on les appelle. Par le nombre et la valeur de leurs guerriers, ils ne le cèdent à aucun peuple de l'Inde. Ils habitent des cités gouvernées démocratiquement et, à la nouvelle de l'agression macédonienne, ils rassemblèrent leurs soldats : 60 000 fantassins, 6 000 cavaliers, ainsi que 500 chars. Mais, à l'approche de la flotte, ils furent frappés de saisissement par ce qu'il y avait d'étrange et d'extraordinaire dans son arrivée, effrayés qu'ils étaient par la gloire partout fameuse des Macédoniens. Leurs Anciens ayant en outre conseillé de ne pas livrer bataille, ils envoyèrent en ambassade 50 des principaux notables pour demander un traitement humain. Le roi couvrit ces gens d'éloges et leur accorda la paix, si bien que les indigènes l'honorèrent de riches présents et lui conférèrent des honneurs héroïques.

Il rallia ensuite les populations habitant les deux rives du fleuve : on les appelle Sodras et Massaniens. C'est dans ces parages qu'il fonda une ville, Alexandrie, située au bord du fleuve, pour laquelle il recruta 10 000 colons. Il parvint ensuite dans le pays du roi Mousikanos. Il fit exécuter ce prince, qui était tombé entre ses mains, et soumit la peuplade à son autorité. Il envahit ensuite la principauté de Porticanos et s'empara de deux villes dès le premier assaut : il permit à ses soldats de les piller et mit le feu aux maisons. Quant à Porticanos, qui avait trouvé refuge dans un bourg solidement fortifié, il le vainquit et le tua les armes à la main. Il prit également d'assaut toutes les villes placées sous la souveraineté de ce dernier et les détruisit de fond en comble, inspirant ainsi une terreur profonde aux peuplades voisines.

La descente de l'Indus 363

Il saccagea ensuite le royaume de Sambos et réduisit en esclavage la population de la plupart des villes, qu'il détruisit de fond en comble, massacrant plus de 80 000 Barbares. Voilà donc de quels malheurs fut affligé le peuple que l'on appelle Brahmanes. Les survivants étant venus l'implorer avec des rameaux de suppliants, il châtia les principaux responsables et déchargea les autres des griefs dont ils étaient l'objet. Mais le roi Sambos échappa au danger en se réfugiant avec 30 éléphants dans le pays au-delà de l'Indus.

En raison de la bravoure de ses habitants et de son site d'accès difficile, la dernière ville des Brahmanes, nommée Harmatélia, était pleine de confiance dans sa valeur. Alexandre dépêcha donc quelques voltigeurs avec l'ordre d'accrocher l'ennemi et d'exécuter un léger repli si celui-ci faisait une sortie. Or l'adversaire n'eut que mépris pour eux – ils n'étaient que 500 ! – lorsqu'ils donnèrent l'assaut au rempart. 3 000 soldats sortant de la ville pour les attaquer, nos gens feignirent la peur et prirent la fuite. Mais, avec une poignée d'hommes, le roi arrêta les poursuivants et engagea un violent combat : une partie des Barbares furent tués, les autres capturés.

Mais, parmi les compagnons du roi, il y eut un certain nombre de blessés qui coururent les plus graves dangers. C'est que le fer des Barbares avait été enduit d'une drogue à l'effet mortel, et c'est parce qu'ils avaient confiance dans son efficacité qu'ils avaient accepté de livrer une bataille décisive. La drogue devait son efficacité à certains serpents que l'on chasse et dont on expose le cadavre au soleil. La chaleur produite par l'ardeur du soleil liquéfiait les chairs, provoquant une exsudation, grâce à laquelle le venin des serpents était libéré en même temps que les humeurs. Aussi le corps du blessé s'engourdissait-il vite. Suivaient peu après des douleurs aiguës. Des convulsions et un tremblement continu s'emparaient de toute sa personne, la peau devenait froide et livide, tandis que de la bile était évacuée par des vomissements. De plus, une noire écume coulait de la blessure où la gangrène prenait naissance. Sitôt apparue, celle-ci avait vite fait de s'étendre aux centres vitaux et provoquait une mort horrible. C'est pourquoi la même chose arrivait à ceux qui avaient essuyé de graves blessures et à ceux qui n'avaient reçu qu'une légère égratignure sans importance.

Les blessés périssaient de la sorte. Si le roi était peiné de leur sort, il était surtout profondément accablé par celui de Ptolémée, le futur roi, pour lequel il avait de l'affection. À propos de ce Ptolémée se produisit un fait singulier, un vrai miracle, que certains attribuaient à la Providence divine : comme tout le monde l'aimait en raison de sa valeur et de la bienfaisance sans mesure dont il faisait preuve à l'égard de chacun, il obtint le secours que sa bonté méritait. Le roi eut une vision pendant son sommeil. Il crut voir un serpent qui tenait dans sa gueule une plante, dont il lui révéla la nature, le pouvoir, ainsi que l'endroit où elle pousse. À son réveil, Alexandre fit chercher et broyer cette plante. Il recouvrit de cet emplâtre le corps de Ptolémée et lui en fit boire sous forme de potion, lui rendant ainsi la santé.

Quand l'efficacité de la plante eut été reconnue, les autres blessés bénéficièrent eux aussi du traitement. Bien que ce fût une grande place forte, le roi avait entrepris de faire le siège de la ville des Harmatéliens. Mais les habitants vinrent le trouver avec des rameaux de suppliants et se livrèrent à lui : il ne leur infligea pas de châtiment.

Diodore, XVII, 102, 1 – 103, 8.

Obligé de s'arrêter là assez longtemps, parce que les guides, insuffisamment surveillés, avaient disparu, il en fit rechercher d'autres : on n'en trouva point ; alors, son désir inflexible de voir l'Océan et d'atteindre le terme du monde l'amena à se passer de guides compétents et à risquer, sur un fleuve inconnu, son existence et la vie de tant d'héroïques soldats. Ils naviguaient donc, sans rien savoir des étendues qu'ils traversaient : la distance qu'il y avait de là à la mer, les nations qui habitaient la contrée, la douceur du fleuve à son embouchure, sa capacité à porter les navires longs, on n'en préjugeait que par d'incertaines approximations. Leur témérité n'avait pour réconfort que la constance de leur bonheur. On s'était avancé de plus de 70 km, quand les pilotes signalent au roi qu'ils reconnaissent le vent de mer, et qu'à leur avis l'Océan n'était pas loin. Joyeux, il encouragea les rameurs à pousser sur les rames : « Ils approchaient du terme de leurs fatigues, qu'ils souhaitaient de tous leurs vœux. Désormais, rien ne manquait à leur gloire ; sans risquer le moindre combat ni verser leur sang, ils s'emparaient de l'univers. La nature même ne pouvait s'avancer au-delà ; sous peu, ils verraient ce que seuls connaissaient les immortels. » Néanmoins, il débarqua sur la rive quelques soldats chargés de découvrir les paysans disséminés ; il espérait qu'ils le renseigneraient avec plus de précision. En inspectant les cabanes, on finit par en découvrir qui se cachaient. Interrogés sur la distance qui les séparait de la mer, ils répondirent n'avoir jamais entendu parler de la mer : mais, en deux jours, on pouvait parvenir à une eau amère, qui gâchait l'eau douce. On comprit qu'ils désignaient ainsi la mer, eux qui n'en connaissaient pas la nature. D'où, chez les marins, une ardeur intense à ramer ; et, de jour en jour, plus l'espérance se rapprochait, plus l'enthousiasme des esprits augmentait.

Le troisième jour, la mer venait se mêler au fleuve, et la marée, encore faible, mélangeait les eaux d'origines diverses. Puis ils se portèrent vers une autre île, placée au milieu du fleuve, et ils y abordèrent avec un peu plus de lenteur, parce que la marée, fouettant les navires, les gênait pour avancer. Puis ils se disséminent pour chercher des approvisionnements, sans s'inquiéter du malheur qui surprit leur ignorance.

Il était à peu près trois heures quand, selon une alternance régulière, l'Océan, grossissant, commença à se porter en avant et à refouler le fleuve. Celui-ci, d'abord arrêté, puis repoussé avec plus de violence, refluait en sens contraire, et sa puissance dépassait celle des torrents qui dévalent en pente raide. Dans l'ensemble, ils ne connaissaient pas la nature des flots, et ils se croyaient en présence de prodiges, de manifestations de la colère divine. À plusieurs reprises la mer s'enfla et descendit recouvrir les plaines naguère à sec. Alors, voyant les embarcations soulevées et toute la flotte dispersée, les hommes, qui avaient été débarqués, tremblants et stupéfaits devant ce fléau inattendu, accourent de toutes parts vers les navires. Mais, dans l'affolement, la hâte même est un retard : les uns mettaient en branle les navires à la perche ; les autres avaient pris place, et par là ils empêchaient d'adapter les rames ; certains, pressés de prendre la large, n'attendaient pas ceux qui devaient être avec eux, et manœuvraient sans fermeté leurs embarcations, déséquilibrées et qu'ils n'avaient pas en main ; d'autres navires débordaient de gens qui s'y ruaient inconsidérément : qu'il y eût beaucoup de monde ou peu, la rapidité des manœuvres subissait un retard égal. Des cris : ici pour ordonner d'attendre, ailleurs d'avancer ; et ces voix diverses de gens, qui n'allaient jamais dans un seul et même sens, ajoutaient à l'impossibilité de voir celle d'entendre. Les pilotes même n'étaient d'aucune utilité : ou le remue-ménage empêchait de percevoir leur voix, ou l'affolement et le désordre, de leur obéir. Les navires entraient donc en collision, les rames étaient balayées par les chocs, les uns avec leur bâtiment malmenaient celui d'autrui. On eût dit non pas la flotte d'une armée unique, mais une bataille navale entre deux escadres. Les proues donnaient dans les poupes ; on était heurté par-derrière, après avoir bousculé les autres par-devant ; on se disputait, et la colère en arrivait aux coups. Déjà la marée avait inondé toutes les plaines aux alentours du fleuve, sauf des hauteurs qui émergeaient, tels des îlots, et que, dans leur affolement, la plupart des soldats, laissant les bateaux, s'étaient empressés de gagner à la nage. La flotte, dispersée, se trouvait soit en eau profonde, où autrefois des vallées s'étaient creusées, soit prise à des bas-fonds, selon les inégalités de niveau du terrain occupé par les ondes – quand, tout à coup, ils sont pénétrés d'une terreur nouvelle, qui dépassait la première. La mer se mit à refluer : ses ondes, dans une course puissante, retrouvaient leur domaine marin ; elle libérait des terres submergées peu auparavant sous des eaux profondes. Les navires, laissés à sec, tombent sur la proue ou se couchent sur le côté. Les plaines étaient jonchées de bagages, d'armes, de monceaux de planches arrachées et de rames. Les soldats n'osaient ni descendre à terre, ni demeurer sur les bateaux : ils s'attendaient continuellement à des éventualités plus cruelles que pour le présent. Ce qu'ils enduraient, à peine croyaient-ils le voir de leurs yeux : un naufrage à sec, la mer dans un fleuve. Ils n'avaient pas fini de souffrir : car, ignorant que la marée ne tarderait pas à ramener la mer, qui soulèverait les navires, ils se prédisaient la famine et le pire. De plus, les flots avaient déposé des bêtes, qui erraient, effroyables.

Déjà la nuit venait, et même le roi, désespérant du salut, était en proie au chagrin ; néanmoins les soucis, loin d'écraser son âme invincible, ne l'empêchent pas de demeurer toute la nuit à observer, et d'envoyer vers l'embouchure du fleuve des éclaireurs montés, chargés de devancer la mer quand ils en remarqueraient un nouveau bouillonnement. De plus, il fait réparer les bâtiments détériorés, redresser ceux que les flots avaient couchés, avec ordre d'être prêts et attentifs quand la mer recommencerait à inonder les campagnes. Toute cette nuit se passa en veilles et en recommandations : et bientôt, ce fut le retour fébrile des cavaliers qui, dans une course folle, revenaient avec la marée derrière eux. Celle-ci se mit d'abord à lever les embarcations, que ses eaux, d'une douce pression, prenaient par en dessous ; puis, quand les plaines entières furent inondées, elle mit aussi la flotte en branle. L'écho des manifestations, par lesquelles soldats et marins célébraient, dans une joie sans mesure, leur sauvetage inespéré, résonnait par les côtes et les berges. Ils se demandaient avec étonnement d'où cette mer était subitement revenue, immense ; où elle s'était retirée, la veille, et quelle était la nature de cet élément, tantôt incohérent, tantôt soumis aux ordres du temps. D'après ce qui s'était passé, le roi conjectura que le moment fixé pour la marée suivait le lever du soleil ; il décida de la devancer, et, en pleine nuit, il descendit le cours du fleuve avec des vaisseaux peu nombreux. Il dépassa l'embouchure et s'avança de plus de 70 km dans la mer : enfin il réalisait son vœu ; il sacrifia aux dieux tutélaires et de cette mer et de ces régions, puis il revint vers sa flotte.

 Celle-ci prit ensuite le fleuve à contre-courant et, le lendemain, mouilla non loin d'un lac salé : l'ignorance de cette particularité trompa beaucoup de soldats, qui s'étaient baignés sans réfléchir ; car la gale s'attaqua à eux, et la contagion étendit à d'autres la maladie. L'huile servit de remède. Puis Alexandre envoya Léonnatos en avant-garde pour forer des puits sur le parcours qu'il comptait faire suivre, en terre ferme, à son armée : en effet, la région manquait d'eau ; lui, il s'arrête avec les troupes, et attend la saison du printemps. Pendant ce temps, il fonda aussi de nombreuses villes. Il donna ordre à Néarque et à Onésicrite, marins d'expérience, de mener sur l'Océan le meilleur de la flotte, et, s'avançant aussi loin que la prudence le permettrait, de reconnaître la nature de cette mer : ils remonteraient le même fleuve ou bien l'Euphrate, quand ils voudraient revenir vers lui.

Quinte-Curce, IX, 9, 1 – 10, 3.

Néarque navigue le long des côtes de l'océan Indien :

De grandes baleines vivent dans la mer extérieure (Océan), et des poissons bien plus grands que dans la mer Intérieure (Méditerranée). Néarque raconte qu'après leur départ de Cyiza, ils ont vu, à l'aube, l'eau de la mer projetée en l'air, comme soulevée par une violente tempête ; effrayés ils demandèrent aux pilotes ce que c'était et la cause de ce phénomène ; les pilotes répondirent qu'il s'agissait de baleines qui, en passant dans la mer, projettent en soufflant l'eau de mer. Les marins étaient affolés et les rames leur tombèrent des mains. Néarque longeait les bateaux, les encourageait, les rassurait, et quand il passait devant un bateau il leur ordonnait de tourner les bateaux proue en avant comme pour leur livrer bataille, de pousser des cris de guerre sur fond de grondement marin et de ramer avec force claquements de rames. Ils reprirent ainsi courage et s'approchèrent au signal donné. Lorsqu'ils furent tout près des fauves, ils crièrent à tue-tête, sonnèrent de la trompette et ramèrent avec le plus de claquements possibles. Alors les baleines qu'on voyait déjà tout à côté de la proue des bateaux plongèrent tout effrayées pour réapparaître peu après à la poupe, projetant à nouveau l'eau de mer au loin. Alors il y eut force applaudissements des marins pour ce salut inespéré, et félicitations à Néarque pour son audace et son habileté. Quelques-unes de ces baleines échouent çà et là sur la côte, lorsque la marée basse les surprend, prisonnières des bas-fonds, d'autres sont poussées au sec par de fortes tempêtes, et c'est ainsi qu'elles pourrissent et se décomposent, leur chair se désagrège et elles ne laissent que leurs ossements que les hommes utilisent pour leurs maisons. Des os qu'elles ont sur les flancs, les grands servent de poutres et les plus petits de solives ; les os qu'elles ont dans la mâchoire, on s'en sert pour les portes ; pas mal de baleines peuvent faire 100 mètres de long.

Arrien, *L'Inde*, XXXI, 8.

Séquence 37

LE DÉSERT DE GÉDROSIE

Septembre à octobre 325

Personnages

Alexandre bravant les dangers de la nature, en meneur illuminé que de nombreux fidèles suivent jusqu'à la mort. Environ 10 000 disparus en deux mois de souffrances dont beaucoup de femmes et d'enfants.

Les Ichtyophages, les « mangeurs de poissons ».

Ces Ichtyophages se nourrissent de poisson, d'où leur nom. Un petit nombre d'entre eux pêchent – car un petit nombre seulement disposent d'embarcations pour cela et connaissent les techniques de la pêche –, la majorité les ramasse à marée basse. Certains ont fabriqué des filets pour la pêche, en général longs de 360 mètres. Ils les tressent en écorce de dattier, qu'ils tordent comme un fil de lin. Quand la mer s'en est allée et que la plage émerge, là où elle est à sec il n'y a en général pas de poisson ; là où il y a des creux il reste un peu d'eau et on est sûr d'en trouver beaucoup, des petits surtout, mais certains sont plus gros. Ils les encerclent au filet et les capturent. Ils les mangent crus dès qu'ils les ont tirés de l'eau, du moins les plus tendres. Les plus gros, plus durs, ils les exposent au soleil jusqu'à ce qu'ils soient complètement secs, ils les écrasent et en font de la farine et du pain ; certains cuisent aussi des galettes avec cette farine. Leur bétail mange aussi du poisson séché, car la région n'a ni pâture ni herbage. Ils ramassent aussi crabes en quantité, huîtres et coquillages. Il y a aussi dans le pays des salines naturelles. Ils en font de l'huile. Ceux d'entre eux qui habitent un pays désert, sans arbre, sans fruit comestible, ces gens-là ont une alimentation entièrement basée sur le poisson. Quelques-uns cultivent un morceau de terre et utilisent les céréales comme plat avec le poisson, mais leur nourriture principale est faite de poisson. Quant aux maisons, les privilégiés les construisent avec des os de baleines que la mer rejette, ils s'en servent comme de bois de construction. Les portes, ce sont les os plats qu'ils ont pu trouver. Pour la majorité d'entre eux et les plus pauvres, les maisons sont faites en arêtes de poissons.

Alors qu'ils longeaient le territoire des Ichtyophages, ils entendent parler d'une île, sise à environ 18 km de cette côte et vide d'habitants. Les indigènes disaient qu'elle était consacrée au soleil, qu'elle s'appelait Nosala et qu'aucun homme ne consent à y débarquer : celui qui par ignorance y aborde disparaît. Néarque raconte qu'un vaisseau léger avec son équipage d'Égyptiens a disparu non loin de cette île, et que les pilotes de la flotte ont affirmé qu'ils ont sûrement disparu pour avoir débarqué en toute ignorance sur cette île. Néarque envoie alors un vaisseau de 30 rames faire le tour de l'île, en ordonnant de ne pas y aborder, mais que les hommes poussent des cris en longeant au plus près le rivage, en criant le nom du capitaine et celui de tout soldat connu. Comme personne ne répondait, il dit qu'il a fait voile lui-même vers l'île, qu'il a forcé les marins, malgré leur refus, à aborder, qu'il a débarqué lui-même et démontré que tout ce discours sur l'île était vide de sens. Il a entendu raconter encore une autre histoire sur cette île, qu'y habi-

Le désert de Gédrosie 373

tait une des Néréides, on ne disait pas son nom. Si un homme y accostait, elle s'unissait à lui puis elle le transformait en poisson et le rejetait à la mer. Le soleil irrité contre la Néréide lui ordonna de quitter l'île ; celle-ci y consentit, mais lui demanda de mettre fin au charme et le soleil l'exauça. Apitoyé par tous ces hommes qu'elle avait transformés en poissons, il leur redonna leur apparence humaine et c'est d'eux que descend la race des Ichtyophages parvenus jusqu'à Alexandre.

Arrien, L'Inde, XXIX, 9 – 16 ; XXXI, 8.

Chaleur, déshydratation, famine, épuisement, peste et torrents de boue accablent Alexandre, ses soldats et leurs familles dans cette terrible traversée de l'Enfer.

De là, il arriva dans le pays des Indiens maritimes. Ils s'étendent sur une vaste contrée désertique, et aucun rapport commercial ne les met en contact même avec leurs plus proches voisins. La solitude a rendu sauvages ces esprits déjà rudes par nature ; leurs ongles poussent sans qu'ils les taillent, leurs cheveux, hirsutes, ne sont jamais tondus ; les matériaux de leurs cabanes sont les coquillages et autres rebuts de la mer. Couverts de peaux de bêtes, ils se nourrissent de poissons durcis au soleil, et même de la chair des bêtes plus importantes, que le flot a rejetées.

Une fois leurs approvisionnements épuisés, les Macédoniens souffrirent donc de la disette et, pour finir, de la famine ; partout, ils arrachaient les racines des palmiers, seul arbre qui pousse là-bas. Mais, quand cette nourriture leur fit défaut elle aussi, ils entreprirent de massacrer leurs bêtes de trait et n'épargnèrent pas même leurs chevaux ; et alors, dans l'incapacité de faire transporter les bagages, ils mirent le feu aux dépouilles de l'ennemi, pour lesquelles ils avaient sillonné l'Extrême-Orient. Puis, à la famine succéda la peste ; car les aliments malsains, dont le goût les surprenait, auxquels s'ajoutaient la fatigue du trajet et les souffrances morales, avaient provoqué des épidémies : nul moyen ni de demeurer ni d'avancer sans catastrophe ; demeuraient-ils ? La faim les accablait ; avançaient-ils ? C'était une recrudescence de peste. Les plaines étaient donc jonchées de semi-vivants plus encore que de cadavres ; même les malades légers étaient incapables de suivre : car l'armée marchait rapidement, chaque individu estimant que ses chances de salut augmentaient pour autant qu'il gagnait du terrain par sa célérité. Ceux qui lâchaient, suppliaient donc les autres, connus ou inconnus, de les relever ; mais il n'y avait pas de transports pour les emmener, les hommes valides avaient peine à porter leurs armes et, de plus, ils avaient sous les yeux l'image du malheur qui les menaçait eux aussi. C'est pourquoi, malgré l'insistance des appels, ils n'avaient pas le courage de tourner la tête vers leurs compagnons : la pitié s'était muée en appréhension. Les autres, abandonnés, invoquaient en pleurant le témoignage des dieux et la communauté de culte ainsi que l'assistance du roi ; et comme ils rebattaient sans résultat des oreilles de sourds, le désespoir les amenait à la rage, et ils leur souhaitaient une fin comme la leur et des amis, des camarades semblables à eux. Le roi, que la douleur et la honte rendaient doublement anxieux, vu que c'était lui la cause d'un pareil désastre, envoya au satrape des Parthes, Phrataphernès, l'ordre de lui faire parvenir à dos de chameaux des vivres cuits, et il informa de sa détresse d'autres préfets des régions voisines. Ils agirent sans retard. De la sorte, triomphant au moins

Le désert de Gédrosie   375

de la famine, il atteignit enfin avec son armée le pays de Gédrosie. Le sol de cette région produit de tout : Alexandre y fixa son campement afin que le repos, succédant à l'épreuve, rétablît ses soldats.

Quinte-Curce, IX, 10, 8 – 18.

Et la plupart des historiens d'Alexandre disent que tout ce que son armée a endaré en Asie n'est rien à côté des épreuves qu'ils ont subies dans cette région. (...) En tout cas la chaleur accablante et le manque d'eau anéantirent une bonne partie de l'armée et surtout, bien sûr, les bêtes de somme ; celles-ci périrent à cause de l'épaisseur et de la chaleur du sable, car le sable était brûlant, beaucoup périrent aussi de soif. Car on tombait sur de hautes collines couvertes d'une épaisse couche de sable, un sable non foulé, et les bêtes en marchant s'y enfonçaient comme dans de la boue ou, plutôt, comme dans de la neige fraîche. De plus, que ce soit dans les montées ou dans les descentes, chevaux et mulets souffraient encore plus du terrain accidenté, qui plus est peu ferme, et l'armée était tout aussi accablée par la longueur des étapes. Car le manque d'eau qui se faisait sentir à intervalles irréguliers les forçait à allonger leurs marches selon les besoins. Lorsqu'ils marchaient durant la nuit, qu'ils avaient accompli au petit matin l'étape prévue et qu'ils arrivaient à un point d'eau, ils ne souffraient pas trop ; mais quand la longueur de l'étape les faisait progresser en plein jour, qu'ils étaient encore en train de marcher à la tombée du jour, alors ils souffraient beaucoup de la chaleur et de cette soif inextinguible qui les accablaient. Il y eut donc de nombreuses pertes en bêtes de somme, et l'armée y participa aussi : en effet les soldats se regroupaient chaque fois que les vivres venaient à manquer, et ils égorgèrent quantité de chevaux et de mulets dont ils mangèrent la viande, prétendant qu'ils étaient morts de soif ou tombés d'épuisement. Et il n'y avait personne pour douter de cette réalité, vu leurs souffrances et vu la participation de tous au même délit. Alexandre n'était pas sans savoir ce qui se passait, mais il voyait bien que feindre l'ignorance était une meilleure solution aux problèmes présents que de laisser faire en montrant qu'on savait tout. Il n'était pas facile non plus d'emmener les soldats affaiblis par la maladie ou traînant leur épuisement en arrière de la piste, vu le manque de bêtes de somme et parce qu'ils avaient eux-même détruit les chariots, incapables de les faire avancer dans cette épaisseur de sable, ce qui les avait contraints, au cours de leurs premières étapes, d'emprunter non pas les routes les plus courtes, mais celles qui étaient les plus carrossables. Alors les uns étaient abandonnés le long de la route, malades, les autres ne pouvaient plus tenir de fatigue, de chaleur ou de soif. Personne ne pouvait le accompagner ni rester en arrière pour les soigner car la progression était très rapide, et, par force, l'intérêt collectif faisait négliger le sort des individus. Certains tombaient de sommeil en chemin, car ils marchaient la plupart du temps la nuit, et lorsqu'ils se relevaient ils s'élançaient, s'ils en avaient la force, à la poursuite de l'armée en suivant leurs traces ; mais peu s'en sortirent, la plupart périrent dans le sable comme des hommes qui tombent à la mer. Une autre épreuve s'abattit sur l'armée, qui accabla autant les hommes que les chevaux et les bêtes de somme. Car la Gédrosie reçoit les pluies amenées par les vents étésiens, comme l'Inde. Mais ce ne sont pas les plaines de Gédrosie qui reçoivent ces pluies mais les montagnes, là où les nuages sont poussés par les vents, là où ils crèvent, incapables, de passer par-dessus le sommet des montagnes. Comme l'armée bivouaquait près d'un torrent qui charriait un peu d'eau, à cause de cette eau justement, en pleine nuit vers la deuxième veille, le torrent gonfla des pluies restées invisibles aux yeux des soldats et il se rua sur eux avec une telle masse d'eau que bon nombre de femmes et d'enfants qui accompagnaient l'armée périrent, toute la tente royale disparut avec son équipement et toutes les bêtes de somme qui restaient ; c'est à peine si les soldats eux-mêmes s'en sortirent avec leurs armes, et encore pas tous, et avec beaucoup de difficulté. Beaucoup mouraient en buvant lorsque, accablés de chaleur et de soif, tombant sur une eau abondante, ils buvaient sans pouvoir s'arrêter. C'est d'ailleurs pour cela qu'Alexandre faisait en général installer les camps non pas près de l'eau, mais plutôt à une distance de 3 600 mètres, pour éviter qu'ils ne plongent en rangs serrés dans l'eau avec leurs bêtes et meurent, pour éviter aussi que les plus impulsifs ne sautent dans les sources ou les ruisseaux et n'en corrompent l'eau au détriment du reste de l'armée. Il m'a semblé que je ne devais pas taire un bel exploit parmi d'autres d'Alexandre, qui eut lieu dans cette région, ou, selon d'autres historiens, un peu avant chez les Parapamisades. L'armée avançait dans le sable et sous une chaleur déjà brûlante, car il fallait arriver à un point d'eau ; mais il était encore loin. Alexandre avait du mal à supporter la soif, il éprouvait beaucoup de difficultés, mais il n'en conduisait pas moins l'armée à pied. C'était, comme toujours en pareil cas, pour que les autres soldats, devant cette égalité de tous devant la souffrance, supportent plus facilement les épreuves. À ce moment-là quelques soldats de l'infanterie légère quittèrent la colonne à la recherche d'eau et en trouvèrent, dans une rigole peu profonde, source peu abondante et de médiocre qualité. Ils eurent du mal à en puiser et revinrent en toute hâte auprès d'Alexandre, la portant comme un précieux trésor. Quand ils se furent approchés de lui, ils versèrent l'eau dans un casque et la présentèrent au roi. Lui la prit, félicita ceux qui l'avaient apportée, et à la vue de tous il la versa sur le sol. Devant cet exploit toute l'armée reprit courage, comme si chacun avait bu de cette eau qui avait été répandue par Alexandre... Voici ce qui arriva encore à l'armée dans cette contrée. Les guides finirent par déclarer qu'ils ne retrouvaient plus le chemin, que tous les repères avaient disparu, balayés par le vent. Car il n'y avait plus, dans ce sable abondant et nivelant tout, aucune marque qui puisse tracer la route, ni arbres habituels qui poussent le long de la piste, ni colline bien dessinée se dressant alentour. Ils n'avaient pas l'habitude non plus de régler leur marche sur les astres la nuit ou le soleil le jour, comme le font les marins avec les Ourses, la Petite chez les Phéniciens ou la Grande chez les autres peuples. Alors Alexandre comprit qu'il devait infléchir la marche vers la gauche, et il avança en prenant avec lui quelques cavaliers. Comme la chaleur épuisait les chevaux, il laissa la majorité d'entre eux en chemin, lui-même partit en avant avec cinq cavaliers en tout et ils trouvèrent la mer. Il creusa sur le rivage le sable mêlé de galets et tomba sur de l'eau douce et cristalline, et toute l'armée convergea à cet endroit. Et pendant cinq jours l'armée chemina le long de la mer, puisant son eau du rivage. Puis, car les guides reconnurent alors le chemin, ils firent route par l'intérieur des terres.

Arrien, *Anabase,* VI, 24, 1 – 26, 5.

Séquence 38

LA BACCHANALE DE CARMANIE

Novembre 325

Personnages :

Alexandre en incarnation de Dionysos, menant des festivités de sept jours dignes d'un dieu adepte des plaisirs de la vie.

Bagoas, eunuque, ancien mignon de Darius.

Fête triomphale célébrant la victoire sur les Indiens. Licence, ivresse des sens, défouloir gigantesque.

Là, il put refaire son armée, puis il partit et parcourut la Carmanie pendant sept jours en cortège bachique. Il s'avançait lui-même avec ses Hétaïres en char, traîné lentement par huit chevaux, sur une estrade fixée à un socle quadrangulaire qui était élevé et bien en vue ; sans cesse il faisait bonne chère, de nuit comme de jour. Derrière lui venait une foule immense de chariots, soit couverts de dais de pourpre et d'étoffes brodées, soit ombragés de rameaux toujours frais et verdoyants, portant les autres amis et officiers du roi, qui buvaient, couronne en tête. On ne pouvait voir ni bouclier, ni casque, ni sarisse ; ce n'étaient que vases, cornes à boire et coupes théricléennes, avec lesquels, tout au long du chemin, les soldats puisaient du vin dans des jarres et cratères de grandes dimensions pour boire à la santé les uns des autres ou bien tout en marchant et avançant, ou bien étendus comme à table. Une grande musique de chalumeaux et de flûtes, des chants accompagnés par la lyre et des chœurs de bacchantes emplissaient tous les alentours. Aux mouvements désordonnés et flottants de cette procession se mêlaient des jeux d'une licence bachique, comme si le dieu lui-même était présent et conduisait ce bruyant cortège. Arrivé au palais royal de Gédrosie, il acheva de réconforter son armée en donnant de nouvelles fêtes. On dit qu'il y assista, étant ivre, à des concours de danse, et que son mignon Bagoas, qui participait à un chœur, ayant remporté le prix, traversa le théâtre en costume de scène et vint s'asseoir auprès de lui. À cette vue, les Macédoniens applaudirent et crièrent au roi d'embrasser Bagoas, jusqu'à ce qu'Alexandre, le serrant dans ses bras, lui eût donné un baiser.

Plutarque, 67.

Arrien cite sobrement Aristobule :

En Carmanie, Alexandre a sacrifié en action de grâces pour sa victoire sur les Indiens et au nom de son armée qui réchappa des épreuves de Gédrosie, il donna des jeux poétiques et sportifs, il intégra Peucestas parmi les gardes du corps, ayant déjà dans l'idée de le nommer satrape de Perse mais ne voulant pas qu'il accède à la satrapie sans avoir d'abord reçu cette marque d'honneur et de confiance en raison de ses exploits contre les Malles. Il avait alors 7 gardes du corps, Léonnatos fils d'Antéas, Héphaistion fils d'Amyntor, Lysimaque fils d'Agathoclès, Aristonos fils de Piséos (tous de Pella) ; Perdiccas fils d'Oronte natif d'Orestis, Ptolémée fils de Lagos et Peithôn fils de Cratéas, tous Éordiens. Peucestas fut donc le huitième à se joindre à eux, pour avoir protégé Alexandre de son bouclier.

Arrien, *Anabase*, VI, 28, 3 – 4.

Séquence 39

LE TOMBEAU DE CYRUS

Janvier 324

Personnages :

Alexandre en protecteur de la dépouille du roi des rois et en restaurateur de sa tombe. Respectueux de ses prédécesseurs en digne héritier de la dynastie achéménide.

Le crime perpétré contre le tombeau de Cyrus le contraria vivement : en effet il trouva le tombeau de Cyrus ouvert et pillé, c'est ce que dit Aristobule. Le tombeau du Grand Cyrus se trouve à Pasargades, dans le parc royal ; tout autour poussait un bois avec des essences variées, bien irrigué, et de l'herbe épaisse le tapissait. La base du tombeau, faite de pierres carrées, formait elle-même un carré. Au-dessus était construite une chambre au toit de pierre, avec pour y pénétrer une porte étroite, si étroite que c'est à peine si un homme, même de petite taille, pouvait y entrer, au prix de pas mal d'efforts douloureux. Dans la pièce gisait un sarcophage d'or, où le corps de Cyrus avait été déposé, et il y avait un lit à côté du sarcophage. Ce lit avait des pieds ouvragés, en or, ses couvertures étaient en tissages de Babylone, avec des pelisses pourpres comme matelas. Par-dessus, un manteau et des tuniques, réalisations également babyloniennes. Aristobule dit que s'étalaient aussi des pantalons mèdes et des robes bleues, d'autres violettes et d'autres encore différemment colorées. Et des colliers, des cimeterres, des boucles d'oreilles en or et pierres incrustées. Et une table. Au milieu du lit gisait le sarcophage avec le corps de Cyrus. Il y avait à l'intérieur de l'enceinte, près de l'escalier conduisant au tombeau, une petite maison pour les Mages qui gardaient le tombeau, depuis l'époque même de Cambyse fils de Cyrus, la charge se transmettant de père en fils. Ils se voyaient accorder par le roi un mouton par jour, des rations de farine et de vin, et un cheval par mois à sacrifier à Cyrus. Le tombeau portait une inscription en caractères perses, qui dit en perse ceci : « Homme, je suis Cyrus fils de Cambyse, le fondateur de l'empire perse et le roi de l'Asie ; ne sois pas jaloux de ce monument. » Alexandre – il était très désireux, dès qu'il se serait emparé de la Perse, de se rendre au tombeau de Cyrus – le découvre dépouillé de tout, sauf du sarcophage et du lit. Le corps même de Cyrus, ils l'avaient profané en arrachant le couvercle du sarcophage et en jetant le cadavre. Le sarcophage lui-même, ils avaient essayé de le rendre plus léger et donc plus facile à transporter, en cassant des morceaux et en en brisant d'autres. Comme ils n'y parvenaient pas, ils s'en étaient allés en abandonnant le sarcophage dans cet état. Aristobule raconte qu'Alexandre lui donna l'ordre d'arranger le sarcophage comme il était auparavant. C'est-à-dire de replacer dans le sarcophage les parties du corps de Cyrus encore intactes, de reposer le couvercle, de réparer les parties du sarcophage endommagées. De tendre sur le lit des bandelettes, de replacer bien dans l'ordre tout ce qui s'y trouvait, pièce par pièce, avec des éléments semblables aux initiaux, de faire disparaître la petite porte, à la fois en montant un mur de pierres et en comblant les vides avec de l'argile, et d'imprimer sur l'argile le sceau royal. Puis Alexandre regroupa les Mages gardiens du tombeau et les soumit à la torture, pour qu'ils dénoncent les malfaiteurs ; mais les

Mages, même torturés, ne donnèrent aucun nom, ni d'un quelconque d'entre eux ni de quelqu'un d'autre, et ils ne purent être convaincus d'avoir pris part à cette action. Alors Alexandre les relâcha.

Arrien, *Anabase*, VI, 29, 4 – 11.

Séquence 40

LES NOCES DE SUSE

Février 324

Personnages :

Alexandre, à 32 ans, un an avant sa mort, en grand marieur des peuples.

La crème de l'aristocratie perse et ses filles à marier, les amis fidèles d'Alexandre prêts à s'unir à lui en prenant femme perse comme lui, des ambassadeurs, des bateleurs indiens, des rhapsodes, des joueurs de lyre, de cithare, de flûte, des chanteurs, des tragiques et des comiques venant de très loin pour fêter la gloire du grand roi.

Symbole tangible de son apothéose. Cadeaux somptueux, fête orgiaque, reconnaissance unanime de la grandeur d'Alexandre.

À Suse il célébra des mariages, les siens et ceux de ses Compagnons. Il épousa lui-même la fille aînée de Darius, Stateira, et, d'après ce que dit Aristobule, il en épousa aussi une autre, la plus jeune des filles d'Ochos, Parysatis ; il avait déjà épousé Roxane, la fille d'Oxyartès le Bactrien. Il donna Drypétis à Héphaistion, elle aussi fille de Darius, sœur de sa propre femme ; il voulait en effet que les enfants d'Héphaistion soient cousins des siens. À Cratère il donna Amastrinè, fille d'Oxyartès, frère de Darius ; à Perdiccas il donna la fille d'Atropatès, satrape de Médie ;

À Ptolémée, garde du corps, et à Eumène, secrétaire royal, il donna les filles d'Artabaze, à l'un Artamaca, à l'autre Artonis ; à Néarque il donna la fille de Barsine et de Mentor ; à Séleucos la fille de Spitaménès le Bactrien ; et de la même façon, aux autres Compagnons, il donna les filles des plus illustres Perses et Mèdes, au nombre de 80. Les mariages furent célébrés à la manière perse. Plusieurs rangées de fauteuils avaient été placées pour les fiancés, et après une période de boisson, les futures épousées vinrent s'asseoir à côté de leurs fiancés ; ceux-ci les accueillirent et les embrassèrent ; c'est le roi qui donna l'exemple, car tous les mariages furent célébrés en même temps, ce qui, plus que toute autre action, fit d'Alexandre un partisan du peuple et un ami pour ses Compagnons. Après avoir accueilli son épouse, chacun emmena la sienne ; Alexandre avait offert des cadeaux à toutes. Quant aux autres Macédoniens qui avaient pris pour femmes des Asiatiques, il ordonna qu'on prenne aussi par écrit leurs noms, et ils étaient plus de 10 000. À eux aussi Alexandre offrit des cadeaux de mariage.

Arrien, Anabase, VII, 4, 4 – 8.

Athénée cite Charès, qui organisa les noces comme grand chambellan.

Charès, dans le 10e livre de ses *Histoires d'Alexandre,* dit : « Quand il eut vaincu Darius, il célébra son mariage et celui de ses amis, ayant fait préparer dans les mêmes lieux 92 chambres nuptiales. L'édifice était équipé de 100 lits, et chacune des couches était ornée d'un plaid nuptial en argent d'une valeur de 20 mines. Le sien avait des pieds en or. Il invita aussi au banquet tous ses hôtes privés et les fit coucher en face de lui et des jeunes mariés, et installa toutes les forces armées dans la cour, fantassins, cavaliers et marins avec les ambassadeurs et les visiteurs. L'édifice était décoré somptueusement et avec magnificence, avec des tentures et des voiles très riches, avec des étoffes pourpres et écarlates brodées d'or. Des colonnes de 9 mètres, recouvertes d'or, d'argent et incrustées de pierres renforçaient l'arrimage de la tente. De somptueux rideaux en faisaient le tour, brodés de figures d'animaux et cousus de fils d'or, avec des tringles en or et argent. La cour faisait 700 mètres de pourtour. Le repas fut servi au son de la trompette, cette fois-ci au mariage comme à chaque fois qu'il faisait des fêtes, si bien que l'armée savait tout ce qui se passait. Après cinq jours, les noces prirent fin, et beaucoup, Barbares et Grecs, y avaient contribué, les bateleurs indiens firent des merveilles, et Skymnos de Tarente et Philistidès de Syracuse, Héraclite de Mytilène également. Avec eux le rhapsode Alexis de Tarente fit une performance. Vinrent aussi les joueurs de lyre Cratinos de Méthymne, Aristônymos d'Athènes, Athénodôros de Téos. Jouèrent de la cithare en chantant Héraclite de Tarente et Aristocratès de Thèbes. Vinrent aussi des chanteurs avec flûte, Dionysos d'Héraclée, Hyperbolos de Cyzique. Les joueurs de flûte vinrent aussi, d'abord les joueurs de Pythique, puis, avec les chœurs, Timothéos, Phrynichos, Caphisias, Diophante et Euïos de Chalcis. Par la suite, ceux qu'on nommait auparavant les « Flatteurs de Dionysos » furent renommés « Flatteurs d'Alexandre » à cause de la débauche des cadeaux qui réjouit Alexandre lui-même. Les tragiques Thessalos, Athènodôros et Aristocritos jouèrent, ainsi que les comiques Lykôn, Phormiôn et Aristôn. Il y avait également Phrasimèlos le joueur de lyre. Les couronnes envoyées, dit-il, par les ambassadeurs valaient 15 000 talents. »

Athénée, XII, 54.

Séquence 41

LA RÉVOLTE D'OPIS

Juillet 324

Personnages :

Alexandre en fin orateur rafraîchissant fermement la mémoire de ses troupes.

Callinès, vieux commandant d'un régiment de cavalerie des Hétaïres et porte-parole de l'armée.

Une armée déboussolée en manque d'affection et de reconnaissance.

Discours vigoureux retraçant les souvenirs, les moments passés ensemble. Retournement de situation et banquet de réconciliation.

Lorsqu'il fut arrivé à Opis, il réunit les Macédoniens et leur annonça qu'il libérait de leurs devoirs militaires ceux que l'âge ou une infirmité rendaient inaptes aux combats ; il les renvoyait dans leurs foyers et leur donnerait ce qui ferait d'eux des objets d'envie pour ceux qu'ils retrouveraient chez eux, et cela donnerait aux autres Macédoniens l'envie de vouloir partager les mêmes dangers et les mêmes épreuves. C'est certainement pour faire plaisir aux Macédoniens qu'Alexandre disait cela ; mais eux, se jugeant désormais méprisés par Alexandre et considérés comme inutiles au métier de la guerre, étaient non sans raison irrités par ce discours qu'Alexandre leur livrait, furieux aussi par beaucoup d'autres choses pendant toute cette expédition ; en particulier y contribuaient ce vêtement perse qui les chagrinait souvent, ainsi que l'équipement macédonien porté par les Épigones barbares et le mélange des cavaliers étrangers et des escadrons des Compagnons. Alors ils ne se continrent plus, ne purent garder le silence : ils lui demandèrent de démobiliser toute l'armée, et de faire campagne avec son père, ironisant ainsi sur le dieu Ammon. À ces mots Alexandre (il était déjà devenu plus susceptible à ce moment-là, et, du fait de l'empressement des Barbares il n'était plus aussi indulgent qu'avant à l'égard des Macédoniens) sauta au bas de la tribune avec les généraux qui étaient avec lui, ordonna d'arrêter les meneurs les plus en vue ; il désigna lui-même de la main aux hypaspistes ceux qu'il fallait arrêter : ils étaient 13. Il ordonna de les conduire à la mort. Comme les autres, suffoqués, se taisaient, il remonta aussitôt sur la tribune et parla ainsi :

– Ce n'est pas pour tuer votre désir de partir que je vais prononcer ce discours, Macédoniens ; en effet, en ce qui me concerne, il vous est possible d'aller où vous voulez ; mais c'est pour que vous sachiez, au moment de partir, ce que vous êtes et de qui vous prenez congé. Et d'abord je commencerai par mon père Philippe, ce qui est bien naturel. Car Philippe vous a trouvés errants, sans ressources, vêtus pour la plupart de peaux de bêtes, faisant paître sur les flancs des montagnes quelques maigres troupeaux pour lesquels vous livriez de vilains combats aux Illyriens, aux Triballes et aux Thraces frontaliers. D'abord il vous a donné des chlamydes à la place de vos peaux de bêtes, il vous a fait descendre des montagnes jusque dans les plaines, vous a rendus capables de combattre à égalité avec les Barbares du voisinage, si bien que vous vous fiez moins pour vous sauver à vos places fortes qu'à votre propre valeur ;

il a fait de vous des habitants de villes et il y a mis de l'ordre grâce à de bonnes lois et à de bonnes coutumes. Quant à ces Barbares qui, auparavant, vous emmenaient, vous et vos biens, il a fait de vous leurs maîtres, alors que vous étiez leurs esclaves et leurs serviteurs. Il a ajouté à la Macédoine la plus grande partie de la Thrace et, s'étant emparé des places côtières les plus favorables, il a ouvert à votre pays les portes du commerce, a rendu l'exploitation des mines sécuritaire. Il vous a rendus maîtres des Thessaliens qui vous faisaient avant mourir de peur, et, ayant amoindri les Phocidiens, il vous a rendu la route de la Grèce large et facile, alors qu'elle était étroite et difficile. Les Athéniens et les Thébains qui espionnaient sans cesse la Macédoine, il les a tellement amoindris – et à partir de ce moment-là nous avons nous aussi travaillé dur avec lui – qu'au lieu de payer tribut aux Athéniens et d'obéir aux Thébains, c'est auprès de nous, à leur tour, qu'ils viennent chercher leur sécurité. Passé dans le Péloponnèse, il a, là aussi, fait régner l'ordre et lorsqu'il fut nommé général muni des pleins pouvoirs de toute la Grèce pour l'expédition contre la Perse, il a acquis ce titre moins pour lui-même que pour l'ensemble des Macédoniens. Tout ce qui a été fait pour vous par mon père est certes immense si on l'examine en soi-même, mais bien minime si on le compare à nos actions. J'ai reçu moi-même de mon père quelques coupes d'or et d'argent, et même pas 60 talents qui se trouvaient dans son trésor ; j'ai reçu aussi les 500 talents de dettes de Philippe. J'ai emprunté en plus 800 autres talents et me suis élancé hors de ce pays qui ne pouvait même pas vous nourrir correctement, pour vous ouvrir immédiatement la route de l'Hellespont, alors que les Perses avaient la maîtrise des mers. Ayant vaincu avec la cavalerie les satrapes de Darius, j'ai placé sous votre autorité toute l'Ionie, toute l'Éolide, les deux Phrygies, la

Lydie, et je me suis emparé de Milet par un siège. J'ai reçu tout le reste par reddition volontaire et je vous en ai donné les fruits. Les richesses de l'Égypte et de Cyrène, que j'ai acquises sans bataille, vous reviennent ; la Coilé-Syrie, la Palestine et la Mésopotamie sont vos biens ; vôtres aussi Babylone, la Bactriane et Suse, ainsi que la richesse des Lydiens, les trésors des Perses, les biens de l'Inde et la mer extérieure. Vous êtes satrapes, vous êtes généraux, vous êtes taxiarques. Et pour moi, que reste-t-il de toutes ces épreuves, à part la pourpre et ce diadème ? Je n'ai acquis aucun bien personnel, personne ne peut montrer des trésors m'appartenant à part tous ces biens qui sont à vous ou qui sont gardés pour vous. Car ce n'est pas pour mon usage personnel que je les garderai, puisque je mange les mêmes choses que vous et que je jouis du même sommeil. Quoique, il me semble que je ne mange pas autant que ceux d'entre vous qui se goinfrent, et je sais que je me lève avant vous, pour que vous puissiez dormir. Mais peut-être ai-je acquis tout cela seulement en donnant des ordres, sans épreuves et sans souffrances, alors que vous enduriez ces épreuves et ces souffrances ? Eh bien qui d'entre vous pense avoir peiné pour moi davantage que moi pour lui ? Allons ! Que quiconque a des cicatrices se déshabille et les montre, et moi je montrerai les miennes à mon tour. En ce qui me concerne, il ne reste aucune partie de mon corps, du moins par devant, indemne de blessure, et il n'est aucune arme, de main ou de jet, dont je ne porte la trace sur ma personne : j'ai été blessé par le glaive, au corps à corps, et j'ai reçu des flèches, des projectiles de machines de guerre, et j'ai été souvent frappé par des pierres, des coups de massue, et ce pour vous, pour votre gloire et pour votre richesse. Je vous conduis en vainqueurs par toute la terre, toute la mer, tous les fleuves, les montagnes et les plaines. Mes mariages furent identiques aux vôtres et beaucoup de vos enfants seront parents des miens. Bien plus : celui qui avait des dettes, sans me soucier de la façon dont il les avait faites – et les soldes sont pourtant tellement importantes, les butins sont tels, chaque fois qu'après un siège il y a pillage ! – je les lui ai payées. Des couronnes d'or ont été données à la plupart d'entre vous comme souvenirs impérissables de votre valeur et de ma considération. Ceux qui sont morts ont eu une fin glorieuse, des funérailles somptueuses ; pour la plupart ont été érigées, chez eux, des statues de bronze, leurs parents sont honorés et sont exemptés de toute liturgie et de tout impôt ; car aucun d'entre vous, sous mon commandement, n'est mort en s'enfuyant. Et à présent je m'apprêtais à renvoyer ceux d'entre vous qui sont inaptes au combat, en en faisant des objets d'envie pour ceux qui sont restés au pays ; mais puisque vous voulez tous vous en aller, partez tous et, rentrés chez vous, annoncez que votre roi, le roi Alexandre, celui qui a vaincu les Perses, les Mèdes, les Bactriens, les Sakes ; celui qui a soumis les Uxiens, les Arachosiens et la Drangiane, qui a conquis la Parthiène, la Chorasmie et l'Hyrcanie jusqu'à la Mer Caspienne, qui a franchi le Caucase au-delà des Portes Caspiennes, traversé les fleuves Oxos et Tanaïs, et même le fleuve Indus qui n'a jamais été franchi par personne sauf Dionysos, et l'Hydaspe, l'Akésinès, l'Hydraotès ; et qui aurait franchi l'Hyphase si vous n'aviez pas reculé de peur ; qui s'est jeté dans la Grande Mer par les deux embouchures de l'Indus, qui a traversé le désert de Gédrosie où personne auparavant n'était venu avec une armée ; qui a conquis sur sa route la Carmanie et la terre des Orites et qui, lorsque sa flotte est revenue en navigation côtière depuis l'Inde jusqu'au Golfe persique, a été ramené par vous à Suse, eh bien abandonnez-le, partez, livrez-le à la garde des Barbares vaincus ! Annoncez cela, de votre part ce sera pour les hommes des propos dignes de gloire et pour les dieux à coup sûr des témoignages de piété ! Allez-vous en !

Ayant ainsi parlé il sauta bien vite de la tribune et se dirigea vers son palais ; il négligea les soins de son corps et aucun des Compagnons ne le vit. Non plus le lendemain. Le troisième jour il convoqua à l'intérieur l'élite des Perses et leur distribua les commandements d'escadrons ; à ceux qu'il avait déclarés ses parents, à ceux-là seuls il leur permit de l'embrasser. Les Macédoniens, immédiatement après avoir entendu son discours, furent suffoqués ; ils restèrent muets devant la tribune, personne n'accompagna le roi quand il s'éloigna, sauf les Compagnons de son entourage et les gardes du corps. La plupart d'entre eux restaient sur place, ne sachant que faire ni que dire, ils ne voulaient pas non plus s'éloigner. Mais lorsqu'on leur annonça ce qui concernait les Perses et les Mèdes, les commandements donnés aux Perses, l'armée barbare incorporée dans les compagnies, un corps d'élite barbare recevant un nom macédonien, des Compagnons perses d'infanterie, une compagnie perse de « Boucliers d'argent », une compagnie de Compagnons cavaliers fournissant aussi un corps d'élite de Gardes Royaux, ils ne purent plus se contenir. Ils coururent tous ensemble au palais et jetèrent leurs armes devant les portes, comme des rameaux de suppliants pour leur roi ; ils se tenaient devant les portes, criant et réclamant qu'on les laissât entrer. Ils voulaient livrer les responsables du trouble qui avait eu lieu et ceux qui avaient commencé à huer ; ils ne quitteraient pas ces portes, ni jour ni nuit, à moins qu'Alexandre montre un peu de pitié. Quand on lui eut appris cela, Alexandre sortit en tout hâte et quand il les vit si amoindris, quand il les eut entendus avec leurs cris mêlés de gémissements, les larmes lui vinrent aussi aux yeux. Il s'avança comme pour parler, mais eux restaient à supplier. Alors l'un

La révolte d'Opis

d'entre eux, qui n'était pas sans renom du fait de son âge et parce qu'il avait commandé un escadron de Compagnons-cavaliers, répondant au nom de Callinès, parla ainsi :

– Ô Roi, ce qui chagrine les Macédoniens, c'est que toi, tu as déjà fait de certains Perses tes parents, des Perses se donnent le nom de parents d'Alexandre et ils t'embrassent, alors qu'aucun Macédonien n'a encore goûté à cet honneur.

Alexandre prit alors la parole :

– Mais vous tous, dit-il, je vous considère comme mes parents, et c'est ainsi que je vous appellerai désormais.

Quand il eut ainsi parlé, Callinès s'approcha de lui et l'embrassa, et ensuite firent de même tous ceux qui voulaient l'embrasser. C'est ainsi qu'ils ramassèrent leurs armes et que, criant et chantant le péan, ils regagnèrent leur camp. Alexandre offrit pour eux un sacrifice aux dieux habituels et il donna un banquet public, assis et entouré de tous les Macédoniens assis également ; à côté d'eux, les Perses, et ensuite ceux des autres peuples qui imposaient le respect par leur rang ou quelque autre mérite. Et, en puisant dans le même cratère, Alexandre et ceux qui l'entouraient offrirent les mêmes libations, en commençant par les devins grecs et les Mages. Il pria pour obtenir, entre autres choses, la concorde et de bonnes relations dans l'exercice du pouvoir entre Macédoniens et Perses. L'histoire retient que les participants à ce banquet étaient 9 000, et qu'ils offrirent tous la même libation, et qu'après elle ils entonnèrent le péan.

Arrien, *Anabase*, VII, 8, 1 – 11, 9.

Séquence 42

LA MORT D'HÉPHAISTION

Octobre 324

Personnages :

Alexandre effondré, inconsolable, voulant désespérément maintenir sur terre le souvenir de son ami d'enfance, son confident, son « frère » jumeau, son double, son amour. Culte public instauré en Asie et dans les cités grecques, héroïsation et ordres donnés, dans une lettre d'Alexandre adressée au satrape d'Égypte, d'édifier deux *hérôa* à Alexandrie et à Pharos et de faire inscrire le nom d'Héphaistion dans tous les contrats.

Héphaistion

Glaucos, médecin d'Héphaistion.

Les Cosséens, tribu victime du chagrin d'Alexandre.

Stasicratès, architecte.

Scènes indécentes de douleur incontrôlable. Gestes symboliques, concours sportifs et culturels et dépenses sans compter pour honorer un nouveau demi-dieu.
La mort se rapproche d'Alexandre.

Arrivé à Ecbatane, en Médie, il régla les affaires urgentes, puis s'occupa à nouveau de représentations théâtrales et de fêtes, 3 000 artistes étant venus de Grèce auprès de lui. Il se trouva qu'en ces jours-là Héphaistion eut un accès de fièvre ; ce jeune guerrier ne put s'astreindre à une diète rigoureuse, et son médecin Glaucos étant sorti pour aller au théâtre, il se mit aussitôt à table, dévora un coq bouilli et but tout le contenu d'un énorme vase de vin rafraîchi. Il se sentit fort mal et mourut peu après. Sa mort causa au roi un chagrin tel que nulle réflexion ne put le modérer. Sur-le-champ il fit tondre tous les chevaux et tous les mulets en signe de deuil et abattre les remparts des villes d'alentours ; il ordonna de crucifier l'infortuné médecin ; il fit cesser le son des flûtes et toute espèce de musique dans le camp pour longtemps, jusqu'au jour où il reçut un oracle d'Ammon recommandant d'honorer Héphaistion et de lui sacrifier comme à un héros. Puis, cherchant dans la guerre une diversion à sa douleur, il partit, et se mettant à traquer des hommes comme à la chasse, il soumit la tribu des Cosséens et massacra tous ceux qui étaient en âge de combattre ; on appela cela le sacrifice à Héphaistion. Pour la tombe, les obsèques et la décoration funèbre, il avait l'intention de dépenser 10 000 talents, et, comme il désirait surpasser encore cette dépense par le caractère artistique et grandiose de la construction il préféra Stasicratès à tout autre architecte, celui-ci promettant que ses innovations auraient de la magnificence, de l'audace et du faste.

Plutarque, 72, 1 – 5.

La mort d'Héphaistion

À Ecbatane Alexandre offrit un sacrifice, comme il en avait l'habitude après les événements heureux, et il donna des jeux sportifs et poétiques, et il y eut des beuveries entre lui et ses Compagnons. Et c'est à ce moment-là qu'Héphaistion tomba malade. On en était déjà au septième jour de maladie et on dit que le stade était alors plein : ce jour-là avait lieu une épreuve sportive pour les jeunes. Lorsqu'on annonça à Alexandre qu'Héphaistion était très mal, il partit en toute hâte et il le trouva ayant déjà cessé de vivre. Là, les uns et les autres décrivent différemment le chagrin d'Alexandre. Son chagrin fut immense, tous l'ont écrit, mais sur ce qu'il a fait à cette occasion, les récits divergent, selon le respect ou l'antipathie que chacun éprouvait à l'égard d'Héphaistion ou même d'Alexandre. Pour ceux qui ont rapporté des actes de démence, les uns me semblent l'avoir fait en pensant que c'était tout à l'honneur d'Alexandre d'avoir fait ou dit ces choses, dans la douleur d'avoir perdu celui qui lui était le plus cher de tous les hommes ; les autres pensaient plutôt que c'était sa honte, des actes inconvenants de la part d'un roi ou d'un Alexandre. Certains disent qu'il est resté la plus grande partie de la journée à se lamenter sur le corps de son ami, il ne voulut pas s'en éloigner jusqu'à ce qu'il en soit détaché de force par ses Compagnons. D'autres disent qu'il est resté sur son corps tout un jour et toute une nuit ; d'autres encore disent qu'il fit crucifier le médecin Glaucos : celui-ci lui aurait administré un médicament mal à propos, ou, selon d'autres, il était resté indifférent devant Héphaistion qu'il voyait déjà ivre. Qu'Alexandre ait coupé ses cheveux en l'honneur du défunt ne me paraît pas invraisemblable, entre autres pour imiter Achille, avec qui il avait voulu rivaliser dès l'enfance. Certains disent même que c'est lui qui conduisit le char sur lequel le corps fut transporté, mais pour moi ces auteurs ne sont pas fiables. D'autres disent qu'il a ordonné qu'on rase le temple d'Asclépios à Ecbatane : c'est un geste barbare et absolument pas adapté à la personne d'Alexandre, mais plutôt adapté à la démence de Xerxès à l'égard des dieux, aux chaînes qu'il a, dit-on, jetées sur l'Hellespont pour en tirer vengeance. Mais voilà un point qu'on rapporte qui, me semble-t-il, ne manque pas de vraisemblance : comme Alexandre marchait sur Babylone, vinrent le trouver sur la route plusieurs délégations venues de toute la Grèce, et il y avait parmi eux des envoyés d'Épidaure. Comme ils avaient reçu d'Alexandre ce qu'ils demandaient, Alexandre leur donna une offrande à présenter à Asclépios, avec cette remarque : « Pourtant Asclépios ne m'a pas traité correctement, en ne sauvant pas le compagnon dont la tête m'était aussi chère que la mienne ». Le fait qu'il ait ordonné de sacrifier désormais à Héphaistion comme à un héros, la majorité des auteurs l'ont écrit ; certains disent qu'il a envoyé consulter Ammon pour demander au dieu s'il permettait aussi qu'on sacrifie à Héphaistion comme à un dieu ; mais il refusa. En tout cas, sur ce qui suit, tous les auteurs sont d'accord : pendant les trois jours qui suivirent la mort d'Héphaistion, Alexandre ne prit aucune nourriture, ne donna aucun soin à son corps ; il resta étendu dans les gémissements ou la douleur muette. Il ordonna d'élever pour Héphaistion, à Babylone, un bûcher de 10 000 talents, certains disent même davantage. Il fit prescrire un deuil à travers tout le territoire barbare. Beaucoup de Compagnons d'Alexandre, pour honorer leur roi, se vouèrent, leurs personnes et leurs armes, à Héphaistion mort. C'est Eumène qui en prit l'initiative, Eumène dont nous avons dit un peu avant qu'il s'était fâché avec Héphaistion ; il faisait cela pour ne pas avoir l'air, devant Alexandre, de se réjouir de la mort d'Héphaistion. Ce qui est sûr, c'est qu'Alexandre n'a placé personne d'autre qu'Héphaistion comme chiliarque à la tête de la cavalerie des Compagnons, pour que le nom d'Héphaistion ne disparût pas de son escadron ; au contraire, il donna à la chiliarchie le nom d'Héphaistion et l'enseigne qui la guidait était à l'image d'Héphaistion. Il décida d'instaurer des jeux sportifs et poétiques bien plus remarquables que tous les jeux précédents par le nombre des participants et les dépenses engagées : il réunit en tout 3 000 participants. Et ceux-ci, peu de temps après, participèrent, dit-on, aux jeux funèbres en l'honneur d'Alexandre.

Arrien, Anabase, VII, 14.

Héphaistion meurt à Ecbatane et sa dépouille est convoyée à Babylone par Perdiccas pour des funérailles grandioses.

Une fois les ambassades congédiées, le roi s'occupa des funérailles d'Héphaistion. Il consacra tant de soin à la pompe funèbre que ces funérailles surpassèrent tout ce que les hommes avaient fait antérieurement dans ce domaine et ne laissèrent aucune possibilité de faire mieux à l'avenir. Des Amis qui passaient pour être l'objet de son affection, Héphaistion était en effet celui qu'il aimait le plus. On ne saurait aller plus loin dans les honneurs qu'il lui accorda après sa mort, mais, de son vivant, il lui avait donné la préférence entre ses Amis, bien que Cratère rivalisât avec lui en loyauté.

Le roi prépara donc tout ce qui avait trait aux funérailles, enjoignant aux villes voisines de contribuer dans la mesure de leurs moyens à leur organisation. Il enjoignit également à tous les habitants de l'Asie d'éteindre soigneusement, jusqu'à l'achèvement des cérémonies funèbres, le feu que les Perses qualifient de « sacré ». C'est ce que les Perses n'ont coutume de faire qu'à la mort du Grand Roi. Le peuple voyait dans cet ordre un présage funeste et se figurait que la Divinité annonçait la mort du roi.

Alexandre réunit pour sa part les architectes ainsi qu'une foule d'ouvriers hautement qualifiés, et il fit abattre le mur d'enceinte sur une longueur de 1 800 mètres. Après avoir récupéré la brique cuite et aplani le terrain qui devait recevoir le bûcher, il éleva un bûcher carré dont chaque côté avait 180 mètres de long. Il divisa d'autre part le terrain en 30 compartiments rectangulaires qu'il recouvrit d'un toit fait d'un lit de troncs de palmiers, l'ensemble de la construction gardant une forme quadrangulaire. Après quoi il fit appliquer une ornementation sur tout le pourtour de la paroi extérieure. La base était entièrement garnie par 240 proues de quinquérèmes, dorées, avec, sur les oreillettes, deux archers agenouillés de 2,30 mètres et, sur le pont, des statues d'hommes armés, hautes de 2,30 mètres, cependant que des bannières écarlates de feutre remplissaient les intervalles. Juste au-dessus de celles-ci, des torches de 7 mètres soutenaient le second étage. Elles étaient garnies de couronnes d'or du côté de la poignée et, du côté de la flamme, d'aigles aux ailes déployées regardant vers le bas. Contre chaque socle étaient appliqués des serpents, le regard fixé sur les aigles. Au troisième étage, on avait disposé une foule d'animaux variés poursuivis par des chasseurs. Ensuite, le quatrième étage était garni d'une centauromachie dorée ; le cinquième, de lions et de taureaux alternés. Des trophées d'armes macédoniennes et barbares remplissaient la partie supérieure : les unes symbolisaient la valeur militaire, les autres la défaite. Sur le tout, on avait disposé des Sirènes creuses, à l'intérieur desquelles pouvaient subrepticement prendre place ceux qui devaient chanter une lamentation funèbre en l'honneur du défunt. L'édifice entier dépassait de 60 mètres de haut.

Bref, tout le monde avait rivalisé de zèle dans l'organisation des funérailles : officiers et soldats, ambassadeurs, sans compter les indigènes ; on dit que la dépense s'éleva à plus de 12 000 talents. En accord avec cette magnificence et entre autres hommages rendus à l'occasion des funérailles, Alexandre ordonna pour finir à tous ses sujets de sacrifier à Héphaistion en tant que « dieu parèdre ». Le hasard voulut en effet que Philippe, un des Amis, arrivât porteur d'un oracle d'Ammon prescrivant de sacrifier au « dieu Héphaistion ». C'est pourquoi, tout joyeux que le dieu eût sanctionné son opinion personnelle, Alexandre fut le premier à offrir un sacrifice. Après avoir sacrifié 10 000 victimes variées, il régala splendidement le populaire.

Diodore, XVII, 114, 1 ; 114, 4 – 5 ; 115.

Séquence 43

DE MAUVAIS PRÉSAGES

Mai 323

Personnages :

Alexandre à 33 ans, un mois avant sa mort, en homme fragile, soupçonneux, superstitieux, mais toujours assez vivant pour oser rêver de grands projets de conquêtes qui le mèneraient jusqu'en Afrique, à Carthage, la ville sœur de Tyr. La boucle de son périple dessinée en partant de Macédoine serait enfin bouclée. Le monde connu lui appartiendrait, à lui qui a imposé à tous les peuples qu'il a côtoyés, de le vénérer comme un dieu vivant.

Néarque en oiseau de mauvaise augure.

Les Chaldéens, des mages devins.

Pythagoras, devin.

Dionysos, pauvre prisonnier messénien demeuré.

Ses amis, témoins impuissants de son désarroi, eux qui parviennent même à perdre leur compagnon abandonné en plein marais.

Comme il s'avançait vers Babylone, Néarque, qui était revenu de son second voyage à travers la grande mer jusqu'à l'Euphrate, lui dit avoir rencontré des Chaldéens, qui conseillaient à Alexandre de se détourner de Babylone. Il ne tint aucun compte de cet avertissement et continua sa route. Arrivé près des remparts, il vit une foule de corbeaux qui luttaient entre eux et se frappaient les uns les autres ; quelques-uns même tombèrent à ses pieds. Il reçut ensuite une dénonciation contre Apollodore, stratège de Babylone, qui aurait fait un sacrifice pour connaître l'avenir à son sujet, et il fit appeler le devin Pythagoras. Celui-ci ne nia point le fait, et, Alexandre le questionnant sur l'état des victimes, il répondit que leur foie était sans lobe :

– Grands dieux, s'écria Alexandre, ce présage est grave !

Il ne fit aucun mal à Pythagoras, mais il regretta de n'avoir pas écouté Néarque, et il passa presque tout son temps à camper hors de Babylone ou à naviguer sur l'Euphrate. Il était troublé par de nombreux présages : c'est ainsi que le lion le plus grand et le plus beau de ceux qu'il faisait nourrir fut attaqué par un âne domestique et tué d'une ruade. Comme il s'était dévêtu pour se faire frotter d'huile et jouait à la balle, les jeunes gens qui prenaient part au jeu, au moment où ils devaient se rhabiller, aperçurent un homme assis en silence sur son trône et portant le diadème et la robe du roi. On demanda à cet homme qui il était ; il resta longtemps muet, puis, se ressaisissant à grand-peine, il dit se nommer Dionysios et être originaire de Messénie ; amené de la mer à Babylone en raison d'une inculpation judiciaire, il était resté longtemps enchaîné, mais récemment Sarapis, lui étant apparu, l'avait délivré de ses chaînes, l'avait conduit là et lui avait ordonné de prendre la robe et le diadème, puis de s'asseoir sur le trône sans rien dire.

De mauvais présages 409

Alexandre entendit ce récit, et, sur le conseil des devins, il fit disparaître l'homme.

Dès lors Alexandre devint très sensible aux signes divins et il laissa le trouble et la crainte envahir son esprit. Il n'arrivait rien d'insolite ni d'étrange, si minime que ce fût, qu'il ne prit pour un prodige et un présage, et son palais fut plein de sacrificateurs, d'exorcistes, de devins et de gens qui remplissaient le roi de sottises et de terreurs.

Plutarque, 73 ; 74, 1 ; 75, 1.

Il avait voulu inspecter le grand marais qui entoure Babylone et naviguait avec ses Amis sur quelques embarcations légères. Or son navire fut séparé du reste de la flottille et Alexandre erra seul pendant quelques jours, au point qu'il n'espérait plus se tirer d'affaire. Puis, tandis qu'il suivait le cours d'un étroit canal sous le couvert des arbres, comme ces derniers formaient une voûte au-dessus de l'eau, son diadème fut arraché et tomba dans le marais. Un des rameurs se dirigea à la nage vers le diadème dont il ceignit sa tête pour être sûr de le sauver, avant de regagner l'embarcation à la nage. Après avoir erré à l'aventure pendant trois jours et autant de nuits, Alexandre se tira d'affaire et, comme il avait contre toute attente retrouvé son diadème, il s'en référa de nouveau aux devins à propos de ce que lui annonçait ce présage.

Diodore, XVII, 116, 5 – 7.

Séquence 44

LA FIN

10 juin 323

Personnages :

Alexandre terrassé par un virus qui attaque un corps épuisé par de nombreuses blessures mal soignées au cours de cette dizaine d'années ? Malaria inoculée par la piqûre d'un moustique ? Poison versé dans sa coupe lors de son dernier banquet par des mécontents, des jaloux, des prétendants à sa succession, des résistants perses ? Conséquence d'un dernier excès de boisson sur un organisme rongé par l'alcoolisme ? Les textes ne nous donnent aucune réponse.

Médios, Thessalien, un des Hétaïres, toujours prêt aux flatteries.

Les dates ont été ajoutées et modifiées en fonction de notre calendrier.

[29 et 30 mai]

Il offrit à Néarque un magnifique banquet, après quoi il prit son bain, comme d'habitude, et s'apprêtait à dormir, lorsque, à la prière de Médios, il se rendit chez lui pour une partie de plaisir. Là il but toute la nuit et le jour suivant, et il commença à avoir de la fièvre...

Plutarque, 75, 4

Les Éphémérides, ce journal de bord de l'expédition transmis jusqu'à nous par Plutarque, relatent maintenant sa longue agonie.

[31 mai]

… Il coucha dans la salle de bains à cause de la fièvre…

[1er juin]

… Après s'être baigné, il revint dans sa chambre et joua aux dés toute la journée avec Médios. Puis il prit son bain à une heure tardive, fit un sacrifice aux dieux et dîna. Pendant la nuit, il eut de la fièvre…

[2 juin]

… Après un nouveau bain, il fit le sacrifice habituel. Puis, couché dans la salle de bains, il passa le temps à écouter Néarque et ses officiers parler de leur voyage et de la grande mer…

[3 juin]

… Il fit comme la veille, mais sa température monta et la nuit fut mauvaise…

[4 juin]

… La fièvre fut très forte. On le changea de place, et il coucha auprès de la grande piscine. Là il s'entretint avec ses officiers des postes vacants dans le commandement, et il les engagea à ne nommer que des hommes éprouvés…

La fin

[6 juin]

… Toujours très fiévreux, il se fit transporter à l'endroit où il sacrifia. Il ordonna à ses principaux lieutenants de demeurer au palais…

[7 juin]

… Transporté dans le palais situé sur l'autre rive, il dormit un peu, mais la fièvre ne céda pas, et, quand ses officiers entrèrent, il ne parlait plus. Il en fut de même le 8…

[10 juin]

… Les Macédoniens, le croyant mort, vinrent aux portes en criant et contraignirent par leurs menaces les Compagnons à les laisser entrer. Les portes une fois ouvertes, ils défilèrent tous, un à un, en simple tunique, devant le lit. Ce jour-là, Python, Séleucos et d'autres furent envoyés au sanctuaire de Sarapis pour demander s'il faut y porter Alexandre. Le dieu répondit de le laisser où il était. Vers le soir, il mourut.

Plutarque, 76

Et après…

Quant au soupçon d'empoisonnement, sur le moment il ne vint à l'idée de personne. Ce fut cinq ans plus tard qu'Olympias, dit-on, à la suite d'une dénonciation, fit mourir de nombreuses personnes et jeter au vent les restes d'Iolas mort, sous prétexte que c'était lui qui avait versé le poison. Quant à ceux qui prétendent qu'Aristote avait conseillé ce crime à Antipater et finalement lui avait procuré le poison, ils disent qu'ils tiennent ce récit d'un certain Hagnothémis, à qui le roi Antigone l'aurait fait. Ce poison était, paraît-il, une eau froide et glacée, provenant d'un rocher qui se trouve à Nonacris, où on la recueille comme une rosée légère ; puis on met cette eau dans un sabot d'âne, parce qu'aucun autre récipient ne peut la contenir, sa froideur et son acidité les faisant tous éclater. Mais la plupart des auteurs sont d'avis que cette histoire d'empoisonnement est pure invention, et ils fondent leur opinion sur une preuve sérieuse : durant les querelles des généraux, qui durèrent plusieurs jours, le corps, abandonné sans soin dans un endroit où la chaleur était étouffante, n'offrit aucune marque de mort par empoisonnement ; au contraire, il resta pur et frais.

Roxane se trouvait enceinte, et, à ce titre, elle était honorée des Macédoniens. Mais, jalouse de Stateira, elle lui demanda par une lettre hypocrite et menteuse, de venir auprès d'elle, puis, quand elle fut là avec sa sœur, Roxane les fit tuer et fit jeter leurs corps dans un puits qui fut comblé. Elle avait agi ainsi avec la complicité et l'aide de Perdiccas [42]. Celui-ci jouit aussitôt de la plus

---

42. « ... Il fit approcher davantage ses Amis, car la voix aussi avait commencé à lui manquer ; et il enleva de son doigt sa bague, qu'il remit à Perdiccas, en ajoutant la recommandation de faire porter son corps près de Zeus Hammon. Et ils lui demandèrent à qui il laissait la royauté : il répondit qu'il la laissait à qui en était le plus digne, mais qu'il prévoyait déjà que

grande autorité ; il traînait à sa suite, comme un figurant qui lui conférait la majesté royale, Arrhidée, fils de Philinnè [43], femme obscure et commune. Arrhidée était faible d'esprit à cause d'une maladie qu'il avait eue, mais qui ne lui était point venue naturellement ou par hasard : on affirme même qu'étant enfant, il montrait un caractère aimable et noble, mais que, par la suite, Olympias lui fit prendre des drogues qui altérèrent sa santé et troublèrent sa raison.

Plutarque, 77.

Tout d'abord, le palais entier retentissait de gémissements et de sanglots ; puis, comme en un désert de solitude, tout se tut, figé dans un silence lugubre : la douleur se mettait à réfléchir sur ce qui allait arriver. Les pages, habitués à la garde de sa personne, étaient incapables de maîtriser l'immensité de leur peine, ni de se tenir à l'intérieur du vestibule ; errants et pareils à des forcenés, ils remplissaient une si grande ville de leur deuil et de leur chagrin, sans négliger aucune des plaintes que la douleur suggère dans un tel malheur. D'où l'arrivée précipitée de ceux qui avaient stationné hors du palais, tant Macédoniens que Barbares ; et, dans la communauté de la peine, on ne pouvait distinguer les vaincus des vainqueurs. Les Perses rappelaient le maître si juste et si doux ; les Macédoniens, le roi

---

cette rivalité lui vaudrait de beaux jeux funèbres. De nouveau, Perdiccas l'interrogea sur la date qu'il choisissait pour qu'on lui rendît les honneurs divins ; il répondit qu'il choisissait le moment où eux-mêmes seraient heureux... » (Quinte-Curce, X, 5, 4.)

43. Première femme de Philippe.

parfait et si courageux : il naissait une sorte de rivalité dans la douleur. Outre la voix de l'affliction, celle de l'indignation se faisait entendre : « C'était la jalousie des dieux qui l'avait enlevé à l'humanité, en pleine force et dans la fleur de sa vie et de son destin. » Sa vigueur, son expression quand il entraînait les soldats au combat, assiégeait les villes, escaladait les murailles ou récompensait le courage devant l'armée réunie, tout cela se présentait aux yeux. Alors, les Macédoniens se repentaient de lui avoir dénié les honneurs divins, et ils avouaient leur impiété et leur ingratitude pour avoir frustré ses oreilles d'un titre dû. Et, après être restés longtemps soit à vénérer leur roi soit à le regretter, leur pitié se reporta sur eux-mêmes. Partis de Macédoine, ils se rendaient compte de leur abandon, au-delà de l'Euphrate, au milieu d'ennemis qui méprisaient une domination récente : « En l'absence d'un indiscutable héritier du roi, en l'absence d'un héritier du royaume, chacun tirerait à soi les forces publiques. » Les guerres civiles qui ont suivi, on les pressentait à la réflexion : « Une seconde fois, il leur faudrait verser leur sang, non pour avoir l'Asie, mais pour avoir un roi ; des blessures nouvelles rouvriraient les cicatrices anciennes ; vieux, fatigués, eux qui venaient de demander leur congé à leur roi légitime, ils allaient maintenant mourir pour assurer la tyrannie peut-être de quelque satellite inconnu ».

Comme ils roulaient ces pensées, la nuit survint et augmenta leur terreur. Les soldats veillaient, sous les armes. Les Babyloniens, soit du haut des murailles, soit chacun du faîte de sa maison, regardaient au loin, avec l'idée que ce qu'ils verraient les renseignerait mieux. Personne n'osait allumer les flambeaux ; et, comme la vue ne servait plus, l'oreille était à l'affût des bruits et des voix ; bien souvent, effrayés de craintes injustifiées, le long des ruelles obscures ils se heurtaient les uns aux autres, tour à tour suspects et inquiets. Les Perses s'étaient rasé les cheveux selon leur coutume, et, en vêtements de deuil, avec leurs femmes et leurs enfants, ils pleuraient en lui non un vainqueur et naguère encore un ennemi, mais le roi le plus légitime de leur pays, et leur regret était véritable. Habitués à vivre en monarchie, ils reconnaissaient que nul autre n'avait été plus digne de les gouverner. Le deuil n'était pas enfermé dans les murs de la ville ; mais dans la région attenante, ensuite dans une notable partie de l'Asie en deçà de l'Euphrate, la nouvelle d'un si grand malheur s'était répandue. Vite, elle parvint jusqu'à la mère de Darius. Lacérant donc la robe dont elle était revêtue, elle se mit en deuil, et, s'arrachant les cheveux, se jeta à terre. Elle avait auprès d'elle l'une de ses deux petites-filles, en deuil de son mari Héphaistion, qu'elle venait de perdre ; à celle-ci l'affliction générale rappelait des raisons personnelles de souffrir. Mais Sisigambis avait à supporter les maux de tous les siens ; elle pleurait et sur elle-même et sur ses petites-filles. Son malheur récent avait aussi réveillé le passé. On eût dit qu'elle venait de perdre Darius, et que la malheureuse avait deux fils également à conduire au tombeau. Elle pleurait à la fois les morts et les vivants : « Qui, en effet, s'occuperait des jeunes femmes ? Qui serait un autre Alexandre ? C'était pour elles une seconde captivité, une seconde dépossession de la royauté ; elles avaient trouvé quelqu'un pour les protéger, une fois Darius mort : elles ne trouveraient assurément personne après Alexandre, pour leur octroyer un regard. » En même temps, lui revenaient à l'esprit ses 80 frères assassinés le même jour par Ochos, le plus barbare des rois, et le massacre de tant de fils complété par celui du père ; sur les 7 enfants qu'elle avait mis au monde, il n'en restait qu'un ; même pour Darius, une brève prospérité avait seulement permis une disparition plus cruelle. À la fin, elle succomba à la douleur ; tête voilée, après avoir écarté sa petite-fille et son petit-fils tombés à ses genoux, elle renonça également à la nourriture et à la lumière. Cinq jours après avoir pris la décision de mourir, elle s'éteignit. C'est, à coup sûr, une forte preuve de la bienveillance d'Alexandre à son égard et de sa justice envers tous les prisonniers, que la mort d'une femme qui, bien qu'elle eût supporté de vivre après Darius, rougit de survivre à Alexandre.

Depuis six jours, le corps d'Alexandre gisait dans son sarcophage ; le souci universel de constituer le régime politique avait détourné les esprits d'un devoir si solennel. Nulle part ne règne de chaleur plus ardente qu'en Mésopotamie : à tel point que la plupart des êtres vivants, qu'elle surprend en rase campagne, périssent, tant l'ardeur du soleil et du ciel consume tout comme le feu.

Quand enfin les Amis eurent le temps de s'occuper du corps, ceux qui entrèrent le virent intact, sans aucune décomposition, sans même la moindre lividité. Cette fraîcheur, qui résulte du souffle vital, n'avait pas encore abandonné ses traits. Aussi les Égyptiens et les Chaldéens, chargés d'embaumer le corps selon l'habitude de chez eux, n'osèrent-ils d'abord approcher leurs mains de ce mort qui semblait respirer. Ensuite, après avoir prié que le ciel et les hommes permissent à des mortels de toucher un dieu, ils nettoyèrent le corps ; le sarcophage d'or fut rempli de parfum, et sur la tête d'Alexandre l'on déposa les insignes de sa fortune. En général on crut à un assassinat par le poison : un de ceux qui le servirent – un fils d'Antipater, nommé Iolas – le lui aurait donné sur l'ordre de son père. Toujours est-il que souvent l'on avait entendu Alexandre dire qu'Antipater ambitionnait l'élévation royale, « trop grand pour la puissance et le titre de préfet, sa victoire sur Sparte l'avait gonflé, et il affirmait ne devoir qu'à lui seul tout ce qu'Alexandre lui avait donné ». On croyait même que Cratère, avec le concours de vétérans, avait été envoyé pour le tuer. D'autre part la Macédoine produit un poison dont l'action est telle qu'il mord même le fer ; il est certain que seule la corne de bête de somme résiste au liquide. On appelle Styx la source d'où sort ce poison mortel. C'est lui que Cassandre aurait apporté et remis à son frère Iolas, qui l'aurait mélangé à la dernière boisson du roi. Que l'on crût ou non à ces bruits, la toute-puissance de ceux que la rumeur avait éclaboussés les éteignit bientôt. En effet Antipater se précipita sur le trône de Macédoine et sur la Grèce aussi. Il eut pour successeur son fils [44], après l'assassinat de tous ceux qui pouvaient toucher à Alexandre, même par une parenté lointaine.

Par ailleurs son corps fut transféré par Ptolémée, qui avait eu l'Égypte en partage, à Memphis, et, de là, peu d'années après, à Alexandrie ; toutes sortes d'honneurs sont rendues à sa mémoire et à son nom.

Quinte-Curce, X, 5, 7 – 25 ; 10, 9 – 20.

44. Cassandre.

GÉNÉRIQUE

Les traductions des auteurs antiques cités sont extraites d'ouvrages publiés aux Éditions Les Belles Lettres, excepté pour Arrien dont la traduction, inédite, est de Janick Auberger (un grand merci pour ses compétences et sa rapidité).

Diodore de Sicile. *Bibliothèque historique.* Sous la direction de François Chamoux. *Tome XII, Livre XVII.* Texte grec établi et traduit par Paul Goukowsky. Collection des Universités de France, Paris, 1976.

Plutarque. *Les Vies parallèles. Tome IX. Alexandre-César.* Texte grec établi et traduit par Robert Flacelière et Émile Chambry. Collection des Universités de France, Paris, 1975.

Pseudo-Callisthène. *Le roman d'Alexandre. La vie et les hauts faits d'Alexandre de Macédoine.* Traduit et commenté par G. Bounoure et B. Serret. Collection La Roue à livres, Paris, 1992.

Quinte-Curce. *Histoires. Tome I, Livres III à VI* (1947, revu et corrigé 1992) et *Tome II, Livres VII à X* (1948). Texte latin établi et traduit par Henri Bardon. Collection des Universités de France, Paris, troisième tirage, 2003.

Les traductions des textes d'Aulu-Gelle, de Pline l'Ancien, d'Athénée et d'Arrien sont extraites de :

Historiens d'Alexandre. Textes latins et grecs traduits et annotés par Janick Auberger. Collection Fragments, Paris, 2001. Cet ouvrage regroupe tous les textes des auteurs contemporains d'Alexandre.

Merci aux éditeurs de ces ouvrages qui, grâce à leurs commentaires, m'ont donné matière à rédiger les notes et les portraits des personnages.

Pour tout savoir sur Callisthène, Onésicrite, Néarque, Ptolémée et Aristobule, lire aux Éditions Les Belles Lettres l'ouvrage de Paul Pédech, *Historiens compagnons d'Alexandre* publié en 1984.

Chez d'autres éditeurs :

Arrien. Histoire d'Alexandre. L'anabase d'Alexandre le Grand. Traduit du grec par Pierre Savinel. Suivi de *Flavius Arrien entre deux mondes* par Pierre-Vidal Naquet. Collection Arguments. Éditions de Minuit, Paris, 1984.

Arrien. Le voyage en Inde d'Alexandre le Grand. Traduction et commentaire de Pascal Charvet et Fabrizia Baldissera, NiL Editions, Paris, 2002.

J. Benoist-Méchin. *Alexandre le Grand ou le rêve dépassé (356-323 avant J.-C.).* Librairie académique Perrin, Paris, 1976.

Pietro Citati et Francesco Sisti. *Alexandre le Grand.* Traduit de l'italien par Brigitte Pérol. L'Arpenteur/Gallimard, Paris, 1990.

Jean-Nicolas Corvisier. *Philippe II de Macédoine.* Fayard, Paris, 2002.

Valerio Manfredi. *Alexandre le Grand. Le fils du songe. Les sables d'Amon. Les confins du Monde.* Plon, Paris, 2002.

François Suard. *Alexandre, la vie, la légende.* Larousse, Paris, 2001.

Frédéric Theulé et Olivier Laboureur. *Alexandre et l'Orient.* Collection Regards d'aujourd'hui, Mango, Paris, 1995.

Arthur Weigall, *Alexandre le Grand.* Traduit de l'anglais par Léo Varlet. Petite Bibliothèque Payot Documents (149), Éditions Payot et Rivages, Paris, 1934, 1955, 1976, 1993.

TABLE DES MATIÈRES

Bande annonce : Alexandre le grand acteur 7

Itinéraire sommaire 16-17

Séquence 1 : 356 avant J. C. La naissance d'un dieu 19

Séquence 2 : 349 à 340. La jeunesse d'un prince 35

Séquence 3 : 340. Le domptage de Bucéphale 43

Séquence 4 : 340 à 338. Le baptême du fer 47

Séquence 5 : 337. Le mariage de Philippe et de Cléopâtre . . . 49

Séquence 6 : été 336. L'assassinat de Philippe 55

Séquence 7 : automne 336. Les premières actions de son règne. 59

Séquence 8 : 335. La pacification en Europe du Nord 65

Séquence 9 : 335. La destruction de Thèbes. 75

Séquence 10 : printemps 334.
En route pour une grande destinée 85

Séquence 11 : mai 334. La bataille du Granique........ 89

Séquence 12 : hiver 334 au printemps 333. Le nœud gordien. 97

Séquence 13 : été 333. Une grave maladie............ 101

Séquence 14 : été 333. Les Perses 107

Séquence 15 : novembre 333. La bataille d'Issos 117

Séquence 16 : novembre 333. La capture de la famille royale. 129

Séquence 17 : fin 333. Correspondance 135

Séquence 18 : janvier à juillet 332. Le siège de Tyr 141

Séquence 19 : printemps 331. La fondation d'Alexandrie .. 159

Séquence 20 : printemps 331. L'oasis de Siwah 163

Séquence 21 : 1er octobre 331 : La bataille de Gaugamèles .. 169

Séquence 22 : novembre 331 à mai 330.
L'entrée dans Babylone et dans Suse 205

Séquence 23 : hiver 331. Combats dans les montagnes..... 213

Séquence 24 : mai 330. L'incendie du palais de Persépolis .. 221

Séquence 25 : juillet 330. L'assassinat de Darius 227

Table des matières

Séquence 26 : été 330. Les Amazones 243

Séquence 27 : automne 330. Le complot de Philotas 247

Séquence 28 : été 329. La capture de Bessos 275

Séquence 29 : automne 328. La mort de Kleitos le Noir . . . 281

Séquence 30 : hiver 328. Le mariage avec Roxane 291

Séquence 31 : printemps 327. Le complot des pages 295

Séquence 32 : été 327 au printemps 326. L'Inde mystérieuse . 309

Séquence 33 : mai 326. La bataille contre Poros 327

Séquence 34 : automne 326. La révolte de l'armée 341

Séquence 35 : hiver 326. Combats contre les Malles. 355

Séquence 36 : 325. La descente de l'Indus 361

Séquence 37 : septembre à octobre 325. Le désert de Gédrosie . 371

Séquence 38 : novembre 325. La bacchanale de Carmanie. . . 379

Séquence 39 : janvier 324. Le tombeau de Cyrus 383

Séquence 40 : mars 324. Les noces de Suse 387

Séquence 41 : juillet 324. La révolte d'Opis 391

Séquence 42 : octobre 324. La mort d'Héphaistion 399

Séquence 43 : mai 323. De mauvais présages. 407

Séquence 44 : 10 juin 323. La FIN. 411

Générique. 421

*Ce volume,
publié aux Éditions Les Belles Lettres,
a été achevé d'imprimer
en août 2004
dans les ateliers
de Normandie Roto Impression s. a. s.,
61250 Lonrai, France*

N° *d'éditeur* : 6109 – N° *d'imprimeur* : 04-2110
Dépôt légal : septembre 2004

Imprimé en France